ち

思想の中の数学的構造

山下正男

筑摩書房

目　次

思想の中の数学的構造

まえがき

1. 構造主義における数学的構造の意味

構造主義なるものが日本のジャーナリズムを騒がしてからもはやかなりの年月がたった．しかしそれは単なる気忙しい紹介に終っただけであって，日本の思想界に大きな影響を与えたとは思えない．そうして実際，日本人が構造主義の方法を使って自らの手で新しい仕事をしたということも稀にしか聞かない．

構造主義はいうまでもなくフランスの人類学者であるレヴィ＝ストロースが提唱した思想的立場であるが，それのそもそもの出発点は 1949 年に出た彼の著『親族の基本構造』にあるとみることができる．とはいえ厳密にいえば，この大著の真ん中どころに挿入された，レヴィ＝ストロースとは別人の数学者アンドレ・ヴェイユの 10 頁程の論文が大切なのである．アンドレ・ヴェイユは，フランスの有名な思想家シモーヌ・ヴェイユを妹にもつ優れた数学者であって，例のニコラ・ブルバキという仮名をもつ数学者集団のメンバーである．ところでヴェイユのこの小論文は，レヴィ＝ストロースが蒐集した原始社会の親族に関するデータを数学的に分析し，それに非常に美しい数学構造，つまり抽象代数学でいう群の構造が存在することを証明してみせたものである．そしてこのことは，量子力学といった自然科学に群論が適用されるのと同様に，人類学といった人間を扱う学問にも，群論が適用可能なのだということを実例でもって示したという意味で劃期的な仕事だといわなければならない．

以上のようにみるならば，構造主義の出発点はヴェイユの論文の中にあり，従って構造主義のいう構造とは，単なる漠然とした意味での構造ではなく，実は数学的構造であるといわなければならない．ところでこの数学的構造とは，ヴェイユの属するブルバキにおいては，代数構造，順序構造，位相構造の3つに分類されるのであり，群論とはこのうちの代数構造の最たるものということができるのである．ところがレヴィ＝ストロース自身は，自分の著作の中に，ヴェイユの論文を掲載してみたものの，その論文内容を完全には咀嚼しえていなかったと思われる．というのも，それから13年後に出された『野生の思考』（1962年）の中での親族構造に関する論文で，レヴィ＝ストロースはヴェイユの教えた群論的方法を駆使することなく，たいそう不細工な仕方で彼の所論を展開しているからである．

ところでレヴィ＝ストロースがこのように数学に弱かったということが，彼の提唱した構造主義の将来を大きく支配した．すなわち彼は，親族関係だけでなく，神話や芸術の領域にまで構造を見いだすことに努めた．しかしその場合の構造は，けっして数学的構造ではなくもっとゆるい意味での構造だったのである．

レヴィ＝ストロースにそもそもの始めから根ざしていたこの構造概念の甘さは，彼の晩年の仕事だけではなく，彼の構造主義に共鳴したひとびとの仕事の中にも共通にみられる．そしてその代表格の人物がミシェル・フーコーであって，彼は確かにヨーロッパの科学史や文化史に関して人を驚かせるに足る博識ぶりを発揮したが，そこにおいて剔出された構造もまた，たいそう甘いものであって，フーコーの構造主義は《構造なき構造主義》であると冷やかされたのである．

さてフーコーにそうした批判を投げかけたのはスイスの知能心理学者ピアジェであって，彼は彼自身，ク・セ・ジュ文庫の一冊の中で，『構造主義』という書物を書き，構造主義の全貌をえがき出した．さてこの書物でピアジェはもちろんレヴィ＝スロトースに構造主義の大立者としてしかるべき位置を与えたが，自らをも構造主義の一方の先覚者として位置づけた．というのもピアジェは，知能心理学者として，人間の使用する論理の中に，ピアジェ群と呼ばれる厳密な意味での群構造を発見したからである．ところでこのピアジェ群は確かに群論でいうクラインの四元群に違いない．とはいえピアジェは彼の構造の概念をそうした数学的構造の概念からもっとルーズなものにしてしまう．そしてその結果，ピアジェの場合も，フーコーほどではないが，厳密な意味での構造概念が霞んでいくのである．

2. 人文科学および社会科学における数学の働き

とはいえレヴィ＝ストロースやピアジェといった優れたひとびとがいったんは人文科学や社会科学の中に数学的構造といったものの存在を発見しながら，どうしてそうした方法を推し進めないでむしろ後退するようなことになったのだろうか．その原因は一言でいえばやはり，近代になってから生じた文科系の知識人と理科系の知識人との分裂という歴史的背景を考えなければならないであろう．ところでこの文科と理科との分離ということは，数学に関していえば，理科系の人間だけが数学を学び，かつ利用し，文科系の人間はそうでないということを意味する．こうしてこの両種の人間は，イギリスの科学者兼小説家のC. P. スノーが述べたように2つの異った文化をもち，しかもその両者間ではコミュニケーションが不可能なまでにいたったのである．それというのも文科系の学問つまり人文・社会系の学問は始めは数学が適用しにくかったのであり，それゆえ文科系の人間は数学を必要とせず従って数学のトレーニングを欠くのが普通となったからである．

そうした事情は哲学においても同様である．哲学はギリシアのアカデメイアにおいては「幾何学を解せざるものは哲学を学ぶべからず」といわれたくらい数学を尊重した．そしてこの傾向は近世初頭のデカルト，ライプニッツ等においても同じであった．しかし近世のいわゆる科学革命以後，自然科学の独走ぶりがめだつようになり，万学の女王をもって任じてきた哲学から自然科学が独立する．つまりニュートンの『プリンキピア』(正確には『自然哲学の数学的原理』．そしてこの数学的という語の中に物理学における数学の使用という事実が明示されている）ではまだ自然哲学と呼ばれていた物理学が，やがて哲学の手から離れて自然科学となるのである．

ところで哲学者カントも自然界に関する限りは，全面的にニュートンの成果を認めた．そして彼自身その方法を使用したのであり，その結果がカント－ラプラス説と呼ばれる宇宙生成に関する理論であった．しかしカントは熟慮の末，道徳の問題，芸術の問題，宗教の問題，法律の問題等，総じて人間および人間社会に関する問題にまではニュートン的方法が及ばないという結論に達した．そしてカントは例えば物理学における快と不快を，力学の場合のように数量化して，その総計を計算することは不可能であると断定したのである．

このようにカントは科学に対する方法は自然的世界に対してと人間的，精神的世界に対してとで異るという立場をとるが，こうした傾向はその後のヨーロッパ哲学でますます増幅されてゆき，物理的世界と精神的世界は質的に異り，従ってその両者に対する学問の方法もまた質的に違ったものでなければならないという考えが哲学者の間で支配的になっていく．そしてこうした傾向は 19 世紀後半に成立した新カント学派において哲学的な立場として完成される．実際，この派に属するヴィンデルバントやリッカートは，事実の問題と価値の問題を峻別し，哲学は事実問題よりは価値問題を扱うものだと考えた．こうして新カント学派は自然科学とは別の学問である文化科学，歴史科学の確立に尽したのであるが，そうしたことになったのも，哲学者たちが自然科学の高度な発達のまえになすすべを失い，しかもなおかつ自らの領地を確保するためには，その戦線を縮小し，少なくとも人間とかかわる領域に対する発言権だけは死守しようとしたからだということができよう．

ところで哲学者のそうした戦線縮小の戦略に関していえば，20 世紀になってフッサールによって提唱された現象学的立場を逸することができない．というのもフッサールもやはり，自然科学者の態度を自然的態度と呼んで，自らの現象学的態度とはっきり区別した．そしてこの現象学的態度とは，自然科学者がなんらかの仮説をつくり，しかもその仮説を数学のことばで表現することによって自然現象を把握するのに対し，なんらの仮説も立てない白紙の状態でもっぱら諸現象のありのままを自然言語によって記述するといった方法をとるものである．

ところで自然言語による記述といえば，新カント派が主張した個性記述というものも，自然言語を使用しての記述であった．新カント派の哲学者特にヴィンデルバントは，自然科学の方法が数学を使用して法則を定立するものであるのに対して，価値学，文化科学，精神科学ないしは人文科学といったものは，自然言語を使用して人間界の一回限りの事件を，その個々の内容に応じて忠実に記録するものであると主張した．とはいえ，この新カント派の主張も現象学派の主張も，人文科学，精神科学といったものは数学的な方法でなく，自然言語を洗練させ，しかもそれを厳密な仕方で使用するといった点では軌を一にしているといえよう．

さて，ここまでくれば，人間社会における親族構造が数学的構造の一つである群構造のことばで正確に記述できることを示してみせた1949年のヴェイユの仕事，そしてこの仕事を思想上，哲学上の方法にまで仕立てあげて構造主義なるものを唱えたレヴィ＝ストロースの試みが哲学史上いかに大きな意味をもつものであったかということが十分理解できたであろう．というのも構造主義は，それまでの方法論的な二元主義を破棄して数学の言語が人文系の学問にも十分適用可能であるということを主張することによって，デカルト，ライプニッツの普遍学の立場，そしてさらには古代ギリシアのピュタゴラス主義，およびその影響のもとに立つプラトン主義の数学尊重の立場に復帰し，ヨーロッパの正統的な流れにたちかえったといえるからである．

3. 思想史の方法としての構造主義

以上長々と構造主義の本質について述べたが，本書は実はそうした構造主義の解説自体が目的ではなくて，構造主義的方法を実際に使ってみて，その切れ味をためしてみようというのが目的なのである．ただし，本書で使用する構造は厳密な意味での構造，つまり数学的構造とし，適用対象は哲学史あるいはもう少し広く思想史ということにする．

そしてこの思想史も必ずしもヨーロッパのそれに限定しないで，アジア特に中国の思想史を含めることにする．というのも実際，中国の思想は，量質両面においてけっしてヨーロッパの思想に見劣りするものではなく，そのうえそれは研究対象として魅力に充ちた手つかずの宝庫だといえるからである．

さて本書はそれぞれ独立した15の論文を集めたものであるが，その論文の性質に応じて，いちおう3つのグループに分けることにした．まず第I部の《構造の学とその応用》であるが，ここに収められたのは，現代の科学的方法のもっとも典型的なケース，つまりレディ・メイドの数学を使って，諸現象を処理するといったケースである．そしてアンドレ・ヴェイユがおこなったのもそうしたオーソドックスなやり方であった．

とはいえ諸現象を記述する場合いつでも剃刀のように鋭利な数学体系が有効だとは限らない．場合によっては少々にぶくはあるが重量のある大鉈を使用することが要求される場合もある．そしてそうした場合に有意義な働きを示すものが哲学や思想だといえる．

例えば射影幾何学といったものを例にあげてみよう．射影幾何学が数学の一分科として確立されたのは17世紀の数学者デザルグやパスカルの手によってであった．しかしそれ以前にも，遠近画法というテクニックの形態では，古代ギリシアや中国にも存在していたし，特にヨーロッパ・ルネッサンス期において，そうしたテクニックはイタリアのアルベルティの手で透視図法という形で理論的に完成されていた．ところでこうした透視図法はもちろん絵画を描くための技術であったが，哲学者たちは透視図法，遠近画法といったものを，絵画だけでなく，他のさまざまの領域にも拡大して利用しようとし，自らのそうした態度を遠近法主義と呼んだのである．

一定の領域に関して開発された技術を他の領域，そしてついには森羅万象にまで拡げたいというのが哲学者のもつ形而上学的欲求である．もちろんそうした場合の哲学者の方法は，数学的理論や技術のノー・ハウほどの精密さをもたない．しかしそれでも哲学的方法は構造に関する限り，それらと共通のものを自らのうちにもっているということができる．そしてこのことはいま挙げた射影幾何学，透視図法，遠近法主義といった例においても明らかなのである．そして一般に哲学的方法，形而上学的方法がなんらかの有効性をもつとすれば，それはそうした方法の中に，なんらかの形で数学的方法を自らの中に含んでいるからにほかならないということができる．そうしたわけで，第Ⅱ部は，数学と思想の構造的な共通性を呈示した諸論文を収めることにした．そしてその代表が遠近画法と遠近法主義，解析学とヘーゲル哲学といった論文なのである．

このように哲学は数学的構造を学びそれを武器にして，宇宙万般のできごとを処理するといった性格をもつものである．しかし哲学は必ずしもそのように一方的に数学から学ぶだけとは限らない．逆に哲学や思想の方が数学を規定し，数学の発生を促すといったケースもみられる．そこで第Ⅲ部はそうした問題を扱った論文を収めた．ところで思想といってもそこでは特に社会思想あるいは社会イメージというものに限定した．そしてこうした社会イメージが数学理論の形成に及ぼした影響を考察した．そしてその例が，階級社会のイメージと比および比例の理論，官僚制イメージと関数の理論，社会的個人主義と集合論等の相互的なからみあいを論じた論文である．

社会イメージというものに特に注目したのには理由がある．マルクス主義の公式では，下部構造が上部構造を規定するとされている．だとすると例えば社会形態がそこでの学問やイデオロギーを決めるということになる．しかしこれは風が吹けば桶屋がもうかる式の立論であって，連鎖の距離が長すぎる．しかしながら，社会イメージと学問体系といったものの関係についていえば，両者ともに観念形態であって，相互の関係は探りやすいであろう．しかし社会というものは未開社会でも，いや未開社会ほど，しっかりした構造をもつものであり，これはレヴィ＝ストロースもはっきり確認しているところであった．それゆえそうした社会に対するイメージそのものの中にもまた構造がひそんでいるのは当然であろう．従ってそうしたイメージもまた，構造の学である数学となんらかの連関をもつはずだということが予想できるのである．

以上が特に社会イメージに着目した理由である．そしてその結果一つの重要なことがわかった．すなわち先に述べた階級社会のイメージ，官僚制のイメージ，男女の社会的な性的区別のイメージ等はヨーロッパにも中国にも並行的に存在し，それら両方の地域で，そうした社会イメージに対応する数学的構造がともに構築された．とはいえ，これら東方と西方の両地域における社会形態の差，従ってそうした差をもとにしてつくられた社会イメージの差というものも厳存する．そしてそのうちのもっとも大きなものはヨーロッパにおける社会的アトミズムの存在と中国におけるその欠如である．こうして社会的アトミズムつまり個人主義の存在そして宇宙観としてのアトミズムつまり原子論の存在が，ヨーロッパ思想のもっとも基本的な性格といえる．そしてそのことの数学における対応物が集合論の存在だといえる．現在の数学においては集合というものの存在は，3つの数学的構造つまり代数構造，順序構造，位相構造のすべての基礎に存在するものとされている．それゆえそのような集合の概念が生まれたことの背景に，もっとも西欧的な思想であるアトミズムが存在していたということは特筆すべきことがらだといわねばならないのである．

以上が本書のあらましであるが，こうした長いまえがきを綴ったのも，実は本書が，折りに触れて発表した論文を集めたものであって，全体として必ずしも緊密な体系性をもつものではないからである．しかしそれゆえにまた本書はどの論文から読み始めてもらってもいいし，数学的で読みづらい部分は読みとばしてもらっても結構であるといえるのである．

かつての日本において，マルクス主義の導入は，単なる学説の紹介にとどまることなく，マルクス主義的な方法つまり唯物史観の方法で，直ちに日本資本主義の発達の分析，さらには，日本における古代社会，封建社会，近代社会の分析といったものが日本人の手によって開始され，数々の優れた業績が生み出された．それにくらべると構造主義の立場に立っての仕事は日本ではまだ寥寥たるものである．確かにマルクス主義と構造主義は大きく方法を異にする．マルクス主義は弁証法を用い，構造主義は数学的，分析論理的方法を用いる．しかしながら人間の現象，社会の現象を解明していくうえで，前者にくらべて後者の方が不適当であるなどとはけっしていえない．本書の刊行が日本における構造主義的分析の前進にとって少しでも役だつとすれば，著者としてこれに過ぎる喜びはない．

最後になったが本書に収録した論文のほとんどは，京都の出版社である現代数学社から出ている雑誌『現代数学』および『Basic 数学』に書き継いでいったものである．そしてこのたびそれらを一本にまとめて同じ社から出していただけることになった．著者としては二度にわたる御好意に対し，現代数学社に厚く感謝したい．

なお各論文の掲載誌名と掲載年月日はまとめて巻末に付しておいた．

1980 年 3 月

山下 正男

I

構造の学とその応用

1. かたち，形式，構造

1.「かたち」と素材

数学ことに現代数学のもつ，もっともいちじるしい特徴は，その「形式」性にあるといえる．しかしながらこうした「形式」の概念はいったいどのようにして生れてきたのであろうか．

formal（形式的）ということばは，もちろん form ということばから出たものである．そしてこの form はもともと「かたち」という意味なのである．さてヨーロッパ人はこの form（形式）と，それに対立する matter（素材）という一対の概念を昔から愛用してきた．

たとえば英語の a glass of water という表現を考えてみよう．この場合 water は matter にあたる．実際 water は物質名詞（material noun）に属する．ところで単なる water は，一定のかたちをもたない．しかし現実に存在する水は，一定のかたちをもつ．そしていまの場合，水はコップの中に入れられているのだから，円筒形という form をもつのである．

フランス語に部分冠詞というものがある．たとえば，「パンを食べる」「スウプを飲む」をフランス語では manger

du pain，manger de la soupe という．そしてこの場合の du および de la が部分冠詞である．これは英語に直訳すれば（some）of the となる．つまり単に「パンを食べる」といえば，それは文字通り，パンというパン，ありとあらゆるパンを食べるということになりかねない．しかしわたしたちが実際に食べるのは，そうしたパンといえるかぎりのパン，存在するかぎりのパン，のうちの一部分にすぎないのである．そして「部分冠詞」の「部分」とはそういった意味なのである．

水とかパンとかスウプはいわゆる物質名詞であり，1つ2つというふうに数えられない．そこでそうした物質名詞に部分冠詞をつけて，「〜の若干量」というふうに量的規定を与える．しかしこうした規定はまだ不特定であるので，さらにそれに「かたち」を与える．つまり a glass of water とか a cup of tea といったいい方をする．こうすれば，two glasses of water，three glasses of water というふうに countable となる．ところでグラスや茶碗の，かたちや体積はみなまちまちであるが，たとえば立方体の一升ますとか，円錐形のリットルますといったものに統一すれば，uncountable な物質も countable となりうるのであり，十分定量化されうるのである．

2．ギリシア哲学における「かたち」

物質というものを明確に把握するためには，「かたち」というものがいかに大きな役割を果すかということを，すでに紀元前数世紀のギリシアの思想家たちは気づいていた．ギリシア人たちは例としてしばしば大理石像をもちだした．こうした例ではもちろん，matter は大理石であり，form は人物のすがた，かたちである．ところでこうした場合，form と matter は，いちおう互いに対等な位置に立つ対概念であるといえる．大理石像においてその「かたち」もたしかに重要ではあるが，その素材もまた無視することができぬ不可欠なものである．このように形式と素材は対等な相関概念ではあるが，そこにはおのずからその両者に軽重の差がつけられてくる．そしてこれら 2 つのうちのどちらにより大きなウエイトを置くかによって，哲学上の 2 つの流れが生じる．そしてギリシアでは，実は，素材の方に重きを置く流派の方がいち早く登場したのである．

ギリシアの最初の哲学者はタレスであるが，彼は「万物の根源は水なり」と主張した．水は一方において蒸発して気体となるし，他方において凝固して固体になる．つまり水はたやすくさまざまのものに変りうるのである．

世界というものは見たところ，けっして静止したものでなく，変転きわまりないものである．こうした変化を通じてなおかつ不変なものはなにかという疑問，雑多と混乱の中における単純で永遠なものはなにかという疑問は，どの民族もひとしくいだいたものといえる．そしてタレスはこの問いに対して，変化を通じて invariant なものは水という物質であると答えたのである．このように「かたち」は変っても実質は不変であるという主張を素材主義と名づければ，水を根本物質とするタレスをはじめ，空気を根本物質とするアナクシメネス，火を根本物質とするヘラクレイトス等がその中に含まれよう．

しかしこうした素材主義より少しおくれて，むしろ「実質はかわっても形はかわらぬ」のであり，invariant な「かたち」こそが世界の根本をなすと主張する形式主義者があらわれる．そしてその代表者がピュタゴラスであり，ピュタゴラスの影響を受けたプラトンなのである．そしてギリシア数学は，こうしたピュタゴラスやプラトンの哲学思想を母体として生れてきたといえるのである．

3.「かたち」の学としてのギリシアの幾何学

ギリシア数学は幾何学によって代表される．さて幾何学は円とか正方形といった「かたち」を扱うものであり，もちろん球とか立方体といった立体図形，つまり立体的な「かたち」をも扱う．とはいえ幾何学者がたとえば球を扱うとき，彼はその球がパチンコの球のように鋼鉄でできているか，玉突きの球のように象牙でできているかなどは問題にしない．つまり幾何学者はパチンコの球，象牙の球，真珠の球等々から，その素材を捨て，形式だけを抽出するのである．そしてこうした態度は，哲学におけるいわゆる形式主義の立場に立つものであるということは明らかである．

abstract ということばは文字どおりには，抽出する，抜き出すという意味しかもたない．しかし，いわゆる「抽象」という意味になれば，それは「かたち」をひきだすという意味であり，素材の方はそのまま残しておく，あるいは積極的に捨てるわけであり，これが「捨象」にほかならない．こうして「ひきだす」といえば形式をひきだすことだとなったことの背後には，形式が素材に優越するという，いわゆる形式主義的立場がひそんでいるのである．

abstract（抽象的）ということばが出てきたついでに，それの対立概念である concrete（具象的，具体的）ということばについてもふれておこう．concrete ということばは一方において具象的という意味をもつが他方においてはいわゆるコンクリート（小石，砂，セメントを水でまぜあわせたもの）という意味をもつ．つまり具象的という意味での concrete は，コンクリートとおなじように，もともと「固まり」「凝結物」という意味なのである．すなわち，具体的なものとは，「かたち」と素材が固く結びついて（stick together）一体をなしているものというのがその原意なのである．実際よく考えてみるとこの現実の世界では，なんのかたちももたない純粋の素材だけというものも存在しないし，他方いかなる素材ももたない純粋の形式だけというものも存在しない．現に存在するのは形式と素材の結びついたいわゆる具象的なもの，具体的なものだけなのである．

このように現実の世界が具体物だけからなっているとすれば，幾何学の対象となる純粋な「かたち」の世界，抽象の世界は，いわば非現実の世界，超現実の世界ということができよう．したがって幾何学は現実の世界とは別にそれを越えたもう一つの世界，つまりイデアの世界が存在するという，プラトン哲学の二世界説に基礎を置くものであるといえよう．そしてプラトンのいうイデアとは，文字通り形相（form）つまり「かたち」なのである．

4. パン焼き型と印形

さて抽象とは，形式と素材を分離すること（これを哲学では to prescind，prescission という）であるが，形式と素材はもともと離れがたく結びついているものである．まえにあげた大理石像の場合でもそうである．しかし，ここで鋳型というものを考えてみよう．またパン焼き型というものを考えてみよう．この場合，いろいろの金属の溶液や，パンのねり粉がそこへ流し込まれ，詰め込まれて，一定の型が与えられる．こうした場合は，「かたち」というものが，鋳型あるいはパン焼き型というかたちで，独立したものとして存在する．鋳型のような場合は凹形であるが，凸形の場合も考えられる．それは，印形《いんぎよう》であり，たいていの場合指輪についていて，手紙その他の文書が蜜ろうで封印されるとき，その上にこの印形を押しつける．そしてこの場合も印形というかたちで，「かたち」がいちおう独立なものとして存在しているわけである．

ギリシア人は「かたち」と「素材」という抽象的な概念を以上のようなイメージによって考えたのであり，こうしたイメージによって，「かたち」と「素材」は分離することができ，しかも「かたち」は自立的なかたちで存在しうるという考えに立ちいたったものということができよう．

形式と素材ははっきり分離でき，形式と素材はたがいに独立の関係にある「2つのもの」だとする考え方は，数学にふつうにみられる考え方であり，いわゆる形式論理学もまたそうした立場をとる．ところが他方，形式と素材を2つのものであるとしてばらばらに考察してはいけないのであり，形式と素材は「1つのもの」の2つのアスペクト，あるいは2つのモメントであるという考え方もある．そしてこうした考え方に属するのが有機体の論理や，弁証法論理といわれるものである．

どちらかといえばこうした有機体的あるいは弁証法的な考え方の方が自然なのであり，形式と素材をはっきり分離してしまう方が不自然なのであるが，しかしこうした不自然で無理な考え方に立ってはじめて，論理学と数学が飛躍的な発展を遂げることができたのである．

さてこうした形式と素材を分離する考え方は，さきに述べた鋳型やパン焼き型のモデルを使うことによって生れたのであるが，形式と素材を分離できないとする考えつまり有機体的弁証法的な考え方の方は，形式と素材のモデルを有機体にとったことから生じたものと考えられる．たとえば，カシの実は発芽すれば必ずカシの木になって，クヌギの木にもならないし，杉の木にもならない．つまりカシは，カシのカシたるゆえんのもの，カシに特有の形質をもつ．この形質をつくりあげる不思議な力が種子にひそんでいるということはだれも気づくことであるが，これを独立なものとしてとりだすことはきわめて難しかった．そしてそれが染色体の中にある特殊な化学物質である核酸であり，これが一種の鋳型の作用をつとめているのだということは，20 世紀になるまでは解明できなかったのである．

核酸のこうした鋳型作用を知るよしもなかったギリシア人は，形式が独立に存在しうるといった着想を，生物体といった自然物からではなくて，印形やパン焼き型といった人工物から得たのである．

5．質料，材料，木材

「かたち」と素材が分離しうるものだという考えを生みだした原因として，もう一つのイメージをあげることができる．素材（matter あるいは stuff）に相当するギリシア語の原語は hyle（ヒュレー）である．そしてこれはもと「木材」という意味なのである．漢字で「材料」「素材」というときに使われる「材」もまた木材の意味である．これは，ギリシアと中国を問わず，いろいろの人工物の材料ははじめは「木材」であったことからくるものである．

漢字でたとえば，机，梯，杯，柱，桶，樋，椅子，椀さらに機械等々がすべて木偏になっているのも，それらの器具が本来木製品であったことからくる．しかしそのうちに材料が木でなく，他のものによってとってかわられる．たとえば木の柱が石の柱や鉄の柱にとってかわられる．いわゆる石柱，鉄柱，そして広く石材，鉄材ということばが使われるようになるが，考えてみればこれらはすべて形容矛盾である．というのも「石の柱」「鉄の柱」という場合の柱はやはり木偏のままだからである．

ギリシア人は古くからの木像を石像にきりかえた．またギリシア人はすでに鉄器時代の生活をおこなっていたから，木製や青銅器にかわる鉄器を使用していた．こうした場合，たとえ材料はいろいろにかわっても，器具の形そのものは変らないということが実感されたに違いない．このようにして，ギリシア人は，「かたち」が素材から独立しうるものであり，素材がかわっても「かたち」は永続するものであるという信念を形成したのであろうと推測される．

6．人工物モデル

こうして「かたち」と素材は分離しうるという思想は，自然物でなく人工物について抱かれたのであり，いいかえれば，技術者の立場に立つことによって抱かれたものということができよう．実際，指物師がなにかをつくる場合，まず頭の中でそのものの設計図をつくりあげるわけであり，指物師はこの設計図に従って，現実の世界においていろいろな材料を使ってそのものをつくり出すのである．

キリスト教においては神が全世界を創造することになっているが，この場合も神は世界の創造に先だって自らの心の中にその設計図をもっていたのであって，そこでは神もまた一個の技術者とみなされているのである．こうした設計図は，もちろん人間もまた抱くものであり，それが哲学でいう「観念」つまりideaである．そしてこれは日常語として，「グッド・アイディアが浮んだ」などとも使われるのである．

idea つまり観念は現実と対立し，idea からつくられたことば ideal つまり理想も，もちろん現実と対立する．こうした心に描かれた設計図は，現実に存在するものと区別される．それはまだ材料を用いて現実化される以前の心に描かれた「かたち」であり，これが現実に対していわば鋳型の働きをするのである．

7．形式の学としての代数学

鋳型といえば，たしかに幾何学的な「かたち」のことであり，「かたち」を扱う学問である数学もギリシアでは幾何学であった．しかしそうした「かたち」の概念は，近世になってから代数学にも適用されるようになる．代数学では，たとえば $(a+b)^2=a^2+2ab+b^2$ は形式的（formal）であるといわれる．実際，a および b にいかなる数を代入してもこの等式はなりたつのである．この場合，もちろん matter（素材）に相当するのは数であり，a と b にいかなる数をいれても，その等式がなりたつということは，その等式が材料からは独立に，形式として自立しうるという意味であり，こうした意味でこの等式は，form（形式）というよりはむしろ formula（公式）という方がふさわしいのである．こうして代数とは文字どおり，数に代るに文字記号をもってする純粋に形式的な操作であるということができるであろう．

8．形式論理学の本質

数学が代数というかたちで形式化されたことは，論理学における形式化と無縁ではない．論理学においても形式と素材の概念は本質的な役割を演じる．論理学でもっとも代表的なものは三段論法である．この三段論法の中でももっとも有名なのがいわゆる barbara であって，たとえば

a) すべての哺乳動物は動物である．
　 すべての犬は哺乳動物である．
　 ――――――――――――――――
　 すべての犬は動物である．

がそれである．こうした三段論法を形式化すると

b) すべての M は P である．
　 すべての S は M である．
　 ――――――――――――――――
　 すべての S は P である．

となる．そしていまの場合素材は犬，哺乳動物，動物といった普通名詞である．ところでこの S, M, P にどんな名詞をいれても，その三段論法はなりたつ．したがってつぎの 2 つの barbara もなりたつ．

c) すべての猫は翼をもつ．
　 すべての鳥は猫である．
　 ――――――――――――――――
　 すべての鳥は翼をもつ．

d)　すべての猫は翼をもつ．
　　すべての犬は猫である．
　　―――――――――――
　　すべての犬は翼をもつ．

以上 a), c), d) の 3 つの推論はすべておなじ barbara の形式をもち，したがって妥当であるが，a) の場合は，真なる前提から真なる結論が，c) の場合は，偽なる前提から真なる結論が，d) の場合は，偽なる前提から偽なる結論がそれぞれ出てくる．このように a), c), d) は形式という観点からはおなじく妥当であるが，素材という点からみれば，それぞれ違うわけである．そしてこれら 3 つの三段論法の相違は，形式的な手続きでは区別できないのであって，その区別は材料的な知識，つまり経験的な知識にまたなければならない．そしてここに形式の学である形式論理学の限界が存在するのである．

barbara という妥当な式は，たしかに a), c), d) という 3 つのケースを含みはするが，第 4 のケースつまり真なる前提から偽なる結論を出すというケースを絶対に含まないのであって，このケースだけは，はっきりチェックできるのである．そしてこの点が，形式論理学の最大のメリットなのである．

論理学において，こうした形式性が重要な働きをするということは，つぎのような方向からも主張できる．たとえばつぎのような三段論法を考えてみよう．

e) すべての哺乳動物は死すべき存在である．
すべての犬は死すべき存在である．

すべての犬は哺乳動物である．

これは真なる前提から真なる結論がでてくる三段論法である．しかしこうした素材的な観点からして三段論法を正しいものと断定してはならない．なぜなら，この三段論法は正しくないのである．その証拠に e) とおなじ形式のつぎの三段論法を考えてみよう．

f) すべての哺乳動物は死すべき存在である．
すべての爬虫類は死すべき存在である．

すべての爬虫類は哺乳動物である．

ところがこれは，真なる前提から偽なる結論を導き出しているのである．そしてこのことは推論の吟味は，いきなり素材の面から始めるのでなくて，まず形式の面から始めなければならないということをはっきり物語るものであるといえよう．

9. 普遍記号法

こうして論理学の本質は論証の形式の探究にあるのであるが，このことはもちろん数学についてもおなじである．デカルトは『精神指導の規則』（1701 年）において，「特別な素材（materiale）になんらかかわりなく，秩序と計量的関係とについて求められるすべてのことを説明するところの一般的な学問，これが普遍数学（mathesis universalis）である」と述べる．つまり彼のいう普遍数学においては，「数においてあるいは図形においてあるいは星々において，あるいは音においてまたその他いかなる対象において求められるかは問題でない」のである．

このようにデカルトによって，普遍的な形式学の概念が確立したのであるが，その後ライプニッツは普遍記号学（characteristica universalis）の概念を打ち出した．character とは記号のことであり，したがって characteristica とは記号学ということになる．つまりライプニッツ（1646-1716）は代数学が記号化されたのとおなじように論理学その他の学もまたすべて記号化されなければならないと主張したのである．ライプニッツが記号論理学の元祖であるといわれるのも，こうした意味においてである．そしてこうした記号化とは形式化つまり formalization のことであり，さらには formulation のことなのである．

10．構造の概念と建築物モデル

以上で「かたち」と「形式」の概念についていちおう説明を終えたので，こんどは「構造」の概念に移ることにしよう．聖トマスのヨハンネスは，彼の『論理学』（Ars logica, 1637 年）という書物の中で，「家（domus）をつくる場合にたとえば，素材（materia）は石や木材にあたり，形式（forma）はそれらの複合（compositio）にあたる．というのも石や木材が，家というかたち（figura）あるいは構造（structura）においてつなぎあわされるからである」と述べている．ここでは，構造は明らかに，「かたち」あるいは「形式」ということばとおなじ意味に使われているが，structura は本来，building という意味であり，その語源からしても「建造物」のイメージを伴っているのである．

構造ということばは，たしかに，生物体の構造とか，分子の化学構造などともいうけれども，英語の structure は本来は，建造物の構造のことであり，橋の構造，船舶の構造，機械の構造といったものを指すのである．そしてこの場合も，自然物についてのイメージでなく，人工物についてのイメージが優越するのである．

英語に make ということばがある．また make-up ということばがある．ともに構造という意味であるが，もとの意味は「つくり」「できぐあい」という意味である．つまり人間の作為によってできあがった「構造」のことである．

近代の人間はよくいわれるように homo faber（homo はひと，faber は製作者つまり maker のこと）であり，いろいろなからくりをもつ器具や機械をつくりだしたが，この maker を大文字にして Maker とすると造物主である神のことになる．人間のつくりだしたものは「人工物」だけであるが，神はあらゆる存在をつくりだすのであり，したがってあらゆる無機物も有機物も神のつくったものであり，それゆえみなそれぞれ巧妙きわまりない「しくみ」「構造」をもっているのである．

こうした考え方からするといわゆる自然物は，文字どおり「おのずから生じたもの」ではなくて，技術者である神がつくったものであり，人間のつくったものには必ず「からくり」「構造」が潜んでいるのとおなじように神のつくった「世界」「自然」もまた，「構造」をもつはずであるということになる．近代の科学者たちは，こうしたいわばキリスト教的なものの考え方に支えられていて，自然の研究にはげんだといえるのである．

11．「構造」と「かたち」の相違点

さて構造と「かたち」のちがいであるが，「かたち」はいわば鋳型として「素材」を規定するが，その場合の「素材」は，金属の溶液とかパンのねり粉とか蜜ろうといった連続体である．ところが「構造」の素材となるものは，たとえば家の場合，柱とか煉瓦といった互いに識別可能な discrete（離散的）なものである．つまり「構造」といった場合の素材は，「諸要素の集合」なのである．ところで「集合」は多くの個物のバラバラで無構造な集りにすぎない．しかし建造物は柱や煉瓦の単なる集積ではない．そうした素材，いやむしろ諸要素がいろいろな仕方で結合されているのであり，この結合がなかったら建築物はただちに崩れ去ってしまうのである．

ところで構造と「かたち」の間にはもう一つの相違点がある．それは，「かたち」の場合，完成品は鋳型によって，ただちにつくりだされるのであるが，構造の場合は設計書，

仕様書《しようしよ》にもとづいてつくりだされるという点である．こうした設計書，仕様書の中には図面も含まれているが，図面以外の部分もあり，そこには工事完成に必要なあらゆる指令が含まれているのである．

「鋳型イメージ」の数学が図形の学である幾何学だとすれば，「建築設計書イメージ」の数学は，公理とそれからの演繹による「証明の数学」であるといえる．ギリシアのユークリッド幾何学ではそうした2つの数学が未分化の状態にとどまっていたが，20世紀に入ってからの数学においては，それらが分離し，徹底した公理論的方法，形式主義的方法がとられるようになる．つまりその場合の数学の対象はもはや点，線，図形といったものでなくて，およそ要素と呼ばれるかぎりのどんなものでもいいことになってしまうのである．

12．構造の科学としての数学

数学はかつては「かたちの科学」(ポール・ヴァレリー)と呼ばれ，「形式の科学」(エドガー・アラン・ポー)と呼ばれた．しかし現代の数学はむしろ「構造の科学」と呼ばれるのがふさわしいであろう．そして現に，科学はさまざまの抽象的で形式的な数学的構造の構築をおこなっているのである．

現代の数学はこのようにその本質においてきわめて抽象的で形式的となったけれども，その創造的な発展をなしとげるためには，一方において現実的な素材と結びついて具体的なものへ向かうという面と，他方において現実的で具体的なものから形式的な構造を抽出するという面とがあることを忘れてはならないのである.

2. 科学思想のキー・ワードとしての外延

1. 外延量と内包量

自然科学で外延ということばが使われるのは,「外延量」ということばにおいてであろう．そしてこの外延量ということばは内包量ということばに対立して使われる．外延量には長さ,面積,体積,重さ,時間等があり，内包量には物質の密度,濃度(含有率)等々がある．ところで外延量には加法性が成立し，内包量には加法性が成立しないといわれる．体積2lの水と体積3lの水を混ぜると体積5lの水となるから，体積は加法性をもち，従って外延量である．ところが，2パーセントの食塩水と3パーセントの食塩水を混ぜても必ずしも5パーセントの食塩水とはならない．この場合濃度あるいは含有率は加法性をもたず，従って内包量といわれる．

外延（extension）ということばは，外延量の代表といえる長さ，広さから連想されるように，まさに文字どおり,「外部的な延び，あるいは広がり」である．それでは内包(intension）ということばはもともとどんなニュアンスをもつことばなのだろうか．

内包量の代表例としていまあげた濃度（含有率）からも

わかるように，内包とはあるものの外部的な拡がりの度合ではなくて，その内部的な強さの度合を示す．そしていまの場合それは塩分の強さの度合であり，塩水の塩分の含有率であり，まさに「内に含む」塩分の量の度合のことなのである．

ところでいまの濃度は，食塩水全体の重さで食塩の重さを割った商，つまり含有率のことであり，内包量のもう一つの例である密度は，質量を体積で割った商である．ここからわかるように，外延量は物理学のもっとも基本的な次元である長さ，質量，時間を測る量であるのに対し，内包量はそうした基本量の1種あるいは2種の間の商だということができるのである．

英語の内包量に相当することばは intensity であるが，このことばにはいま例にあげた濃度という意味もあるが，さらに intensity of pressure（圧力の強さ），intensity of electric current（電流の強さ），intensity of heat（熱の強さ），intensity of light（光の強さ）などというふうにも使用される．

これらのうちで熱の強さつまり温度というものを例にとろう．温度は寒暖計によって計られる量であるが，その場合例えば，50℃ の水と 50℃ の水を加えても 100℃ の水となって沸騰するということなどはありえない．このように加法性を有しないという意味で温度は内包量である．また水の温度は，重さとか体積といった外部的な量でなしに水の内部状態をあらわす量だといった意味でも，内包量ということばのもつ語感にぴったりである．

ところで先に述べたように外延量が単純であるのに対して，内包量は複雑であり，それは単純な外延量どうしの率として構成されるものである．逆にいえば，内包量というものはいくつかの外延量に分解されうるのであり，しかもそうした分解された量の商関係で表現されうるのである．

内包量といえば外延量に較べてなんとなくつかみにくく，非科学的で神秘的なものだという感じを与えがちなのは事実である．実際自然科学の歴史を考えても，まず基本的でしかも測定しやすい外延量，例えば長さ,重さ,時間が確立され，ついでこうした基本的なディメンションがいろいろに組み合わされるという形で発展が遂げられてきたのである．したがって内包量とされる量を，外延量にまで分解していくということが，とりもなおさず科学の進歩であるといっても過言ではないのである．

2. 延長と思惟

内包量はさきに述べたようにいろいろな物理量についていわれるが，自然科学以外においてもいわれる．例えば密度は密度でも，物質の密度ではなく，人口密度といったものがそうである．日本の場合など国土の面積は小さいが，人口密度が高いため必ずしも小国とはいわれない．また国民総所得といった外延量が大きいのもけっこうだが，国民一人当りの所得といった内包量が多くなければ，本当にありがたくは感じられないというわけである．さらに集約農業のことを intensive agriculture というのも，農業においてもまた，単に農業面積が広ければいいといったものではないということを示唆しているのである.

以上の場合は内包量といってもきちんと数量化ができるものであるが，内包ということばが非数量的な場合に用いられることもある．例えば多読,精読のことを英語では extensive reading, intensive reading という．多読の場合は，《広く》というわけであり，精読という場合は《深く》というわけである．そして多読という場合は一日なんページというように，外延的,外面的なことであり，数量化しやすいが，精読の度合は内面的なことであり数量化しにくい.

intense ということばは intensive と類縁関係にある．このことばは intense heat（激しい熱さ）とか intense light（強い光）のように，熱さや光の強度を表わすのに使われるが，また intense pain（激痛），intense love（激しい愛），intense friendship（深い友情），intense happiness（強烈な幸福感）のように心理的,精神的な強度についても使われる．とはいえこうした心理的,精神的なもの，つまり内的なものの測定,数量化は現在でもきわめて難しい．そしてこれが心理学やその他の精神科学がほんとうの科学になりにくく，その後進性をなげかねばならないことの理由なのである.

ところで科学とは「百科の学」のことであり,「分科の学」のことである．すなわち世界のもろもろの現象を扱いはするが，しかしそれを部門別,科目別に分けてとり扱う.

つまりローマ以来の政治上のスローガン「分割しそして支配せよ」を導入して分割統治の方法をとるのである．科学のアプローチの仕方は哲学とはちがってピース・ミール（各個撃破）の方法をとるのであり，強敵の力を分散させ，その弱いところから先にやっつけるというわけである．

さて科学に特有のこうした戦略をいまの内包量と外延量について適用してみれば，まず外延量をアタックし，ついで内包量をアタックすべしということになるであろう．そして歴史的にみてもそうした戦略が実際に実行され，大きな成功を収めたのである．

ところでそのように外延と内包に分離し，外延をまず研究するという方針の基礎になったのは近世哲学の祖デカルトの哲学であった．デカルトの哲学は一言でいって二元論である．この場合2つというのは，「延長的実体」（res extensa）と「思惟的実体」（res cogitans）のことである．延長とはデカルトの場合，物理的空間のことであり，長さ，幅,高さの三方向の広がりをもつものであった．

哲学でカテゴリーという場合，まずアリストテレスの10個のカテゴリーのことが連想されるが，実はデカルト派の7個のカテゴリーの方が，あまり知られてはいないけれども，きわめて近代にふさわしいものなのである．それら7個とは，精神,物体,測度,位置,かたち,運動,静止である．ところでこれら7個のカテゴリーはデカルトの二元論に従って，精神と物体以下の6つに二分される．そして測度以下の5個は，実は物体の性質なのである．しかも物体つまり「延長的実体」は空間的性質をもったものであるから，これら5個はすべて空間と関係するのである．

ここで注意すべきことは，デカルトおよびデカルト派の場合，物体は単に静止的にのみ考えられたのではなくて，運動的側面からも考察されていることである．つまり延長が単に静止的な面からだけでなく運動的な面からも考えられているのである．デカルトは，「私に支点を与えよ．そうすれば地球をも持ち上げてみせよう」というアルキメデスのことばをもじって「私に延長と運動を与えよ．そうすれば全宇宙を構築してみせよう」と豪語した．

ところでこの「延長と運動」とは具体的には機械のことを指すのである．デカルトおよびデカルト派の場合，機械といってもその典型は時計である．そしてこうした機械はヘレニズム時代のギリシアにおける天秤などの静力学的な機械とちがって運動学的な機械なのである．静力学的な機械は，単に幾何学だけつまり延長の概念だけで分析できるが，運動学的な機械は延長の概念のほかに運動の概念をも必要とするのである．ただしこのような運動学的機械は，動力学的な機械と違って，力の概念は全く導入されないか，あるいは無視されるのである．そして実際，デカルト派が機械のモデルにした時計においては，いちおう始めにゼンマイを巻くことは必要だが，いったん巻いた後は，原動力を考慮に入れることなしに，ただ機械の幾何学的なしくみと運動だけを研究すればよかったのである．

3. 延長の学としての近代科学

運動のことはとにかくとして，デカルトが延長のもつ意義を高く評価し，延長を精神と切り離すと同時に，精神と同等の位置に置いたのは，科学の発達のうえで特筆すべきことといわねばならない．デカルト自身はいちおう精神と延長の双方を認めるという二元論の立場をとったが，この2つは後に全く分裂し，精神だけを主張する観念論と延長だけを主張する唯物論が出現する．

ところで延長といっても具体的には機械のことであるから，延長を主張する唯物論は実は機械論だといわなければならない．そしてこうした機械論は，宇宙全体そして宇宙のどの部分もみな機械仕掛けで動いているのであり，それらは結局延長と運動に還元できると主張するのである．

以上のような機械論から必然的に，人間もまた機械にほかならないといういわゆる人間機械論が出現する．デカルトの場合は，さすがに二元論者らしく，人間の肉体は機械だがその機械には精神が宿っていると説かれている．ところが唯物論的一元論ということになれば，人間は機械以外のなにものでもなく，デカルトが語った精神なるものは，実は「機械の中の幽霊」(ghost in the machine) にすぎないということになる．こうした人間機械論の立場は18世紀の唯物論者ラ・メトリーによって主張されたが，その後も手を変え品を変えてニュー・ルックの人間機械論が登場し，現在の行動科学といったものもそのもっともソフィスティケートされたものだといえるのである．

このようにデカルトの延長の概念は，一方において物理空間的存在とくに機械という存在と結びつけられて，唯物論的に展開された．しかし他方デカルトの哲学をカトリックの立場において継承し，17 世紀から 18 世紀にかけてフランスで活躍した哲学者マールブランシュは，デカルトの延長の概念を，修道士らしく非唯物論的に展開した．つまり彼は延長は延長でも，物理的延長ではなく，一切の感覚的要素をとり除いた「叡智的延長」(étendue intelligible) を主張した．そしてこれは具体的には代数学と解析学の対象とされたのである．

ところで代数学や解析学の対象が非感覚的，非物理的なものであるということはわかるとして，それがどうして延長といえるのだろうか．実はこの答えはやはりデカルトの解析幾何学の中に見いだせる．延長とは物理的空間のことであるが，他方，数学的空間のことでもある．そしてこの数学的空間は実はギリシアの昔から，幾何学の対象とされてきた．幾何学は実はユークリッドどころかエジプトにまでさかのぼるのであって，geometry はエジプトでは文字どおり測地術であり，ナイル河畔の土地を測量する術だったのである．ところがこうした土地という感覚的，物理的な存在がギリシアでは，プラトンのイデア論の影響によって広さはあるが厚さはないといった超感覚的な存在に変えられ，幾何学の対象となったのである．

ところで他方代数学の方は，algebra という語が示すようにアラビア起源であって，ギリシア的な幾何学とは全く異質なものであった．そしてこうした別々の起源と性格をもつ幾何学と代数学をみごとに結びつけたのがデカルトの解析幾何学だったのである．

デカルトのこの解析幾何学によって，幾何学図形に描かれたものは代数式であらわせ，代数式であらわされたものは幾何学図形に描けるという信念が確立された．実際例えば，円という図形と $x^2+y^2=r^2$ という式は互いに変換可能であり同等なのである．しかるにこの場合，円という図形はまさしく幾何学の対象であり，「叡智的な延長」である．そうだとすれば $x^2+y^2=r^2$ という式を扱う代数学もまた当然「叡智的な延長」を対象とするということになる．

つぎに解析学でいえば微積分学のことがすぐ思い浮かべられるが，微分は一方において微分記号によって代数的（記号的）にも表現できるし，他方曲線の接線というかたちで幾何学的にも表現できる．また積分も一方において積分記号によって代数的（記号的）にも表現できるし，他方曲線と x 軸との間の面積というかたちで幾何学的にも表現できる．このようにして，式に書けるものはすべて幾何学化されるというデカルトの解析幾何学の理念にもとづいて，代数学も解析学も「叡智的な延長」の学であるといえるようになったのである．

4. 外延の学としての論理学

以上で，科学の基層をなす数学と物理学がデカルトの理念のもとで，ともに延長を対象とするものになったということがわかったが，おなじ延長の概念がやはり論理学の分野にも浸透してくるのである．論理学の場合，extension のことを延長とはいわずに「外延」というが，延長も外延もその原語が extension であることからもわかるように本来同一の概念なのである．

さて論理学では一つの観念あるいは概念について，それの内包と外延が区別される．内包とは，観念が内に含んでいるいろいろの属性で，そこからそれを取り除けばその観念が壊されるようなものである．例えば，三角形の概念の内包とは，3 つの辺，3 つの角，この 3 つの角の和が二直角に等しいことなのである．他方観念の外延とは，この観念が当てはまるいろいろの対象のことである．そして例えば三角形の概念の外延は，さまざまの種類の三角形である．つまり三角形の概念は，さまざまの種類の三角形をその外延としてもち，それらさまざまの三角形の上に延び広がる．

以上は 17 世紀の論理学書『ポール・ロワイアル論理学』における内包と外延の定義にもとづくものである．この論理学書は，ジャンセニストであるアルノーとニコールとの共著であるが，デカルト主義の影響をきわめて多く蒙っている．さて，ここでいう外延とは一つの観念のもとに包摂されたすべての個体からなるものというよりは，むしろ一つの観念のもとに包摂されたいくつかの下位概念からなるもののことである．ところでもし外延を，一つの観念のもとに包摂されたすべての個体の集りという意味にとると，例えば「すべての人間は死ぬ」といった命題において，す

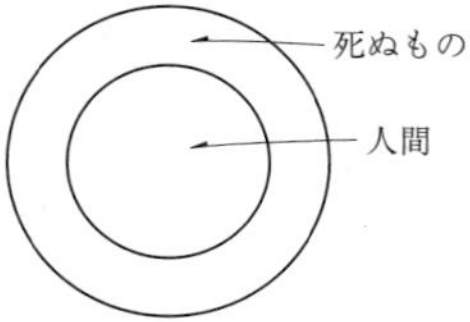

図I－1

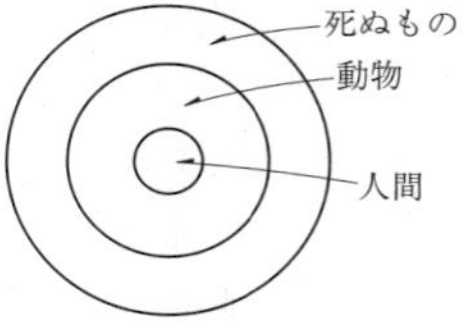

図I－2

べての人間についていちいち死ぬかどうかを確かめなければこの命題が真かどうかがわからなくなるという困ったことになる．しかし外延を，一つの概念のもとに包摂されたいくつかの下位概念からなるところのものとすれば，「人間」という概念は，「死ぬもの」という概念の中に包摂されているから，「人間」は「死ぬもの」の外延の一部を構成するということになる．このことは幾何学図形を使えば図Ⅰ－1のとおりとなる．このようにして，「すべての人間は死ぬ」という命題は，外延の考えを用いることによって，幾何学化することができるのであり，その場合，「外延」はまさしく平面の量つまり面積となるのである．

このように命題を観念の外延によって解釈するという態度は，直ちに命題の幾何学化につながるのであり，実際，数学者オイラーは，「すべての動物は死ぬ．しかるにすべての人間は動物である．それゆえすべての人間は死ぬ」という三段論法を図Ⅰ－2のように幾何学化したのである．

さて現代の記号論理学は19世紀中頃以降におけるブールとシュレーダーの仕事に端を発する．彼等の仕事は「論理代数」(algebra of logic) と呼ばれるように，論理学を代数化し記号化しようとする試みであった．ところが代数的なものは幾何学化され，幾何学的なものは代数化されるという，まえに述べたデカルトの原理がこの論理代数の場合にも当てはまる．そして実際にこの論理代数の幾何学化を試みたのがイギリスの論理学者ヴェンであり，彼はいわゆるヴェンの図式 (Venn's diagram) によって論理的な計算の幾何学化をなしとげた．そしてヴェンの図式はそのねらいにおいてオイラーの図式と同じだといえるが，それよりさらに精巧なものなのである．

論理学のそうした幾何学化,図形化は，もちろん論理学における延長的あるいは外延的なものの代数化,計算化のことである．そして実際ブールの論理学において基礎となったものは数でもなく，量でもなくて，外延であり，外延どうしの関係であった．そしてこれら外延は無 (nothing) と全 (universe) という両極端をはじめとし，その間のさまざまの大きさのものからなり，論理学はこうしたさまざまの外延間の関係，そして現代的なことばを使えばある種の「半順序関係」を扱うものとなったのである．

5. 外延化の流れに立つ外化論

以上で，近世以来の物理学，数学，論理学において延長あるいは外延の思想がいかに重要な役割を果してきたかがわかった．数学，論理学の対象は実際は非感覚的なものではあるが，延長には変りない．そしてこうした数学，論理学と感覚的な延長を対象とする物理学とは，ともに延長を扱うという意味で互いに大きな共通点をもっている．そしてまさしくここに，数学がなぜ物理学に応用できるのかという昔からの問いに対する答えが横たわっているのである．

数学や論理学が非感覚的な延長を扱うのは確かであるが，こうした非感覚的な延長を感覚的な延長に置きかえることも可能である．そしてその結果生じたのが計算尺から計算機にいたるまでの各種の計算機であり，これらはすべて数学や論理学における頭の中での計算を外化し，物化したものといえるのである．

さて外化や物化といえば，それらはヘーゲルおよび彼の影響を受けたマルクスの哲学における重要な概念である．ヘーゲルの場合，外化とは，ある存在の内なるものが，外なるものに転化することである．ところでヘーゲルの場合，内なるものとは精神のことであり，外なるものとは自然あるいは物のことであるから，内なるものの外化とはとりもなおさず，精神的なものの自然物化ということになる．そしてマルクスの場合，外化,物化とは人間の労働の商品化ということになる．

このようにヘーゲルやマルクスの外化論,物化論は，デカルト以来の科学の流れ，つまり外延化の流れを継承するものであり，その意味で人間の精神や人間の社会の研究をも科学にまでもたらすところのものであった．しかしながらヘーゲルにおいてもマルクスにおいても，実はそうした外化と物化はまた疎外とみなされ，価値的にはマイナスと評価された．疎外とは，最初はみずからの身内として親しく感じられていたものが，やがてそこを離脱し，よそよそしくなることであり，みずからの一部が分離し，他者となることである．したがって疎外とは本来自らにそなわっていたものがひき離されること，本来性を奪われることという意味になり，したがって疎外は悲しむべきこと，回復されるべきこととなるのである．

このようにヘーゲルやマルクスの影響のもとに立つ外化論，疎外論は，いちおう近世以来の科学における外延化の流れを受けついだうえでそれを鋭く批判したものといえる．そして他方，フランスの哲学者ベルクソンもまた，それとは違った立場から科学における外延化の性格を批判し，とうとうたる外延化の風潮にまったをかけようとしたのである．

ベルクソンは物の知り方に2種類あると主張する．第1の知り方はその物の周りを廻ることであり，第2の知り方はその物の中に入りこむことである．こうしてベルクソンにおいても外と内という対立がはっきりあらわれている．そして第1の知り方はもちろん科学の知り方であり，第2の知り方は哲学の知り方，とくにベルクソン自らの提唱する哲学の知り方である．哲学のこうした知り方をベルクソンは直観と名づけるが，実をいえば，この直観つまりintuitionということばは，ラテン語のintueri（in+tueri）つまり「内を見る」という意味のことばからきたのである．

ベルクソンはこの直観の方法を説明するのに，物を外から眺めるのでなく，物に対して内面的なもの，いわば気分といったものを認め，その気分に同感し想像の力でその気分の中に入り込むべきだ，などとたいそう文学的で神秘的ないいまわしを使用している．ベルクソンのこうした直観の重視が，科学に対する哲学の側からの「ごまめの歯ぎしり」的やっかみであるかそれとも正当な科学批判であるかをいまここで論じる余裕はない．しかしヘーゲル流の疎外回復論とともに，ベルクソンの直観主義が外延の思想に対する大きなアンチテーゼであるということは確かであろう．

6. 論理学における内包の重要性

物理学では，内包量は実はいくつかの外延量の組みあわせであって，結局外延量に還元されるのだということはまえに述べたとおりである．しかしベルクソンはあくまでも外延的な見方では把握しえないものが存在し，それを知るためには直観の方法しかないと主張した．とはいえこのような哲学的いやむしろ神秘主義的な立場はさておき，現代の論理学においても，外延とは別にやはり内包をも認めざるをえないという事実を述べておくことが必要であろう．

つぎにあげる例はアメリカのある論理学の書物の中から借用して少しばかり手を加えたものである．

ジョンとメアリーは夫婦であった．メアリーは一人で旅行に出かけたが，予定より2日早く家へ帰った．その日，夫のジョンは夜おそく勤め先から帰ってきた．そして鍵をどこかに置き忘れてきたこと，しかも戸が閉っていることを発見した．彼は妻が既に帰っていてベッド・ルームで眠っているとは夢にも知らなかった.

ところで彼はベッド・ルームの窓からならば, 鍵なしでも家に入れることを知っていた. そしてそこから入ろうとした.

そのときメアリーはもの音で目を覚まし, 一人の男がベッド・ルームの窓をよじ登って入ろうとしているのを発見した.

彼女はとっさにひき出しからピストルをとり出し, その男に向ってひきがねを引いた. 弾丸はその男に命中し, その男は死んでしまった.

以上のような事件について, 検事は彼女に対し彼女が夫を撃とうと欲したのかと訊問した. 彼女はそれを強く否定した. 彼女は窓から侵入してきた男がジョンとは知らなかったのである. しかし他方彼女は, 自分が窓から入ってきた男を他から強制されたのではなく自分の自由意志で撃とうとしたことは認めた. ところでメアリーが侵入した男を撃ったこと, そしてその男が夫ジョンであったこと, したがってメアリーがジョンを撃ったということは動かし難い事実である. だとすると必然的にメアリーはジョンを撃とうとしたのだということになる. しかしこれは彼女の最初の否認と矛盾する. それではこうした矛盾はどのように解決すべきであろうか.

いまの推論をもう少しわかりやすく書き表わしてみるとつぎのようになる.

メアリーは窓から侵入してきた男を
　　撃とうと欲した.　……(1)
窓から侵入してきた男はジョンであった.　……(2)

メアリーはジョンを撃とうと欲した.　……(3)

この推論において，2つの前提はともに真である．ところが結論は偽である．いや偽でないとすれば，彼女はジョンを故意に撃ったということになり，彼女にとってあまりにも気の毒であり，実際実状にも反する．しかしながら (3) を偽とすれば，この推論は妥当でないということになる．それではこの推論の非妥当性の原因をいったいどこに置くべきであろうか．

こうした問いに答えるためには，外延と内包の区別がどうしても必要となってくる．ここで外延という場合，まえに述べたように「人間」や「死ぬもの」といった一般概念についていうのではなしに，「ジョン」とか「窓から侵入してきた男」のような個体名についていうのである．そしてそうした個体名の外延とはその個体名の指し示す実在の個体のことである．さていまの推論の中の (2) において，「窓から侵入してきた男」と「ジョン」との等価が断定されている．そこで (1) における「侵入してきた男」に「ジョン」が代入された．そしてその結果でてきたのが (3) である．しかしそうしたところ命題 (1) と命題 (2) が真であるにもかかわらず，命題 (3) は偽となったのである．だからこうした困ったことが起らないようにするためには，(2) においては確かに「侵入してきた男」の指す対象と「ジョン」の指す対象はおなじかもしれないが，(1) における「侵入してきた男」の指す対象と (3) における「ジョン」の指す対象はおなじでないとみなさざるをえない．そして結局のところ (2) における場合の対象を外延と呼び，(1) と (3) における対象を内包と呼び，2つの個体名は，外延において等しくても，内包においては違うことがありうるといわざるをえないのである．

さて次のような二対の命題について考えよう．初めの一対は「メアリーは侵入してきた男を撃った」と「メアリーはジョンを撃った」である．これらはともに真である．そしていまの場合「侵入してきた男」と「ジョン」の外延は等しい．しかし2番目の対つまり「メアリーは侵入してきた男を撃とうと欲した」と「メアリーはジョンを撃とうと欲した」は，一方が真であるのに対して他方は偽である．そしてこの場合「侵入してきた男」の内包と「ジョン」の内包は異るということになる．

以上のような二対の命題のうちの初めの一対は，客観的な事実を述べるものであるのに対し，あとの一対は，「〜と欲した」のように主観的判断を述べるものであるといえよう．こうした客観的 - 主観的というコントラストはまた，外的 - 内的，物理的 - 精神的というコントラストであるともいえる．さらにパブリック - プライベートというコントラストであるとさえいえる．

それはとにかくとして，「～と欲する」，「～と信じる」，「～と思う」といった精神的態度を意味する命題において使われる語は，外延的にではなく内包的に扱うべきなのである．したがってたとえ（2）において「侵入してきた男」と「ジョン」が外延的におなじだということが保証されたとしても，内包性を要求する（1）の中の「侵入してきた男」に，外延的同一性にもとづいて「ジョン」を代入し，おなじく内包性を要求する（3）をつくるというわけにはいかないのである．

論理学ではこのようにして，ことばの指す対象を外延だけに限ることはできないのであり，外延とは別に内包をも考慮に入れなければならない．それゆえ内包を扱う論理学がぜひとも必要であることは確かであり，こうした内包的論理学はまさに科学的な命題からはみ出すような命題を扱うものなのである．しかしながらそうした内包の論理学は外延の論理学ほどの明確さをもちえないということを，残念ではあるがいい添えておかなければならない．

3. 人文科学における群論の使用

1. はじめに

ブルバキは数学的構造を，代数構造，順序構造，位相構造の3つに分けた[1]．それらのうちで位相構造はさておくとして，代数構造は群論で代表され，順序構造は束論で代表されるということができよう．ところで束の方は，いわゆる論理学として，古くから哲学をはじめとする人文科学に盛んに使用されてきた．ところが群の方は，自然科学ではしばしば使われてきたが，人文科学にはほとんど適用されていないと思われていた．

しかしながら群もまた，無意識的ではあるが，古代からいろいろなかたちで使われてきたのであり，1940年代になってからは，レヴィ＝ストロースたちによって人類学に，ピアジェたちによって論理学および知能心理学に，ともに意識的に適用されるに至ったのである．そこでそうした事情をなるべくていねいに述べてみることにしよう．

2. 群とはなにか

念のため群とはなにかを簡単な例によって説明しておこう．図 I-3の矩形を，i) XX′のまわりに180°回転す

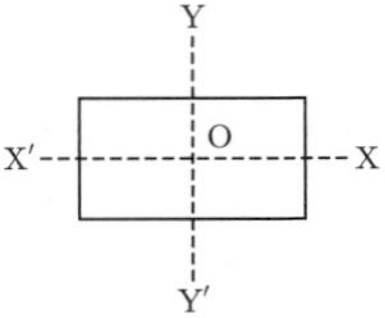

図 I－3

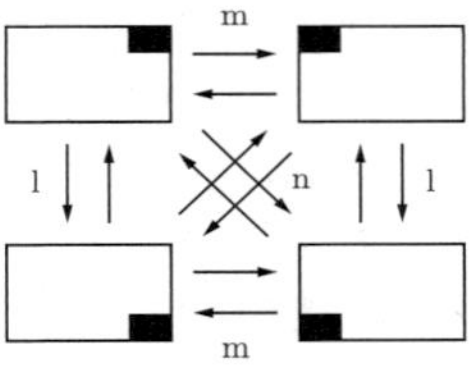

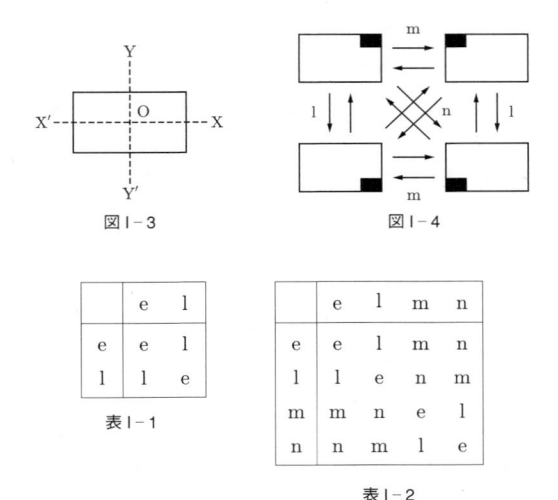

図 I－4

	e	l
e	e	l
l	l	e

表 I－1

	e	l	m	n
e	e	l	m	n
l	l	e	n	m
m	m	n	e	l
n	n	m	l	e

表 I－2

る操作を l，ii）YY′ のまわりに 180° 回転する操作を m，iii）O のまわりに 180° 回転する操作を n，iv）そのままにしておく操作を e とすると，たとえば $l^2=e$ となる．そしてこれの乗積表は，表 I－1 のようになる．

さらに m，n をも入れて乗積表をつくると，表 I－2 のようになる．

この乗積表をわかりやすく図示すれば，図 I－4 のようになる．そしてこの図の意味は説明なしで簡単に了解できる

1）ニコラ・ブルバキ「数学の建築術」（森毅『現代数学とブルバキ』p. 154）．

ことと思う．そしてこれがクラインの四元群と呼ばれるものであり，そこでは $l^2=e$，$m^2=e$，$lm=ml$ といった式がなりたつことを心に留めておいていただきたい．

つぎに群の例をもう一つだそう．図 I－5 において円を，i）90° 回転する操作を a，ii）180° 回転する操作を a^2，iii）270° 回転する操作を a^3，iv）そのままにしておく操作を e としよう．すると表 I－3 のような乗積表ができあがる．そしてこれが巡回群といわれるものであり，そこでは $a^4=e$ がなりたつ．また $a^m a^n = a^{m+n}$ がなりたつが，$m+n$ が 4 以上の場合は，4 で割った余りの数としなければならない．

3. 人類学における群構造の適用

最初に，人文科学に対する群論の応用のもっとも鮮やかな例を述べよう．

レヴィ＝ストロースは 1949 年に大著『親族の基本構造』をあらわしたが，そこで数学者アンドレ・ヴェイユ（ブルバキの一人）とともに親族構造の分析に群論が威力を発揮

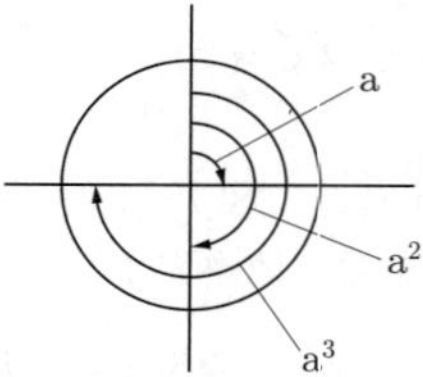

図 I－5

	e	a	a^2	a^3
e	e	a	a^2	a^3
a	a	a^2	a^3	e
a^2	a^2	a^3	e	a
a^3	a^3	e	a	a^2

表 I－3

することを見いだした[2]．ここでは彼等の主張を再構成して述べてみよう．

オーストラリアの未開族であるカリエラ（Kariera）族における親族関係の中に群構造，この場合はクラインの四元群がひそんでいることを示そう．

カリエラ族は部族内に4つのセクションをもっているが，これをA, B, C, Dとしよう．さて男性がAに属していれば，その男性はBに属する女性としか結婚できず，こうした二人の間に生れた子供はDに属する．また男性がCに属する場合は，必ずDに属する女性と結婚しなければならず，そうした二人の間にできた子供はBに所属することになる．さらにDに属する男性およびBに属する男性についても一定の規則があり，それらをまとめれば表I-4となる．

子供のことはさておき，結婚のことに関してだけいえば，表I-5のような4種類のタイプがあり，それらをそれぞれ，M_1, M_2, M_3, M_4と呼ぶことにしよう．

ところでカリエラ族に属するいかなる男女も，A, B, C, D 4つのセクションのどれかに属するのであるが，その所属によってM_1からM_4のうちのどのタイプに属するかがきまり，そのタイプがおなじであるときにのみ，結婚が許さ

---

2) Lévi-Strauss, *Les structures élémentaires de la parenté,* 1949, pp. 278-287, "Sur l'étude algébrique de certaines types de lois de mariage" par André Weil. なおケメニイ『新しい数学』（矢野健太郎訳）参照.

夫の所属	妻の所属	子供の所属
A	B	D
C	D	B
D	C	A
B	A	C

表I－4

タイプ	夫	妻
M_1	A	B
M_2	C	D
M_3	D	C
M_4	B	A

表I－5

M_i	M_1	M_2	M_3	M_4
$f(M_i)$	M_3	M_4	M_1	M_2
$g(M_i)$	M_2	M_1	M_4	M_3

表I－6

れる．さてこのようにして結婚が成立し，子供が生れるとすれば，こんどはかれらの子供たちの結婚のタイプはどうなるであろうか．

表I－4にもどろう．夫の所属がAであり妻の所属がBであれば，両人はともにM_1という結婚のタイプをもつから結婚可能である．ところがこうした両人の間にできた子供はDに属する．ところでこうしたDがもし男性であれば，彼の結婚のタイプは表I-5によってM_3である．また女性であればおなじく表I-5によってM_2である．こうしてM_1というタイプをもつ両親の息子のタイプはM_3であり，娘のタイプはM_2である．いま両親のタイプをM_iとし，M_iのタイプをもつ両親の息子のタイプを$f(M_i)$，娘のタイプを$g(M_i)$とすれば，$f(M_1)=M_3$，$g(M_1)=M_2$となる．M_2, M_3, M_4についての$f(M_i)$，$g(M_i)$も簡単にみつけだせるから，結局表I-6ができあがる．

この表からただちに$f^2=e$，$g^2=e$，$fg=gf$がなりたつことを確めることができる．そしてこれがクラインの四元群であることは明らかである．念のためf, gの変換の様子を図示すれば図I-6のようになる．

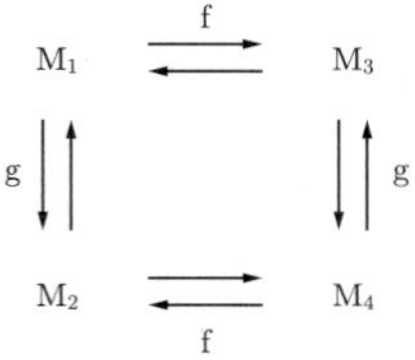

図I-6

ところでカリエラ族には，自己は母の兄弟の娘ないし父の姉妹の娘と結婚すべしという掟がある．これは難しくいえば両側交叉イトコ婚である．これを図示すれば図I-7，図I-8のとおりとなる．

夫 の 所 属	妻 の 所 属
パリのデュラン(A)	ボルドーのデュポン(B
ボルドーのデュラン(C)	パリのデュポン(D)
パリのデュポン(D)	ボルドーのデュラン(C
ボルドーのデュポン(B)	パリのデュラン(A)

これらの図において$f(g(M_i))=g(f(M_i))$および$f(f(M_i))=g(g(M_i))$の両方がなりたたねばならない．というのも，結婚はタイプの等しいものどうしでしか許されないからである．しかしそうした2組の等式は，$f^2=e$，$g^2=e$および$fg=gf$という四元群の関係から直ちに導きだせるのである．また$f\neq g$であることから男性とその姉妹の間の結婚，

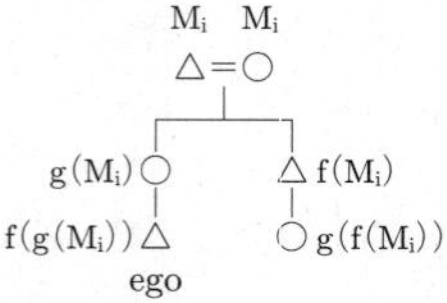

図I－7

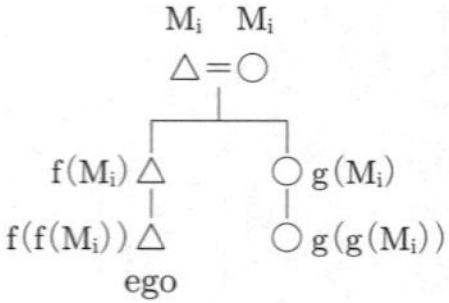

図I－8

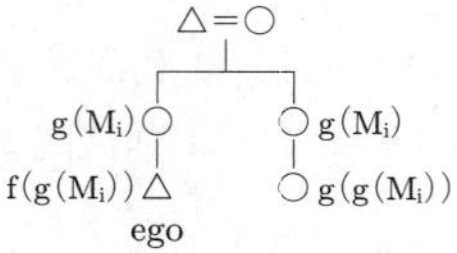

図I－9

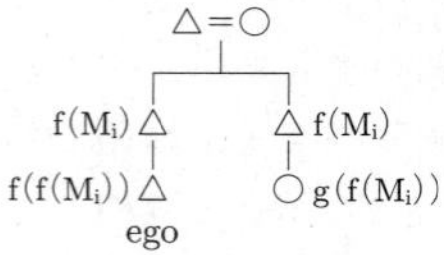

図I－10

子供の所属
リのデュポン(D)
ルドーのデュポン(B)
リのデュラン(A)
ルドーのデュラン(C)

表I－7

つまり近親婚は禁じられ，$f\cdot g \neq g\cdot g$，$f\cdot f \neq g\cdot f$ であることから平行イトコ婚もまた禁じられる．ただし平行イトコ婚とは図I－9，図I－10で示される関係のことである．

最後に，A, B, C, D のセクションは具体的にはどのような形で存在するのかをみよう．レヴィ＝ストロースはそれをフランス風の呼び名に翻案して，表I－7をつくりあげている[3]．

ここからカリエラ族は母系的で父方居住的であるといわれることの意味が理解できるであろう．というのも，子供はすべて母方の姓を名のるが，その居住地は父方だからである．

こんどはタラウ（Tarau）族の親族関係の中に，4位の巡回群が潜んでいることをみていこう．タラウ族では表I－8のように，たとえば男性がAに属していれば，その男性はBに属する女性としか結婚できず，こうした二人の間に生まれた子供はAに属する．

結婚に関していえば，やはり4つのタイプがあり，表I－

3） Lévi-Strauss, *op. cit.*, p. 209.

9のようになる．

また子供たちの結婚のタイプは表I-8と表I-9から表I-10のようになる．

この表から $f=e$, $g^4=e$, $fg=gf$ が確かめられる．ところで $g^4=e$ から，こんどの群が位数4の巡回群であることは明らかである．そしてそれを図示すれば図I-11のとおりとなる．

タラウ族においてはカリエラ族においてと同様，$f \neq g$ で

夫の所属	妻の所属	子供の所属
A	B	A
B	C	B
C	D	C
D	A	D

表I-8

タイプ	夫	妻
M_1	A	B
M_2	B	C
M_3	C	D
M_4	D	A

表I-9

M_i	M_1	M_2	M_3	M_4
$f(M_i)$	M_1	M_2	M_3	M_4
$g(M_i)$	M_4	M_1	M_2	M_3

表I-10

あり，$f\cdot g \neq g\cdot g$，$f\cdot f \neq g\cdot f$ であるから，男性と姉妹の間の結婚および，平行イトコ婚は禁じられているが，カリエラ族とちがう点は，カリエラ族が両側交叉イトコ婚であるに反してタラウ族は片側交叉イトコ婚であることである．つまり男性は母の兄弟の娘と結婚できるが，父の姉妹の娘とは結婚できないのである．そしてそれは，$fg=gf$，$f^2 \neq g^2$ ということにほかならないのである．

なお A, B, C, D のセクションはタラウ族では Pachana, Tlangsha，Thimasha，Khulpa という名をもつことを付言しておこう[4]．

レヴィ＝ストロースは構造主義の主唱者であるが，彼はもともと人類学者として，親族関係の分析から出発した．そしてそこに，群構造を発見した．したがって構造主義における構造の概念はもともと数学的構造のこと，とくに群構造のことであると考えてよいであろう．

ところでいままで，社会科学，人文科学において，統計学は別として，数学は適用できず，弁証法といったもので

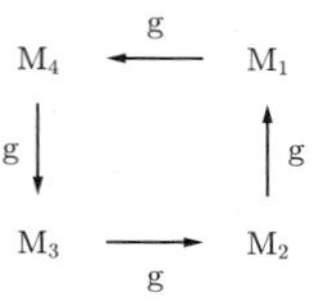

図 I－11

4）　Lévi-Strauss, *op. cit.*, p. 332.

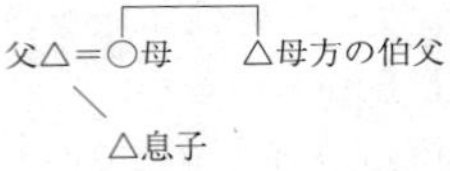

図 I－12

夫婦	兄妹
父子	伯父甥

表 I－11

しか処理できぬと考えられてきた．しかし人類学にも群論といった数学が立派に使えることが示されたのであり，今後とも群論をはじめとするさまざまな数学的構造が人間や社会の現象に適用されることが予想されるのである．

人類学において群構造が使用されるもう 1 つの例を述べよう．そしてこれもレヴィ＝ストロースにおいてみられるものである[5]．

レヴィ＝ストロースは，考えうるもっとも単純な親族を「親族のアトム」（atom of kinship）と呼んだ．そしてそれは図 I－12 のようなものである．

この「アトム」は夫婦，兄妹，父子，伯父甥の 4 つの関係からなるもので，これを表 I－11 のようなマトリックスであらわすことにしよう．

このマトリックスの上段の 2 つ，つまり夫婦，兄妹はおなじ世代の 2 つの関係，下段の 2 つ，つまり父子，伯父甥はちがう世代間の 2 つの関係である．

さてこの「親族のアトム」は，確かに親族構造のうちの最小単位ではあるが，こうした単純であるべきアトムに，実は 4 つの種類が見いだせるということをレヴィ＝ストロースは主張する．

彼よりまえに人類学者ラドクリフ＝ブラウンはアフリカの部族の中で，父子関係が親密だが伯父甥関係は反撥的だという部族と，逆に父子関係が反撥的で伯父甥関係が親密だという部族が存在することを発見した．しかしレヴィ＝ストロースは，それだけではなく，夫婦，兄妹間の親密，反撥関係，すなわち夫婦間が親密で兄妹間が冷たい場合と，逆に夫婦間が敵対的で兄妹間が親密な場合があるということをも考慮しなければならないと主張した．

そこで親密な関係を＋で，反撥関係を－であらわすと，理論的には図 I－13 のような 4 種類が存在しうることになる．

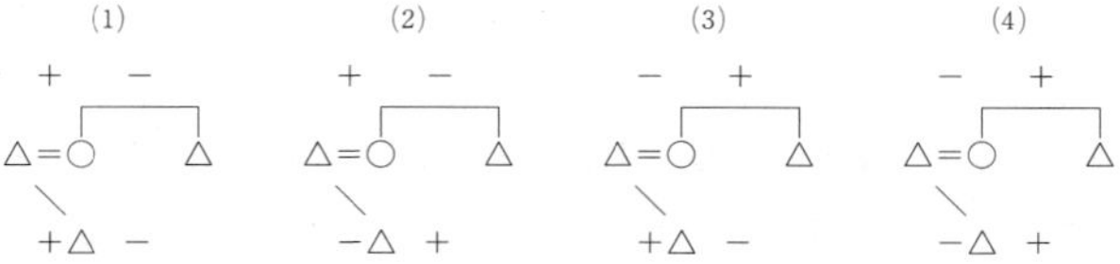

図 I－13

こうした図において，(1) から (4) にいたるどの場合でも，夫婦と兄妹，父子と伯父甥はプラスとマイナスという異符号からなりたっていて，同符号からはなりたっていないのである．

さてそうした (1)，(2)，(3)，(4) の間には実は，3 種の

---

5) Lévi-Strauss, *Structural Anthropology*, 1963, pp. 31-54, 72-73.

シンメトリーが存在し，それらはクラインの四元群を構成する．すなわち，図I-13を簡単化した図I-14について考えてみると，対角線どうしはY軸に関して対称である．ところが左右のものどうし，上下のものどうしは，いわば半分だけの対称という関係にある．すなわち左右のものどうしは下半分だけY軸に関して対称，上半分はそのままであり，上下のものどうしは上半分だけY軸に関して対称，下半分はそのままだという関係にある．こう考えると，(1), (2), (3), (4) 間の3種の変換と合同変換がクラインの四元群をなすということは明らかである．

さて最後に，(1), (2), (3), (4) といった型のものが実際に存在するのかという問題であるが，(1) のタイプに属するものに，メラネシアのトロブリアンドがあり，(2) に属するものとしては，ブーガンヴィル島のシウアイおよびニューギニアのクチュブ湖の部族があり，(4) に属するものとしてはコーカサスのチエルケッスがある．そして，(1), (2), (3), (4) 以外のタイプのものはどこにも発見されていないのである．

今あげた例はいわば《ところかわれば品かわる》式

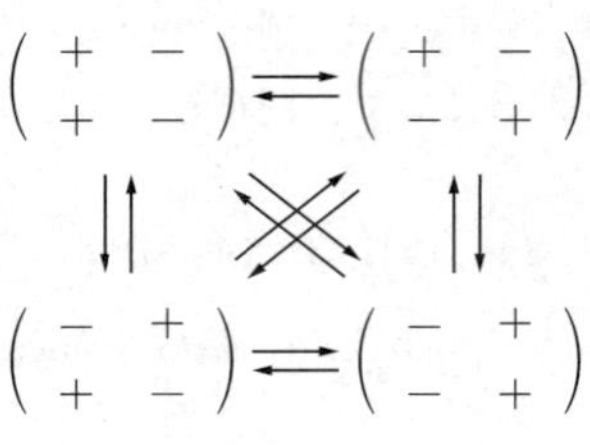

図I−14

の共時的（synchronic）なバラエティであった．しかし(1),(2),(3),(4) の相互変換は，通時点（diachronic）と考えてもいい．そして実際ヨーロッパ中世において,(2) のタイプから（4）のタイプへの移行がみられるのである．

4. 自然哲学にみられる群論的思考

レヴィ＝ストロースの場合は，群構造が意識的に適用されたのであるが，こんどはずっと時代をさかのぼって，古代中国および古典ギリシアの自然哲学に群論的思考が伏在していることを示そう．まず中国から始める．

易における八卦あるいは六十四卦は結局，— と -- の二元に分解されうる．この — と -- は陽と陰というふうに解釈されているが，ライプニッツのいうように，1と0と解釈してもよい．さて陰は陽に，陽は陰に変りうる．すなわち「易は変易するもの」つまり易は Change である．ところで卦はふつう 6 つの爻《こう》からなるが，この爻の陰陽を転ずるという操作を a とすれば，$a \cdot a = e$ となって群を構成する．しかし易は実際上，6 つの爻からなる卦というかたちで問題とされるから，易における変化の問題は結局，卦の変化の問題だということになる．そしてこの卦の変化，つまり変換が巡回群を構成するのである．

本田済氏の『易学』からつぎの一節を引用しよう[6]．

「漢代の易学で重要視される概念に消息というものがある．

6）本田済『易学』1960, p. 89.

宇宙の陰陽の二気は互いに消長するものだという観点に立って，ある種の卦がその消長の関係を具現していると見る．すなわち，䷀（乾《けん》）の卦は陽ばかりでできているが，陰が下からだんだん浸蝕して来て䷫（姤《こう》）になり，䷠（遯《とん》）になり，䷋（否《ひ》），䷓（観《かん》），䷖（剥《はく》）になり，ついには䷁（坤《こん》）になる．すると今度は陽が下に萌え出して䷗（復《ふく》），䷒（臨《りん》），䷊（泰《たい》），䷡（大壮《たいそう》），䷪（夬《かい》）となり，ふたたび䷀（乾）にもどる．この十二卦は消息卦と呼ばれ，二気の無限循環的消長，つまり季節の無限循環を表象するものとされる」．

本田氏はまた『易学』の他の箇所でつぎのように述べておられる[7]．

「繋辞伝には……《禍は福の伏するところ，福は禍のよるところ》という．寒往けば暑来り，暑去れば寒来るというように，人間の運命も，災難があればまたその後に福が来る」．

以上で易に巡回群がみられることがわかったが，五行説

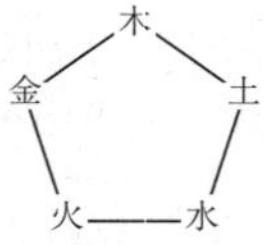

図I－15

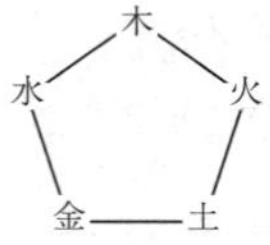

図I－16

の中にも巡回群を見いだすことができる．五行とは木火土金水のことであるが，この五行についての説に，五行相勝説（相剋説）と五行相生説がある．

相勝説では，木は土に勝ち，土は水に勝ち，水は火に勝ち，火は金に勝ち，金は木に勝つ．つまり五行が「勝つ」という関係で循環するのである．

ちなみにこれは，庄屋が鉄砲に勝ち，鉄砲がキツネに勝ち，キツネが庄屋に勝つという藤八拳とおなじ構造であり，石がハサミに勝ち，ハサミが紙に勝ち，紙が石に勝つというジャンケンともおなじ構造である．

つぎに相生説の方では，木は火を生み，火は土を生み，土は金を生み，金は水を生み，水は木を生む．つまり五行が「生む」という関係で循環するのである．さらに相生説は，面白いことに王朝の交代に応用され，木徳の王朝のあとに火徳の王朝が生れ，火徳の王朝のあとに土徳の王朝が生れるといったことが主張された．

以上のような円環あるいは循環の思想は古代ギリシアにおいてもみられる．

アナクシマンドロスは夏に暖，冬に寒，春に乾，秋に湿を対応させる．そして四季が移るにつれて，暖から湿へ，湿から寒へ，寒から乾へ，乾から暖へと移りかわるのでありこの移行は無限に循環すると主張するのである．

ヘラクレイトスはこれに対して，「冷たいものが熱くさ

7）本田済，同書，p. 313.

れ，熱いものが冷たくされる．湿ったものが乾かされ，乾いたものが潤される」[8]と主張する．

またヘラクレイトスにはいまとおなじタイプの主張がいくつもみられる．たとえば，「万物は火の代物であり，火は万物の代物である．それはまさに貨物が黄金の代物であり，黄金が貨物の代物であるようなものだ」．そしてここでも「火がすべてに，すべてが火に，金が商品と，商品が金」といった循環がみられるのである．また「万物から一が出てくるし，一から万物がでてくる」という句もみうけられる．

さらにヘラクレイトスは「生が死に，死が生に」という循環をも唱える．彼はいう．「死なぬ者が死ぬ者であり，死ぬ者が死なぬ者なのだ．たがいに他の死を生き，他の生を死んでいる」．

ヘラクレイトスの以上の所説はすべて，位数２の巡回群をなすのであるが，彼はさらに大きな循環をも主張する．

ヘラクレイトスのことばにつぎのようなものがある．「土の死は水となることであり，水の死は空気となることであり，空気の死は火となることであり，火の死は土となることだ．そしてその逆もまたしかり」．「火は土の死を生き，空気は火の死を生き，水は空気の死を生き，土は水の死を生きる」．そして「円周の上では，始めと終りが共同である」．

アナクシマンドロスおよびヘラクレイトスの自然哲学の中には以上述べたように，位数４の巡回群がみられたが，アリストテレスの自然哲学の中にはクラインの四元群が発見できる．

アリストテレスの自然哲学とは有名な四元素説のことであるが，アリストテレスによれば「火は温かく乾いているが，空気は温かく湿っているし，また，水は冷たくて湿っているが，土は冷たくて乾いている」[9]．

ところで「単純な物体（火，空気，水，土）のすべてが，本来，相互に変化しあうべきことは明かである．というのは，生成とは反対なるものへの，また反対なるものからの変化であるが，しかるに要素はどれも，その差異が互いに反対をなしているという理由で，相互に反対対立を含んでいるからである」．

とはいえ，そうした反対対立には2種類ある．第1種は，たとえば火と水の場合で，2つの性質がともに対立しあっている．というのも火は温くて乾いているが，水は冷たくて湿っているからである．第2種は，たとえば空気と水の場合で，一対のいずれか一方の性質だけが互いに対立している場合である．というのも，空気は温くて湿っているが，水は冷たくて湿っているからである．

こうして第1種の対立とは図Ｉ-20において対角線的な位置にあるものの間の関係であり，第2種の対立とは，上

8）田中美知太郎訳「ヘラクレイトスの言葉」（『世界文学大系63 ギリシア思想家集』，1965，p.44）．以下ヘラクレイトスについては同書から引用．

9）アリストテレス「生成消滅論」第3章（『アリストテレス全集』第4巻，戸塚七郎訳，p.310）．以下アリストテレスについては同書から引用．

下あるいは左右の位置にあるものの間の関係であるといえよう．

さて第1種の対立の間にも，第2種の対立の間にも互いに反対なものへの変化（reciprocal change，metabole eis allela）がおこなわれるのであるが，第2種の場合よりも，第1種の場合の方が生成変化においてより遅く，より難しいとされる．というのも第2種の方は1個の反対性を含むだけであるが，第1種の方は2個の反対性を含むからである．

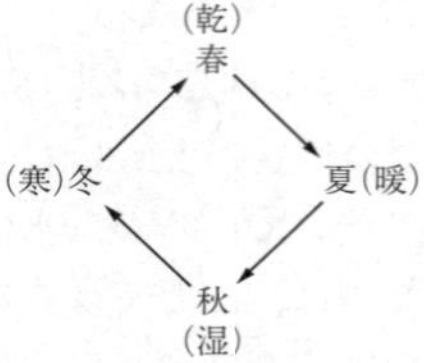

図 I－17

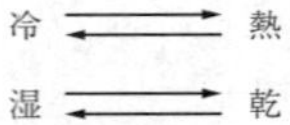

図 I－18

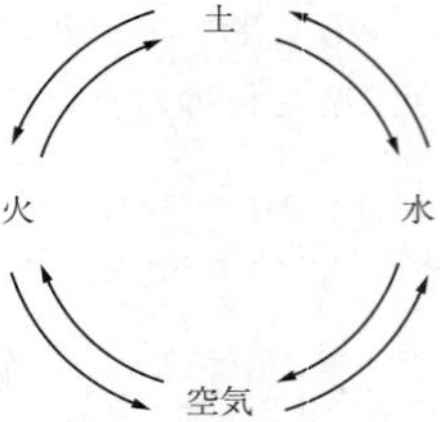

図 I－19

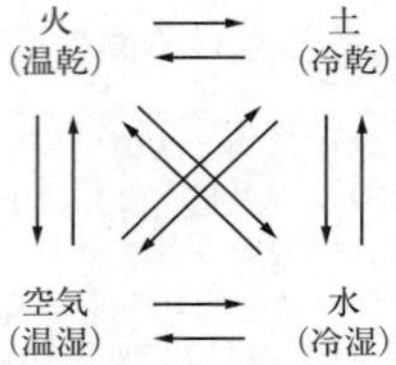

図 I－20

アリストテレスの新しく提案した以上のような四元素間の相互変換が，クラインの四元群をなすことは明らかである．というのも，図 I－21 におけるように温冷間の相互変換を m，乾湿間の相互変換を l，温冷間および乾湿間の相互変換を n とすれば，これら m, l, n の間の関係は，第 2 節の図 I－4 に見られる関係とまったく同型となるからである．

アリストテレスのこうした元素変換の説は中世を通じてなおも信じられ，そうした説が 17 世紀の日本にまでもたらされた．沢野忠庵ことフェレイラは『乾坤弁説』において，この元素変換説を日本に紹介したが，そこでは四元素説は五行説と，元素間の変換は相生，相剋と関連づけて説かれているのである[10]．

さてこうした中国ならびに古代ギリシアの物質変換の説は，もちろん今日の科学からみれば奇怪なものといわなければならない．つまりそれらは自然科学的理論ではなくして，自然哲学的理論なのである．とはいえそれらの理論にはれっきとした群構造が潜んでいることは確かなのである．

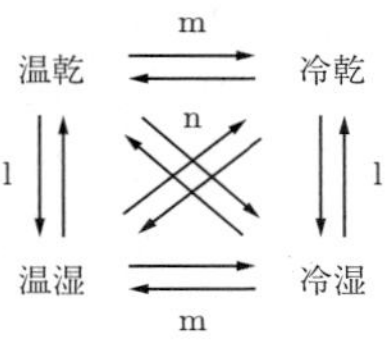

図 I－21

10）『乾坤弁説』(「文明源流叢書」，巻 2，pp. 9-19)．

アリストテレスの自然学は，四元素の変換といった質的な変換を主題とした．しかしながら近世の自然科学はむしろ場所的変化つまり運動の方を主題とする．ところで場所的変化にはさまざまな種類があるが，そのうちとくに対称移動（reflexion）と回転（rotation）に注目してつくりあげられたのがクラインの四元群や巡回群であり，第2節で群の例として出したものも，実は そうした場所的変化に属するものなのである．

5. 群構造の意味——その1

いままでに群論の適用のケースをいくつか提出してきたので，ここでいちおう群構造というものの意味を考えてみることにしよう．ふつう，群は対称図形の分析に際して使用されることが多い．第2節の「群とはなにか」の説明においても，矩形という平面図形のいくつかのシンメトリカルな移動を元とする集合を例として使った．しかし図形の対称は平面図形の場合だけでなく，立体図形の場合でもなりたつ．実際，自然界に実在する対称図形は，立体の場合の方が多い．つぎに2つの例を示そう．

一つは結晶である．自然界にはさまざまの規則正しい結晶が存在するが，いまはクラインの四元群をなすものだけに限ろう．図 I-22 に示したのは斜方晶系と名づけられるものであるが，これには互いに直交する3本の対称軸があり，各対称軸のまわりの 180° 回転に関して対称であり，しかもそれら3本の軸はすべて同格ではない．つまり，前

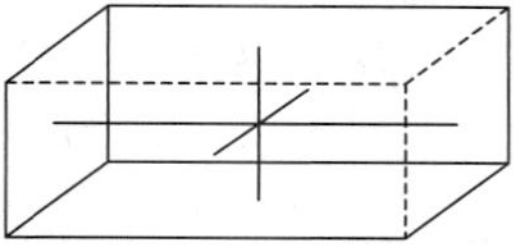

図Ⅰ-22

後，左右，上下の方向の順にa軸，b軸，c軸と名づけると，$a \neq b \neq c$である．こうした種類に属する結晶は黄玉，硫黄，紅柱石およびカンラン石である．

もう一つは分子構造の中にみられる対称である．こんどもクラインの四元群をなすものだけをあげよう．

図Ⅰ-23に示したのはねじれた形をしたエチレン（C_2H_4）の分子構造である．この分子は3本の直交軸をもつが，その1本は図Ⅰ-23において点線で示されたとおりである．さて図Ⅰ-24は図Ⅰ-23に書かれた対称軸の方向から眺めたものであるが，ここにあとの2本の軸を発見できるのであり，それが図の中で示された2本の点線なのである．

いまあげた2例はともに三次元の場合であるが，これは平面図形の場合と本質的にかわるものではない．第2節図Ⅰ-4をもういちどもってこよう（図Ⅰ-25）．そしてこん

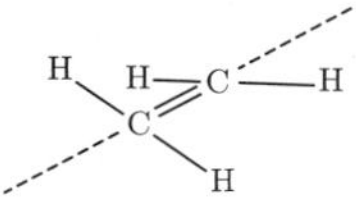

図Ⅰ-23

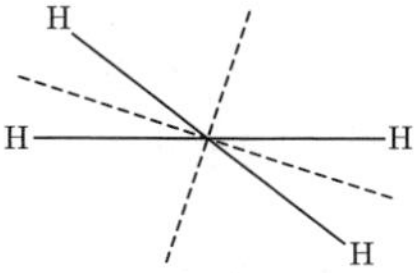

図Ⅰ-24

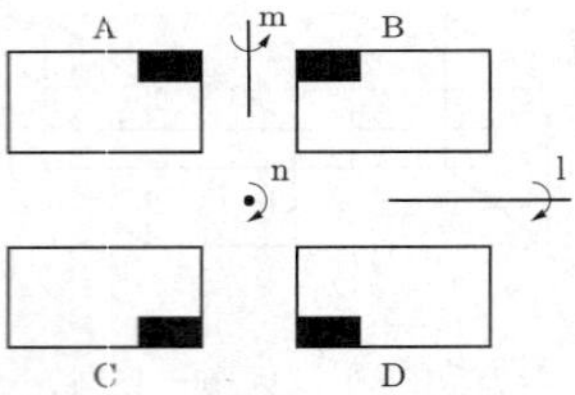

図 I－25

どはAからB，BからA，CからD，DからCの変化を上下軸のまわりの左右180° 回転，AとC間，BとD間の相互変換を，左右軸のまわりの上下180° の回転，AとD間，BとC間の相互変換を，紙面に垂直の軸のまわりの前後180° の回転と解釈しよう．するとm, l, nの3種の回転操作と合同回転操作とは，クラインの四元群をつくる．そしてこの場合の上下軸，左右の軸，紙面と垂直の軸は，互いに直交する三次元座標軸をなすのである．

天然のシンメトリカルな構造に対して，人間が意識的にシンメトリーを利用してつくりだしたものに模様あるいは紋様がある．

日本にはいろいろな紋があるが，それらはそれぞれいくつかの対称軸があってシンメトリーをなしている[11)]．その中でクラインの四元群をなすものをあげると，分銅がそうである．これは上下軸左右軸に関して対称である．また中心点に関して点対称でもある．

分銅（図 I－26）の場合は，平面図形の3つの対称移動からなるクラインの四元群であったが，輪違い（図 I－27）

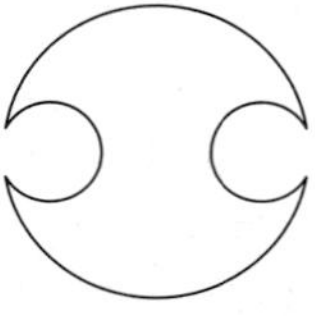

図 I－26

図 I－27

の場合は，むしろ立体図形であり，上下軸，左右軸，紙面に垂直の軸からなる三次元空間における立体図形が構成するクラインの四元群であるということができよう．

なお紋様の中には，対称変換だけではなく，それに，白黒変換，ネガ・ポジ反転，図と地の転換を組み合せたものがある．その有名な例は，中国で古くから使われてきた陰陽太極図である．これには図のように 2 種類ある．図 I－28 の場合，上下軸のまわりの 180° 回転と，白黒の入れかえの操作でクラインの四元群をつくる．また図 I－29 の場合は，点対称と白黒の入れかえの操作でクラインの四元群をつくるのである．

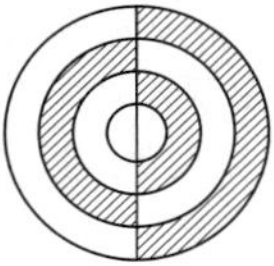

図 I－28

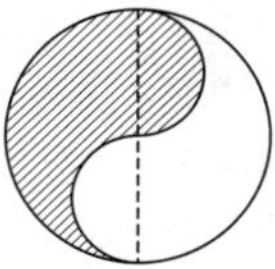

図 I－29

11) 紋の群論的分析については伏見康治「紋様の科学」（『数学セミナー』）1967 年 5 月,7 月,8 月号）参照.

こう見てくると，群において大切なのは，単なるシンメトリーではなくて対称変換なのであり，さらに変換でさえあれば，ネガ・ポジ反転でも，図と地の転換でもいいわけである．こうして一般に，群の元，つまり要素をなすものは，ものでもなく，ものとものとの関係でもなく，実はものどうし，関係どうしの相互変換という操作（operation）だといえるのである．

ところで transformation（変形）もまたそうした変換の一つだといえる．transformation あるいは metamorphosis はともに change in the form（=morphe）のことである．ところでこの transformation は単なる formation ではない．formation（形成）とは，形をもたないもの（unformed）から形をもつもの（formed）への移行である．しかし transformation は一つの form から他の form への change なのである．

モデル・チェンジということばがある．自動車などの外形を古いものから新しいものへ変えることである．人間だって服装を変える．モード（型，流行）は一定不変でなく，しばしば変るものである．ところで「流行はくりかえす」という格言がある．早い話が女性のスカートがそうである．昔はロング・スカートがはやったが，近ごろはミニ・スカートがはやりである．しかしミニ・スカートがあきられてくると再びもとのロングに返るしか手がない．こうした変化は群のもっとも簡単な例である．

しかしもちろんロングとミニの2つだけでなく，ミディということも考えられるから，ことはそう簡単ではない．さらに，スカートだけでなく上衣の方も組み合わされるともっと複雑になる．しかし基本原理はおなじである．服装にいろいろバラエティはあるが，そうしたもちごまは無限ではなく，やがて種切れとなるともういちどもとへ舞いもどらざるをえなくなるのである．

以上のことを宇宙論的規模に拡大してみると永劫回帰ということになる．ニーチェはつぎのような意味のことを述べている[12]．世界が特定個のものからなるとすれば，それらの組み合わせは有限個であり，無限の時間系列の経過においてそれらの組み合わせのすべてが出現し，しかも一度ならず，無限回出現するであろう，と．

こうしたことは自然的世界においてだけ生じるのではない．人間の世界でも起るとされる．実際ストア学派は，ソクラテスが毒杯を仰いで刑に服したという事件がそっくりそのままなんども再現されると主張するのである．

「歴史はくりかえす」というスローガンは昔から唱えられてきたが，ヘーゲルもまた，「歴史は二度くりかえす」と主張する．

ヘーゲルはまた，法が極端になれば不法に転化し，独裁制と無政府状態はたがいに転化しあうと主張する．しかし各種の政体が循環的に交替するという考えは古代ギリシアでくりかえし唱えられた説であった．

12） ニーチェ『力への意志』，断片 1066.

現代人は生から死へは片道通行だと考えるが古代人は死からの復活を考える．あるいはさらに大きな規模においていわゆる輪廻転生といったものを認めるのである．

わたしたちの住んでいるこの世界は，たえず transformation をくりかえす無常の世界である．しかしその変転はけっしてでたらめではなく，一定の秩序がある．ところでそうした秩序にはいろいろのものが考えられるが，レヴィ＝ストロースはこう述べる．

「自然の秩序の中で四季の循環リズムが果す役割は，結婚に際しての女たちの交換や会話での言葉の変換が人間社会において果す役割に対応している」[13]．

さて四季のリズムをモデルにして，中国人や古代ギリシア人がつくりあげた五行や四元素の変換の説が群を構成するということは第4節で述べたとおりであり，未開人の結婚の規則が厳密な群構造をなすということは第3節で述べたとおりである．

ところで群の基本的な性質の一つに，群 G の任意の2元 a, b に対し，それに算法を施した結果 ab が，G の中に一意的に見いだせるというのがある．つまり群というものは閉じた世界をつくっているのである．したがってそうした群が実際に適用される対象はやはり閉じた世界でなければならない．

このことは四季の循環や元素間の循環的変換の場合でもいえることであるが，レヴィ＝ストロースのあつかった未開社会の親族構造が群的であるということも，もともとそうした未開社会が閉鎖的であり，非発展的であることからくるものである．というのも，文明社会では，もはや未開社会におけるような厳密な婚姻の掟は崩壊してしまっているからである．

さてここで弁証法というものを群構造と比べてみることにしよう．

ヘーゲルの思想の中にはたしかに循環の思想がきわめて多く見うけられる．しかしヘーゲルの思想には進化，発展の思想もまた存在するのである．

ヘーゲルは『小論理学』において論理学を有論と本質論と概念論に三分したが，それら 3 つの部分に，移行（Übergehen），反照（Reflexion），発展（Entwicklung）という 3 つのテーマを割りあてた．ところで群ではこのうち，移行と反照（反射,鏡映）があつかわれるが，発展はあつかわれない．したがってヘーゲルの弁証法の核心が発展の思想にあるとすれば，それは閉じた世界に適合する群を越え出たものということができよう．

このことはマルクスの弁証法についてもあてはまる．マルクスは原始共産制の否定の否定としての共産主義社会をめざすのであるが，この場合の否定の否定はけっしてもとの木阿弥にもどることではなく，前向きの発展をも意味しているのである．そしてそれはちょうど revolution ということばが，本来，回転および循環という意味をもつもので

13） Lévi-Strauss, “The Problem of invariance in anthropology”（*Diogenes* No. 31, 1960, p. 22）.

あるが，それが革命という意味で使われる場合は単なる復古ではなく，前進をも意味しているのとおなじなのである．

弁証法というものは，このように進歩ないし進化の思想をとりいれるのであるが，その場合，その代償として当然のことながら群論にみられる完結性を喪失するのである．思想というものが自らを開かれた状態に保とうと努めることはよいとしても，このことはその思想の形式的な完結性を脅かすものであるということを忘れてはならないのである．

6. 論理学における群構造の適用[14)]

以上において群論の適用対象はすべて外界に属するものであったが，こんどは適用対象を外界から精神の世界，記号の世界へ移そう．まず対象を論理学に限ることにする．

フランスの知能心理学者ピアジェは1949年，彼の著書『論理学』において，その後ピアジェの群と呼ばれるようになったものを初めて提案した[15)]．そしてそれは，命題論理学に対する群の応用であり，その群はクラインの四元群であった．

いまpを任意の命題とする．また～pをpの否定命題とする．するとpの否定の否定，つまり～～pはpである．これはいうまでもなく二重否定律と呼ばれるものである．さていまpを～pに変換する操作をIとする．するとIという操作を2度続けておこなった結果はなんらの操作もおこなわなかったこととおなじになる．こうして表I-12のような乗積表ができあがる．ここでeはなんの操作もおこ

	e	l
e	e	l
l	l	e

表I－12

なわなかったことを意味する．この乗積表はあきらかに位数2の群の乗積表である．

つぎに，p, q をそれぞれ任意の命題とする．そして，p，q 2つの原子命題から $pq, \sim p\sim q, p\vee q, \sim p\vee\sim q$ という4個の分子命題をつくる．ただし pq は「p と q」といった連言命題，$p\vee q$ は「p か q」といった選言命題を意味する．

さてそういった分子命題に含まれる2つの原子命題のおのおのを否定する操作を l とし，連言結合記号と選言結合記号をいれかえる操作を m とし，2つの原子命題のおのおのを否定し，かつ連言結合記号と選言結合記号をいれかえ

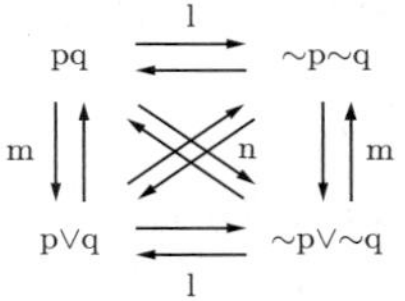

図I－30

14）　この節および次の節の一部は「論理学にみられる群論的構造」（関西学院大学『哲学研究年報』第6輯，1965）において発表された．

15）　J. Piaget, *Traité de Logique*, 1949.

る操作をnとしよう．すると表I-13のような乗積表ができる．たとえばlという操作をおこない，続いてmという操作をおこなうことは結局nという操作をおこなうことにほかならない等々である．そしてこれがピアジェの群と呼ばれるものなのである．

ピアジェ自身は，操作lをRであらわし，transformation réciproqueと呼び，操作mをCであらわしtransformation corrélativeと呼び，操作nをNであらわしtransformation inverseと呼び，操作eをIであらわし，transformation directeと呼んだ（図I-30）．そしてこうした4つの元からなるクラインの四元群をINRC群と呼んだのである．

命題の変換における以上のような群構造は，ピアジェの挙げた例以外にいくつも挙げることができる．そこでそういったものを網羅的に挙げてみよう．理解を容易にするために，ゴンセトの図式を使おう．ゴンセトの図式とは全領域を矩形で示し，それを図I-31のようにpq, p∼q, ∼pq, ∼p∼qの4つの区域に分割し，それらの4つの区域に斜線を入れたり入れなかったりするものである．たとえばpqは，pqの区域に斜線を入れることによって表示し，pつまりpq∨p∼qはpqとp∼qの2つの区域に斜線を入れることによって表示する．そしてそういった斜線の入れ方は全部で$2^4=16$通りある．このようにすると先にあげたpq, ∼p∼q, p∨q, ∼p∨∼qの4個の命題は，図I-32のAのように表現できる．こうしたピアジェのクワルテット以外にそれに似た構造をもつク

	e	l	m	n
e	e	l	m	n
l	l	e	n	m
m	m	n	e	l
n	n	m	l	e

表I－13

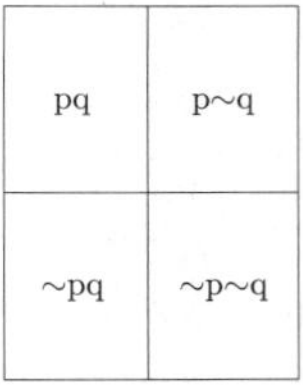

図I－31

ワルテットを列挙すればB以下の5個となる.

以上AからFにいたる6個以外に，なお2つのクワル

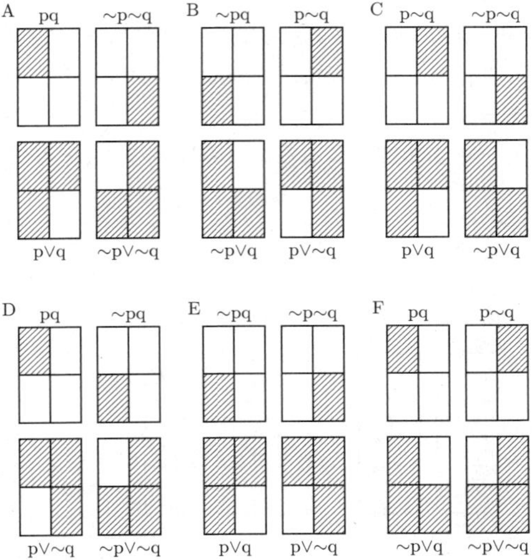

図I－32

テット（図Ⅰ-33）が考えられる．

以上AからHまでのおのおののクワルテット内における変換はすべてクラインの四元群をなす．GとHにおいては縦軸に関して対称であり，横軸に関して対称であり，さらに点対称でもある．またAからFに関していえば，AとBにおいて左右の図形どうしは点対称，斜の図形どうしは補集合の関係，ゲシュタルト心理学でいう図と地の関係にある．またCとDは，左右の図形どうしの横軸に関する対称と，斜の図形どうしの図と地，EとFは左右の図形どうしの，縦軸に関する対称と，斜の図形どうしの図と地の関係になる．

以上8個で，相互変換がクラインの四元群をなす図形は尽くされるが，位数2の群をなすものはつぎの4通り（図Ⅰ-34）である．

これらは互いに否定関係にあるが，図形的にはⅠとＪは

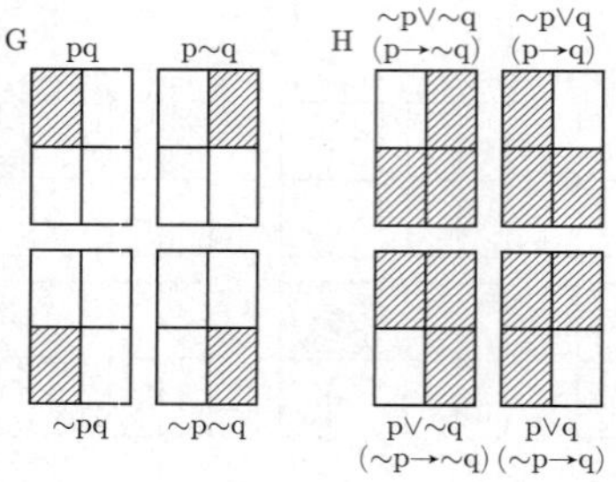

図Ⅰ-33

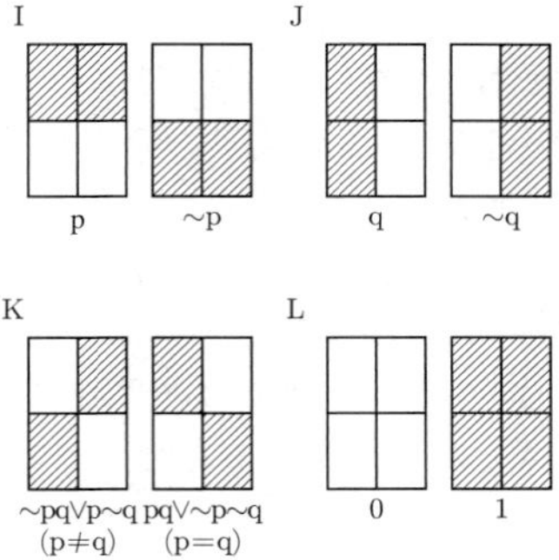

図I－34

線対称である．またKは図と地の関係である．そしてLは全集合と空集合の関係である．これらIからLにいたるそれぞれの対の図形の相互変換つまり否定の操作はもちろん位数2の群をなす．

以上12個の群構造の説明に，ゴンセトの図式を使ったが，ちがった図式を使って表現することもできる．

図I－35のように正方形を斜めにしたものの四隅に円を描き，それらの円に $pq, \sim pq, p\sim q, \sim p\sim q$ を対応させる．

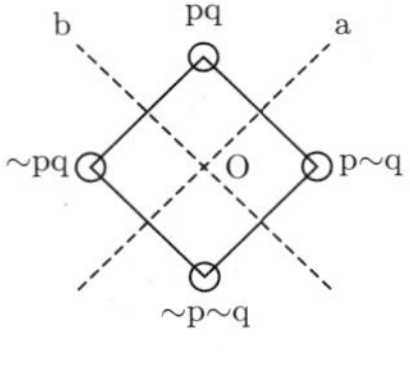

図I－35

そしてそれらの内を黒くぬりつぶしたり，白いままにしたりしておくのである．なお，点線であらわされた2本の対称軸を，a, b と呼び，a, b の交点をOと呼ぶことにする．

以上の準備によって，まえのAからLに対応する図式を図I－36と図I－37のように描くことができる．

さてGとHにおいてはこんどは左右の図形どうしはa軸に関して対称，上下の図形どうしはb軸に関して対称，斜めの図形どうしはOに関して点対称となる．またAからFに関していえば，AとBにおいて左右の図形どうしは点対称，斜めの図形どうしはネガ・ポジ反転である．またCとDは左右の図形どうしのb軸に関する対称と，斜めの図形どうしのネガ・ポジ反転，EとFは左右の図形どうしの，a軸に関する対称と，斜めの図形どうしのネガ・ポジ反転となる．

なおIからLに対応する図式は図I－37のようである．

IとJは線対称，Kはネガ・ポジの反転，またLは全集

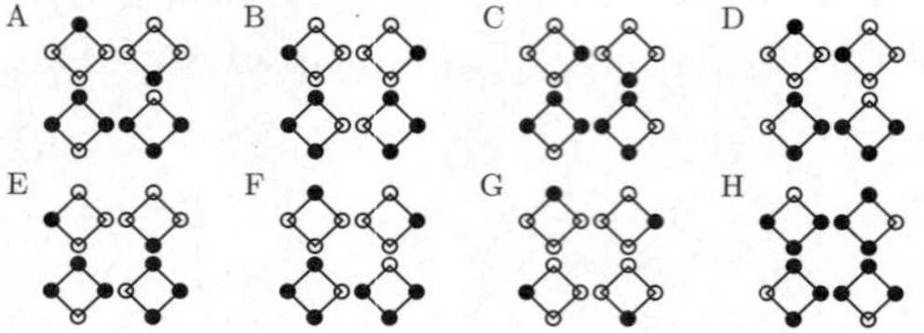

図I－36

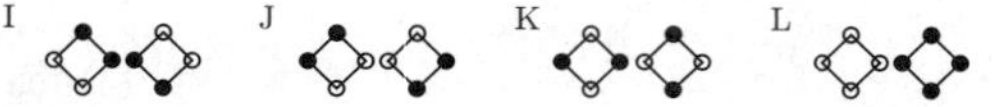

図I－37

合と空集合の関係である．

以上において p, q 2 つの原子命題からなる分子命題間の変換を要素としたいろいろな群を網羅したのであるが，p, q, r の 3 つからなるものについても，もちろん複雑にはなるが原理的にはおなじことがいえるのである．

さてピアジェの群は，A から F までのもの，なかでもとくに A を指すわけであって，論理学における群構造の発見という点で，彼の功績はたしかに高く評価されなければならない．

ところでピアジェの本職は知能心理学であり，彼は群的思考が子供においてどのように形成されるかを臨床的実験をもとにして心理学的に裏づけようとした．そしてその成果は 1955 年に，Inhelder との共著というかたちで刊行された『子供の論理から大人の論理へ——形式的な操作構築の試論』において発表された[16]．ここで両人は，子供に対するいろいろな実験によって子供におけるピアジェ群すなわち INRC 群の形成を証明しようとしている．しかしその内容を検討すればわかるように彼等の証明はポイントがはずれていて，ほとんど無効なのである．いまは彼等の仕事の批判をおこなう場所ではないので差し控えるが，残念ながらピアジェ群の生成についての彼等の実験には承服できない点があまりにも多いのである．

ここで問題を心理学からもう一度論理学へもどし，こん

16) B. Inhelder et J. Piaget, *De la Logique de l'enfant à la Logique de l'adolescent*, 1955.

どは様相論理学にみられる群構造をしらべてみよう．ルカジェヴィッツの記号を使い，M が可能，N が否定を意味するものとする．すると Mp は p の可能，MNp は p の否定の可能，NMp は p の不可能，NMNp は p の必然を意味することになる．そしてこれら 4 つの命題の関係は図 I－38 の（a),（b）2 通りの仕方で図示できる．

これらの図からたとえば Mp と NMp は排反的で矛盾関係をなすこと，NMNp つまり p の必然であることが，Mp つまり p の可能であることに内含されることなどが直ちに確かめられる．ところで図 I－38 の（b）はまえにでてきた A つまり pq, ~p~q, p∨q, ~p∨~q のクワルテットの図と同型である．したがって NMNp, NMp, Mp, MNp のクワテルット内の変換の操作はクラインの四元群をなす．

つぎに限量理論学の群構造を考察しよう．命題関数 f(x) に付加された限量子および否定記号の組み合わせはつぎの 4 種

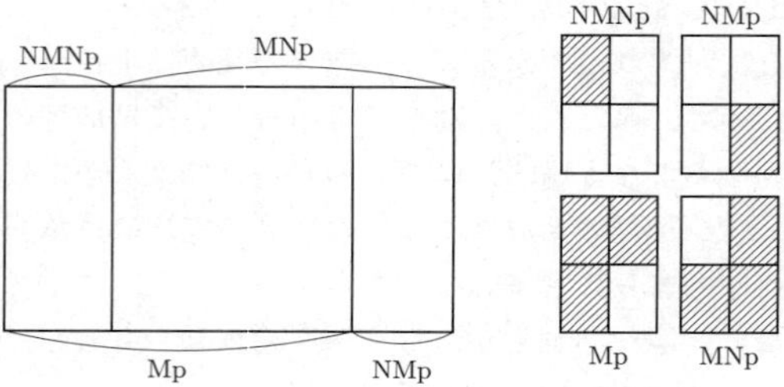

(a)　(b)

図 I－38

類である．(x) f(x), (x) ~f(x), ~(x) ~f(x), ~(x) f(x)．これを図示すれば図 I - 39 のようになる．

ここから限量子および否定詞を付した命題 (x) f(x), (x) ~f(x), ~(x) ~f(x), ~(x) f(x) のクワルテットは様相論理学の場合および命題論理学の A の場合と同型であり，相互の変換操作はそれらと同じくクラインの四元群をなすことがわかる．

つぎにクラス論理学の群構造をしらべてみよう．クラス論理学では命題の種類を A, I, E, O の 4 つにわける．そして A は $ab=0$，I は $ab\neq 0$，E は $ab=0$，O は $ab\neq 0$ であらわす．以上 4 式をヴェンの図式であらわせば図 I - 40 のとおりとなる．

ただし網目状は空を，＊の印は空でないことを示す．

つぎにそういったヴェンの図式とはちがった方法で

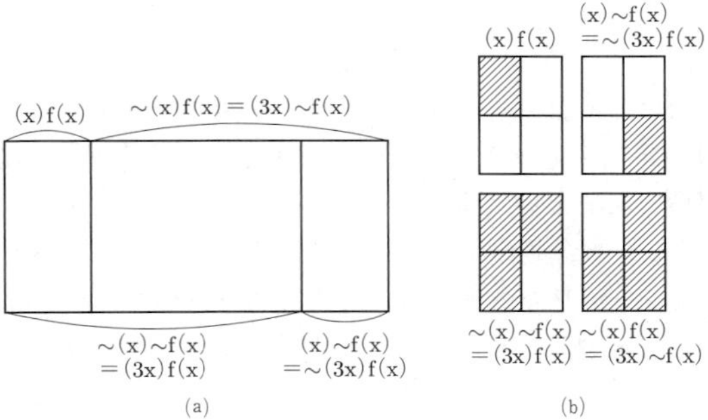

図 I - 39

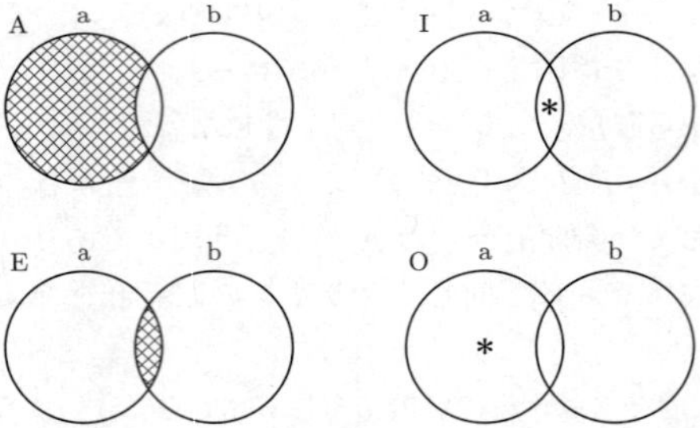

図Ⅰ-40

A, I, E, O をあらわしてみよう．そのために図Ⅰ-41のような枠を使う．

すると A, I, E, O は図Ⅰ-42のようにあらわせる．そしてこのクワルテットは伝統論理学のいわゆる対当の図に相当する．

これを限量論理学クワルテットとくらべてみると明らかに相違がみとめられる．しかし A, I, E, O のクワルテット内における変換の操作を元とするこの群もやはりクラインの四元群をなすのであり，この意味では限量論理学の場合と同型であるといえよう．

つぎに伝統論理学における群構造をしらべよう．「S は P なり」を S−P であらわす．そして非 P を $\overline{\mathrm{P}}$ であらわす．すると伝統論理学でいう換質，換位等々はつぎのとおりとなる．

（1）　S−P　　原命題

(2)　$S-\overline{P}$　原命題の換質（obverse）

(3)　$P-S$　原命題の換位（converse）

(4)　$P-\overline{S}$　原命題の換位換質（obverted converse）

(5)　$\overline{P}-S$　原命題の換質換位（contrapositive）

(6)　$\overline{P}-\overline{S}$　原命題の換質換位の換質（obverted contrapositive）

(7)　$\overline{S}-P$　原命題の戻換（inverse）

(8)　$\overline{S}-\overline{P}$　原命題の戻換の換質（obverted inverse）

以上8個の命題の相互間の変換操作（なにも動かさないという場合，つまり単位元をも含めて）は位数8の群をつくる．しかもこの群は位数4の巡回群1個とクラインの四元群2個を部分群としてもつものである．

つぎに多値論理学における群構造をしらべてみよう．Yというオペレーターを使おう．2値論理学の場合は命題pにYというオペレーターを2度続けて作用させればもとの

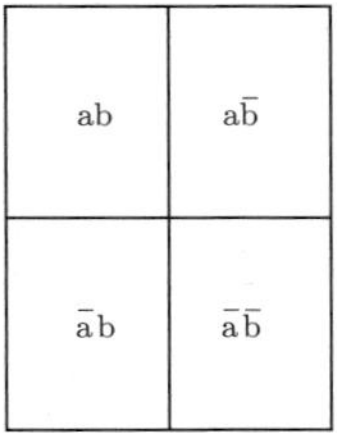

図I－41

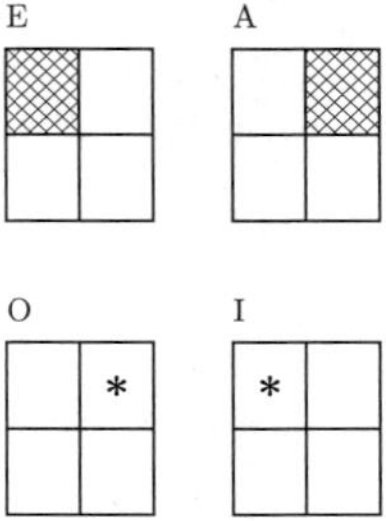

図I－42

p にもどるものとする．つまり $YYp=p$ である．また 3 値論理学の場合は $YYYp=p$ となるものとする．そしてこの Y というオペレーターを Zyklator つまり循環演算子と呼ぼう．すると 2 値論理学の場合は $Y^2=Y^0=e$, 3 値論理学の場合は $Y^3=Y^0=e$, n 値論理学では $Y^n=Y^0=e$ となる．こうして n 値論理学における演算子 $Y, Y^2, \cdots Y^n$ は位数 n の巡回群となる．

最後に関係論理学の群構造をしらべてみよう．いま R が任意の関係を意味するものとする．そして逆関係（inverse）を，R^{-1}，関係 R の否定を $-R$ であらわすことにする．するとまず $[R^{-1}]^{-1}=R$ という関係が成立する．関係 R の逆の逆はもとにもどるわけである．したがって関係を逆にする操作はその単位とともに位数 2 の巡回群を構成する．つぎに関係を逆にする操作を組み合わせてみよう．ところで関係論理学においては $[-R]^{-1}=-[R^{-1}]$，つまり否定の逆関係は逆関係の否定であるという等式が成立する．そこで図Ⅰ-43 のようなクワルテットがつくられる．

ここからこのクワルテットにおける相互間の変換の操作がクラインの四元群をなすことは明らかである．

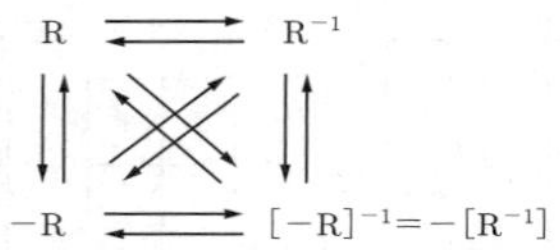

図Ⅰ-43

7. 哲学・宗教にみられる群論的思考

哲学および宗教思想史上，無意識的ではあるが群論的思考方法が使用された例は枚挙にいとまがない．

ギリシア人は「愛は神である」と考えた．ところがキリスト教では「神は愛である」と主張する．つまりギリシア思想からキリスト教思想への移行に際し，「愛」と「神」が位置を変える．論理学のことばでいえば換位（conversion）がおこなわれている．さて「愛は神である」という命題においては愛，すなわち地上的愛・人間的愛が主体となり，それが神的なものとされる．つまり神は属性にすぎないのである．ところが「神は愛である」ということになれば，神はもはや属性でなく実体となり主体となる．そしてこの実体としての神が愛を属性としてもつ．ところでフォイエルバッハにいわせれば，こういった愛なる神は実は倒錯現象なのである．主体は本来あくまでも人間的愛であるべきなのに，人間はそういった人間的愛を祭りあげ「愛なる神」をつくりあげ，それの前にひざまずいたというわけである．しかしこうした倒錯した神中心主義をひっくり返してもう一度，人間的愛，地上的愛を恢復すべきだというのである．ところがこれは実は換位の換位にほかならないのである．

マルクスはヘーゲルの哲学は逆立ち（Umkehren）しているからこれをもう一度逆立ちさせて正立にもどさねばならないといった．つまり観念論者は，本来思惟よりも存在が先であるにもかかわらず，それを逆立ちさせ思惟を存在に先立たせている．しかしこれは誤りであり，そういった逆立ちをもう一度逆立ちさせ，存在が思惟に先立つという命題を確立せねばならないというのである．

ところでマルクスのこうしたヘーゲル批判には先例があるのであって，フォイエルバッハもまた「ヘーゲルは人間を逆立ちさせたが私は両脚で立たせる」と叫んだのである．

ニーチェは一切価値の転倒（Umwertung）を叫んだが，これはキリスト教に対する攻撃と結びつくのであり，キリスト教はギリシアの貴族道徳の価値観を逆転したのであるが，これはいたずらに奴隷道徳をつくったにすぎず，この奴隷道徳をもう一度逆転して英雄道徳にもどさねばならぬと主張した．

たとえば謙譲つまり humility はキリスト教において，儒教におけると同様美徳であった．しかしギリシアの貴族道徳においてはむしろ傲慢であり尊大であることが美徳であり，謙譲はけっして美徳ではなかった．そしてキリスト教はこういったギリシア人の美徳観を転倒させた．しかしこういったキリスト教的道徳観は19世紀の末になってニーチェによって激しく攻撃されたのであり，ニーチェは謙譲は美徳なりとするキリスト教的道徳をさらに転倒させ，傲慢を美徳とする超人道徳を提出したが，この超人道徳は実はギリシアの英雄道徳にほかならなかったのである．

シーソー遊びにおいて，たとえば左方は上ったり下ったりをくり返すが，左方が上れば右方は下り，左方が下れば右方は上る（図 I - 44）．こうした変化は，やはり e と a からなる位数 2 の群をなし $a^2 = e$ である．

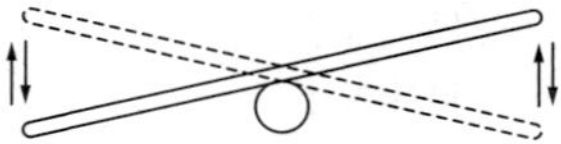

図I－44

例をあげれば，プルードンとマルクスの間にみられるシーソー関係である．ガータン・ピルーによれば「プルードンが上昇するとき，マルクスはいわば自動的運動によって下落する[17]」．そしてその逆もまた真なのである．

こんどはクラインの四元群をなす例をあげよう．機械論と弁証法とが相対立する主張であるとし，唯物論と観念論もまた相対立する主張であるとしよう．ところでそうした二対の対立的主張を組み合わせてみると表I－14ができる．

これら4つの立場は左右対称的，上下対称的，点対称的に対立しながら存在するが，時間的に互いに他に転化しあうことが可能である．マルクスは，機械論的唯物論と弁証法的観念論をともに弁証法的唯物論へ変えたといわれる．しかし弁証法的唯物論にいつまでもとどまっていなければ

機械論的唯物論	機械論的観念論
弁証法的唯物論	弁証法的観念論

表I－14

17）坂本慶一「プルードンとマルクス」，龍谷大学『経済学論集』第7巻第1号，1967年6月）．

ならないという必然性はなく，今後あるいは機械論的唯物論へ逆転するという可能性も十分考えられるのである．

以上のように転換あるいは逆転という操作は思想の世界における革命を意味するといえよう．さてこんどは東洋における例を挙げよう．

禅では「水流れ，橋流れず」あるいは「水流れ，山流れず」という常識の世界を逆転して「橋流れ，水流れず」(伝灯録27，善慧大士の偈）あるいは「山流れ，水流れず」(道元『正法眼蔵』溪声山色）とされる．また「我，山を愛するの時，山，我を愛す」(道元，山居の詩）といわれる．こうした対をなすいいまわしは，いわゆる対句（parallelism）ではなく，対称的あるいは逆転的な対というべきものである．

とはいえそうした逆転は1回とは限らない．逆転の逆転といった場合もある．禅僧青原惟信のいうごとく，はじめにひとは「山を見るに是れ山，水を見るに是れ水」という差別の世界にいる．しかしやがて「山を見るに是れ山にあらず，水を見るに是れ水にあらず」という平等の世界に翻転される．しかしそれがもう一度ひるがえされて，「山を見るにただ是れ山，水を見るにただ是れ水」といったことになる．

西田幾多郎は，「主語となって述語とならない」というアリストテレスの主語の論理を逆転して「述語となって主語とならない」といういわゆる述語の論理を提唱した．

また西田は大燈国師のことば「億劫相別而須臾不離，尽日相対而刹那不対」をもとにして，逆対応の理論を展開した．

西田にはまた「娑婆が浄土を映し，浄土が娑婆を映す．浄土と娑婆は一如である」ということばもみられるのである．

もともと宗教には回心（conversion）というものが必要であるが，この回心とは俗世間的非宗教的な価値観あるいは心の持ち方を逆倒させることなのであって，文字どおりconversionつまり逆転あるいは転換なのである．そしてヨーロッパ語のコンヴァージョンが論理学でいう換位を意味するとともに宗教的な回心をも意味するということは，その両者がけっして無関係なものでなく，それらの構造そのものが実は全く同型だということを意味するものである．

キリスト教がギリシア的な価値観を逆転したということは「低き者は高められ，高き者は低められん」ということばによって端的に表現されている．

こういった宗教的な逆転は仏教においてもみられるのであり，たとえば善因善果悪因悪果的な日常的思考法を逆転させ，善因悪果悪因善果といった非日常的世界へ翻転させるといった場合がそうなのである．そしてこのことは，親鸞のことば「善人なおもて往生を遂ぐ，いわんや悪人においておや」によって端的に示されているのである．

そういった回心や翻転は一応，1回だけの逆転であり，したがって一方向だけへの転換であると考えられるかもしれない．しかし転倒つまり，perversion，Verkehrtheitを罪と考えるキリスト教的な考え方では，救いとは結局そういった転倒の転倒ということになるわけであり，こういった意味でそれは明らかに一つの群構造をもつものといえよう．

8．群構造の意味——その2

群とはある特定の条件をみたす「操作の集り」だといえる．あるものに操作を加えてあるものに変える場合の，この「あるもの」は，世界に存在する具象物でなくてもよい．精神内における抽象物の世界，あるいは記号の世界に存在するもの，たとえば数，概念(名称)，判断(命題）といったものでもよい．

人間の精神によるこうした構築物の間の変換もまた，やはり人間の「働き」によっておこなわれるわけであるから，それはまさしく operation（操作）の名にふさわしく，そうした operation を記号化したものは operator（演算子）と呼んでよいであろう．

まず数についての，クラインの四元群の例をあげよう．x…1/x はたがいに逆数関係（reciprocity）にある．ところで x をその逆数（reciprocal）1/x に転ずる操作を R としよう．すると 1/x の逆数 1/1/x は x だから，RR＝I となる．ただし I はもとのままにとどめておく操作とする．他方 x と −x はたがいに負の関係（negativity）にある．ところで x を負数（negative）−x に転ずる操作を N としよう．すると −x の負数 −(−x) は x だから，NN＝I となる．さらに NR＝RN がなりたつことも容易にたしかめられる（図 I - 45)．

つぎに集合について考えよう．集合 A が集合 B に含まれていることを A⊂B であらわし，集合 A の補集合を $\overline{A}$ であらわすと，図 I - 46 のクワルテットはクラインの四元

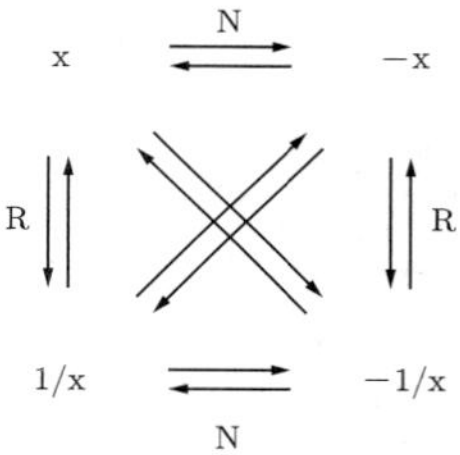

図Ⅰ−45

群をなす.

集合についていわれたことは名辞についてもあてはまる.ただし集合の補集合に相当するのは，名辞の場合，名辞の否定である.

否定の操作は名辞だけでなく命題に対しても加えられる.名辞 A あるいは命題 p に否定の操作を加えると，A, p は $\overline{A}$, ∼p にかえられる．$\overline{A}$, ∼p にさらに否定の操作を加えると，$\overline{A}$, ∼p は A, p にかえられ，結局もとにもどる．ところでこれらの変化をおこさせる操作だけを独立にとりだしこれらの操作相互間（あるいは演算子相互間）の関係を追究していこう．いまの例の場合，否定の操作を a とし，もとの

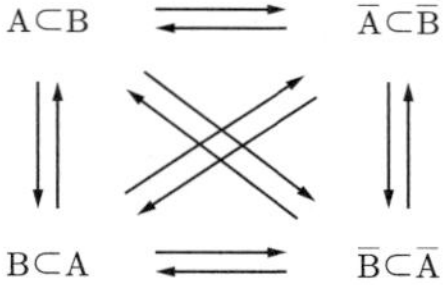

図Ⅰ−46

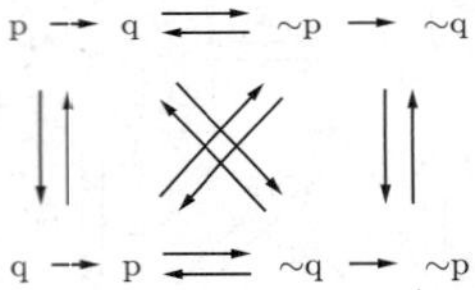

図 I - 47

ままにしておく操作を e とすれば，a, e の間に ae＝ea＝a, aa＝e という関係が成立して群をつくる．この最後の式がいわゆる《否定の否定》の原理のことである．

ある含意命題 p → q の逆つまり q → p をとる操作を a としても，逆の逆をとればもとどおりとなるから aa＝e となり前と同型の群をつくる（図 I - 47）．

ある含意命題の逆（converse）をとる操作，裏（reverse）をとる操作，対偶（contraposition）をとる操作，もとのままにしておく操作の 4 つもまたクラインの四元群をなす．

一般に，1 種類の否定詞による変換は位数 2 の群をなすのに対して，2 種の否定詞，たとえば ～(x)～f(x) における限量子（x）の前と後の否定詞，NMNp における M の前と後の否定詞を使う変換はクラインの四元群をなすといえよう．そしてこのことは部分否定と全部否定，特称否定と全称否定といった 2 種類の否定，コントラリーとコントラディクトリーといった 2 種類の否定的対立においても妥当するのである．

群の要素をなすのはなんども述べるように変換の操作であるが，そうした変換によって真理値がかわらない等価変換と真理値のかわる非等価変換がある．前者はたとえば p→q とその対偶 ~q→~p，それから「あるＳはＰなり」と「あるＰはＳなり」，「いかなるＳもＰでない」と「いかなるＰもＳでない」といった命題間の変換である．そしてこうした命題間の変換のうち，等価変換をできるだけ多くみつけだすのが論理学の仕事である．

他方，変換によって真理値のかわる非等価変換の例は，p と ~p の場合である．また逆や裏の場合もそうである．つまり「逆（裏）もまた真なり」といえることもあるが，「逆（裏）は必ずしも真ではない」のである．そして逆（裏）がなりたたないということは真理値がかわるということである．つまりいままで真であったものが偽となり，いままで偽であったものが真となることである．

これは思想的にいえばいわゆる「ひるがえって考える」ということであり，大げさにいえば世界観の変革，価値観の変革であり，宗教的には回心ということになる．しかしこうした真理値のかわるような変換は形式論理学の枠を踏み越えるものといわなければならない．というのも命題Ｐに否定という操作をおこなって生じた命題 ~p は，もとの p と矛盾するわけであり，両者は無矛盾律により同時に存立するわけにはいかないからである．

しかしながら順だけに固執しないで，その逆を考え，裏を考えるということは大切なことである．また場合によっては順を捨て裏あるいは逆の立場に立つこと，以前とは矛盾し，以前とは正反対の立場に立つということは，実際上みられることであるし，同時代において相矛盾する主張が対称的に相ならぶということもしばしばみられることである．

いわゆる正説に対して逆説といわれるものはたしかに意味のあるものである．逆説は正説と真理値を異にするかもしれない．場合によっては真向から対立する場合もありうる．しかし逆説といわれるものによって新しい目が見開かれ，さらに逆説こそ正しいということになる場合もありうるのである．

このことは正立の転倒の結果生じる倒立についてもいえる．upside down あるいは auf dem Kopfstehen によって世界が新しく見えるということもありうる．ゲシュタルト心理学でいわれるように，図と地の反転によっていままでとはちがう見え方ができるようになる．ヨーロッパ的思考法を凸型あるいは積極型，アジア的思考法を凹型あるいは消極型といえるとすれば，凹凸の変換によって世界の把握が大いに変るということもありうるのである．

このようにいくつかの対立しあうシンメトリカルな主張を洩れなく考慮にいれ，それら相互間の変換をおこなってみるという態度は，ものごとを考ううるうえに豊かな視野を与えることができるであろう．

一般に変換といわれる場合，実は2つの面から考えることができる．すなわち客観の側を変える場合である．つまり対象の方を変える場合と，その対象を眺める主観的な枠組を変える場合である．そしてこれら2種類の変換は結局はおなじであるといえる．

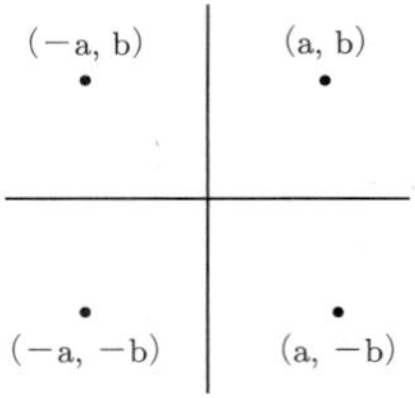

図 I − 48

図 I - 48 において 4 つの点があるが，これらの点の相互間の位置変換はマトリックスを使えばつぎのとおりとなる．

$$(a,b)\begin{pmatrix}1 & 0\\ 0 & 1\end{pmatrix}=(a,b),\qquad (a,b)\begin{pmatrix}1 & 0\\ 0 & -1\end{pmatrix}=(a,-b),$$

$$(a,b)\begin{pmatrix}-1 & 0\\ 0 & 1\end{pmatrix}=(-a,b),\ (a,b)\begin{pmatrix}-1 & 0\\ 0 & -1\end{pmatrix}=(-a,-b)$$

以上にあらわれたマトリックス $\begin{pmatrix}1 & 0\\ 0 & 1\end{pmatrix}, \begin{pmatrix}1 & 0\\ 0 & -1\end{pmatrix}, \begin{pmatrix}-1 & 0\\ 0 & 1\end{pmatrix}, \begin{pmatrix}-1 & 0\\ 0 & -1\end{pmatrix}$ を順に e, l, m, n とすると，e は点をそのままにしておく操作，l は X 軸のまわりの 180° 回転，m は y 軸のまわりの 180° 回転，n は原点のまわりの 180° 回転となる．そしてたとえば $lm=n$ は $\begin{pmatrix}1 & 0\\ 0 & -1\end{pmatrix}\begin{pmatrix}-1 & 0\\ 0 & 1\end{pmatrix}=\begin{pmatrix}-1 & 0\\ 0 & -1\end{pmatrix}$ に対応し，これら e, l, m, n がクラインの四元群をなすことは容易にたしかめられる．

他方こんどは座標軸の変換をおこなってみる.

$$\left.\begin{array}{l} X = x \\ Y = y \end{array}\right\} \text{は} \begin{pmatrix} X \\ Y \end{pmatrix} = \begin{pmatrix} 1 & 0 \\ 0 & 1 \end{pmatrix} \begin{pmatrix} x \\ y \end{pmatrix},$$

$$\left.\begin{array}{l} X = x \\ Y = -y \end{array}\right\} \text{は} \begin{pmatrix} X \\ Y \end{pmatrix} = \begin{pmatrix} 1 & 0 \\ 0 & -1 \end{pmatrix} \begin{pmatrix} x \\ y \end{pmatrix},$$

$$\left.\begin{array}{l} X = -x \\ Y = y \end{array}\right\} \text{は} \begin{pmatrix} X \\ Y \end{pmatrix} = \begin{pmatrix} -1 & 0 \\ 0 & 1 \end{pmatrix} \begin{pmatrix} x \\ y \end{pmatrix},$$

$$\left.\begin{array}{l} X = -x \\ Y = -y \end{array}\right\} \text{は} \begin{pmatrix} X \\ Y \end{pmatrix} = \begin{pmatrix} -1 & 0 \\ 0 & -1 \end{pmatrix} \begin{pmatrix} x \\ y \end{pmatrix}$$

で表現できる. そしてマトリックス $\begin{pmatrix} 1 & 0 \\ 0 & 1 \end{pmatrix}$, $\begin{pmatrix} 1 & 0 \\ 0 & -1 \end{pmatrix}$, $\begin{pmatrix} -1 & 0 \\ 0 & 1 \end{pmatrix}$, $\begin{pmatrix} -1 & 0 \\ 0 & -1 \end{pmatrix}$ を順に e, l, m, n とすれば, これらはクラインの四元群をなす.

こうして座標軸を固定して点だけを移動させても, 点を固定して座標軸だけを変換させても結局おなじことであり, いまの場合どちらの変換も, クラインの四元群をなすのである.

ところで思想や宗教というものは, もともと, 対象物を変えるよりは, 自己を変える, つまり自己の世界観, 自己の観点を変えるものであるが, そうした思考の枠組の変換は, いま述べた座標軸の変換とアナロジカルなのである.

最後にまとめとして, 群構造と, 形式論理学および弁証法との関係について述べよう．形式論理学の仕事はさきに述べたように等価変換をみつけだすことであるが，群論の方は非等価変換をも扱う．つまり群論は，等価，非等価にかかわりなく変換どうしの間の関係を扱うものである．ただしその場合群論においては変換どうしの演算は必ず閉じたものでなければならない．たとえば否定という操作をaとすればaとeを元とする演算は閉じたものでなければならず，したがって$a^2=e$となる．ところが弁証法は群論とちがって，その演算は閉じていない．弁証法でもたしかに「否定の否定」の原理が主張されるが，その場合の否定の否定はもとの肯定とは必ずしも同じにならないのである．

弁証法はふつう正・反・合といった発展を主張する．こうした構造を$pq \vee p \sim q = p$という形で定式化してみよう．pqは正（These）であり，p~qは反（Antithese）であり，pは合（Synthese）である．さてpqとp~qはいわゆる二律背反（Antinomie）をなす．そしてこの二律背反においては，反の反つまりAntitheseのAntitheseは正つまりTheseである．そしてこれだけなら群をなす．しかしSyntheseというものがはいってくれば，もはや群構造として扱えないのである．

こうして構造的思考法とは，発展を認めぬ閉鎖的で完結的な考え方であると同時に，カントにおけるアンチノミー的ないわゆる多元主義的，相対主義的な考え方であるということができるであろう．

II

数学と思想の構造的共通性

1. 数学と哲学における生成の概念

1. 存在と生成

数学とおなじように哲学もまた，きわめて一般的，抽象的な概念を扱うものである．例えば「存在」といったものがその一つである．そして現に哲学ではギリシアの昔から「存在論」というものがたいそう重要な部門を構成してきた．

とはいえここで扱う抽象概念はそうした「存在」の概念ではなく，それと対立する「生成」の概念である．この概念も「存在」に劣らず古くて，ギリシアにまでさかのぼる．哲学上，ヘラクレイトス主義とエレア主義とは対立した関係に立つ．ヘラクレイトス主義とはヘラクレイトスの「万物は流転する」ということばによって示されるように，生成あるいは運動を強調する立場をとる．これに対し，エレア主義とは，パルメニデスやゼノンの主張する考えで，生成あるいは運動を否定し，存在あるいは静止のみを主張する立場である．

近世ドイツの哲学者ヘーゲルはこのヘラクレイトス主義の流れを汲むものであり，しかも単なる生成の概念ではなく発展の概念を自己の哲学の根本に置いた．マルクスはヘーゲルのそうした哲学を継承したが，「哲学者たちは世界をさまざまな仕方で解釈したにすぎないが，問題は世界をいかに変えるかなのだ」ということばからもわかるように，単なる変化，発展の立場を乗り越え，変革の立場に立つのである．

「生成」はギリシア語では genesis，ラテン語では generatio という．さてこの genesis には実は 2 通りの意味がある．一つは「生成すること」という自動詞的な意味であり，もう一つは「生成させること」という他動詞的な意味である．ところで自動詞的な意味での生成は，アリストテレスが彼の自然学的著作で扱ったものであり，こうした生成は，「自（みず）から生じる」といった意味で，いわゆる自然現象なのである．

ところがもう一つの「生成させること」といった他動詞的意味での genesis は，実は大文字で Genesis と書かれた場合は旧約聖書の最初の巻である「創世記」のことをいうのである．この「創世記」ではもちろん神による天地創造が書かれており，ここでは，神が宇宙を無から「生成した」つまり「創造した」とされているのである．

ギリシア人において，宇宙とは自然的世界であり，この世界で万物は文字どおり自然に，つまり「自《おの》ずから」に変化する．すなわち「生成と消滅」(generatio et corruptio) は自ずからにおこなわれる．しかしヘブライ人にとって宇宙は神によって生成させられたものである．こうしてギリシア人とヘブライ人の宇宙観のちがいは，結局自動詞的な

「生成」と他動詞的な「生成」のちがいに帰着するといえよう．ところでそうしたヘブライ思想はキリスト教の中にとり入れられて，中世ヨーロッパの世界で支配的な位置を占める．しかし近代という時代は一言にしていえば人間が神にとってかわる時代である．とはいえ神ならぬ人間は神のように無からなにものかを「生成」させることはできない．しかしとにかく人間は世界をあるがままの状態にさせておくのでなく，世界を自らの手で変革し，いままでになかったなにものかを生成しようとし始めるのである．そしてさきに挙げたマルクスの態度もまたそうした近代人の一般的傾向を代表するきわめて鮮かな発言だということができよう．

2. 生成文法とはなにか

さて「生成」の概念というものを哲学的でなしに科学的に使用したものでもっとも鮮かな例は，アメリカの言語学者チョムスキーの生成文法である．そこで彼の「生成」概念を以下に説明しよう．

英米で，palindrome，中国や日本で回文と呼ばれるものがある．たとえば “Madam! I'm Adam” や「タケヤブヤケタ」などがそうである．しかしここでは文ではなく，語を扱い，さらにその語もいわゆる鏡像的な語のみを扱う．たとえばキツツキ，ツキキツ等がそうである．この場合キツツキは有意味語であるが，ツキキツのような無意味語をも鏡像語として認めることにしよう．するとつぎのような4個のルールによってキとツからなる鏡像語を無数に作ることが可能である．ただしここで《→》は「生成する」を意味する．

(1) 語 → キキ
(2) 語 → ツツ
(3) 語 → キ語キ
(4) 語 → ツ語ツ

するとキツツキという語はルール (3) と (2) を順に使用すれば機械的に生成される．

ところでこんどは語でなしに日本語の普通の文を生成させるルールを考えよう．理解しやすくするためにルールはつぎの5個に限定しよう．

(1) 文 → 主部述部
(2) 主部 → 名詞は
(3) 名詞 → 山，川，草，木
(4) 述部 → すごく述部
(5) 述部 → 美しい，清らかだ

ここでコンマは省略のために用いられたのであり，例えば $A \to B, C$ は，$A \to B$ と $A \to C$ という2つのルールを1つにまとめたものである．

さて以上のルールから，例えば「山はすごく清らかだ」という文は図Ⅱ-1のようにしてつくられる．

いまの場合ルールは (1), (2), (4), (3), (5) の順で使用された．ちなみに図Ⅱ-1のようなものを樹型と呼ぶ．

ところで (1) から (5) までの5つの規則，より正確には9つの規則で何個の文が生成されるであろうか．その答

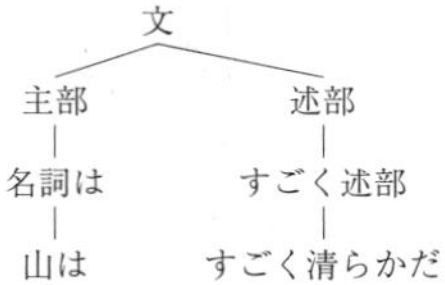

図 II－1

えは有限個ではなくて，無限個なのである．そしてこうした結果がでてくる秘密は，ルール（4）にある．例えばいまの例でルール（4）を使って，「述部」から「すごく述部」が生成され，もう一度ルール（4）を使うと，「すごくすごく述部」となり，それにルール（5）を適用すれば「すごくすごく清らかだ」となる．このようにしてルール（4）を無限回使えば，「すごく」が無限回重なる文が生成される．そうした文はむろん実際には使われないかもしれないが，日本語の文法にはけっして違反していないのである．

ところでルール（4）の性質は，一見してわかるように矢印の左辺と右辺におなじ記号「述部」が現われていることである．これは語のルールにおける（3）と（4）についても同様なのである．

こうした性質は電子計算機のプログラミングの中でも利用されている．

図 II－2 において四角の枠で囲まれた外の矢印は計算の手続きの流れを示し，他方四角の枠の中の左向きの矢印は，矢印の左の数に右の数を代置することを意味する．すると図 II－2 の計算手続きによって，あらゆる自然数がつぎつぎ

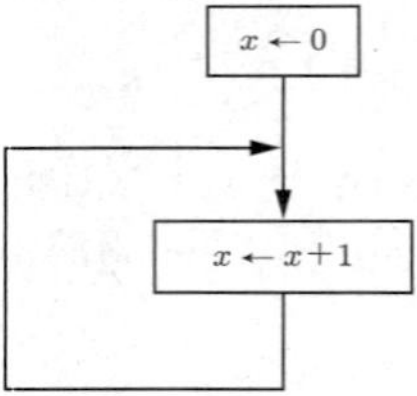

図II－2

と生成されていくのである．そしてこの場合も，$x \leftarrow x+1$ において，矢印の両方に同じ x が出現するのである．

図Ⅱ-2のような仕方での自然数の生成は，図Ⅱ-2におけるループが無限回まわられるという意味で，繰り返し的あるいは回帰的であるといえるが，他方 $x \leftarrow x+1$ において，x に代置された $x+1$ の中にまえの x が再び出現する（recur）という意味で再帰的（recursive）ともいえるのである．

3. 中国哲学における生成概念

以上のように生成の概念は，チョムスキーの文法論やコンピューターのプログラミングの中に出現するが，こうした科学的，数学的な意味での「生成」概念の歴史的な起源は実は古代中国および古代ギリシアまでたどることができるのである．

それではまず中国では生成というものはどのように考えられていたのだろうか．中国の生成の概念には2通りある．一つは老子のそれであり，もう一つは易のそれである．

『老子』の第 42 章に「道は一を生じ，一は二を生じ，二は三を生じ，三は万物を生ず」という文章がある．そしてここでまぎれもなく「生じる」ということばが使われている．さてこの文章は昔からいろいろに解されてきたが，仮に自然数をつぎつぎとつくり出すプロセスを述べているのだとし，道は 0，万物は 4 以下のすべての自然数だと考えよう．するといまの文章は次のような生成のルールによって翻訳することができる．ただしそこで N はゼロおよび自然数を意味する．

$$\begin{cases} N \to 0 \\ N \to N+1 \end{cases}$$

つぎに易の生成論であるが，『易経』は英語で “I Ching or the Book of Changes” と訳されている．イ・チンとは易経の中国的発音であり，音訳にすぎない．したがって易経の「易」とは Book of Changes の Changes だということになる．そして実際，易経とは「変易」を述べた書物にほかならないのである．

ところで易は世界において千変万化するもろもろのできごとを，卦によって占うものである．卦には八卦と六十四卦がある．占師のことを「八卦見《はっけみ》」などということからもわかるように，八卦も使われはするが，易経の中心になっているのは六十四卦である．

ところで卦は爻《こう》からなり，爻には陽爻と陰爻がある．そして陽爻は —，陰爻は -- であらわされる．こうした爻は上下に重ねられるが，三段に重ねられる場合と六段に重ねられる場合がある．つまり卦には前者の場合のように三爻からなるものと，後者の場合のように六爻からなるものがある．三爻の場合は ☵ がその例であり，この場合の卦の数は上中下 3 つのポジションに陰陽のいずれかが位置を占めるから $2^3=8$ つまり八卦となる．また六爻の場合の卦の数は $2^6=64$，つまり六十四卦となるわけである．

さて問題は「生成」についてであるが，『易経』の繫辞上伝に，「易に太極あり，これ，両儀を生ず．両儀，四象を生じ，四象，八卦を生ず」とある．これは八卦の生成を述べたものであるが，これを抽象化すると，「1 が 2 を生じ，2 が 4 を生じ，4 が 8 を生ずる」ということになる．

『易経』では卦の生成は八卦で終っているが，宋代の哲学者朱子はそれを六十四卦まで拡張した．つまり「8 から 16，16 から 32，32 から 64 がそれぞれ生じる」としたのである（『朱子文集』「与郭冲晦」）．朱子のこの論法を推し進めていけば無数の爻をもつ無数の種類の卦ができるであろう．ただしそうした卦の数は 2^n において n を無限大にしたものとなることはもちろんである．

さて易における以上のような生成の仕方は次のような生成のルールによって示すことができるであろう．

$$\begin{cases} N \to 1 \\ N \to 2 \times N \end{cases}$$

N は卦の数を意味するが，このルールに従って生成する数は結局 $2^n(n=0,1,2,\cdots,\infty)$ といった数に限られるのである．

こうして老子の場合の生成と易の場合の生成は，そのルールは違うが，厳密な意味での生成であることに変りはないということができるのである．

4. プラトンの生成概念

以上中国における生成の概念をみてきたが，そこには数の数学的生成法がはっきりみられるのである．それではヨーロッパの古代哲学であるギリシア哲学においてはどうであろうか．とりあえずここではプラトンのイデア論とストア学派のロゴス論の2つをとりあげることにしよう．

プラトンのイデア論のうちでとくにイデアの二分割法を問題にしよう．さて人間とはなにかを定義する場合に，まず人間は「無」でなく，ある種の「存在」であると定義できる．確かに人間はある種の存在にちがいないが，そうした定義ではあまりにも漠然としすぎている．そこで「存在」を「動物」と「非動物」に分け，人間はある種の動物的存在であるといえば定義はよりよいものとなる．ただしこの場合の動物は植物や無生物と区別された意味での動物であって，獣という意味でないことはもちろんである．こうして「存在」は「動物」と「非動物」に二分され，人間はある種の動物的存在とされたが，これでも人間の定義はまだ漠然としている．そこで「動物」をさらに二分して「理性的なもの」と「非理性的なもの」とし，人間を「理性的な動物的存在」の中に含ませ，獣を「非理性的な動物的存在」の中に含ませる．しかしながら人間の定義はこれでもまだ

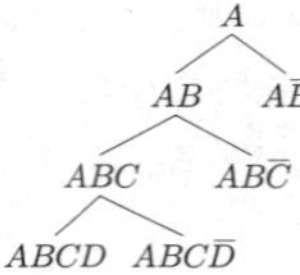

図II－3

完結しない．なぜなら「理性的なもの」の中には天使や神も含まれるからである．そこで「理性的なもの」を更に分割して，「可死的なもの」と「不可死的なもの」に分ける．「可死的なもの」とはやがて死なななければならないもののことであり，「不可死的なもの」とは死ななくてもいい存在である．こうしてギリシアにおいて人間の定義は「可死的で理性的で動物的存在」ということでいちおう完結するのである．

さていま，「存在」を A，「動物的」を B，「理性的」を C，「可死的」を D とすれば，人間の定義は $D\&C\&B\&A$ となり，& を略すると $DCBA$ となり，さらに単語の順序を変えると $ABCD$ となる．単語の順序は例えば英語で red flower というところをフランス語で fleur rouge というから，変えてもいっこうさしつかえない．

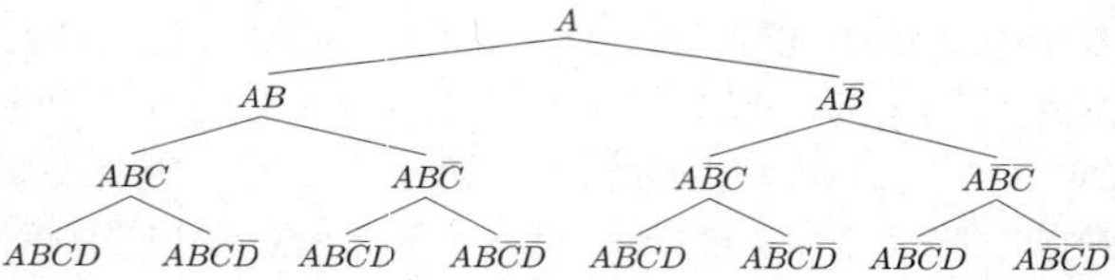

図II－4

以上おこなってきた二分割法を図示すれば図Ⅱ-3のようになる．ただし文字記号の上の横棒（bar）は否定を意味する．ところでこの図Ⅱ-3が実は図Ⅱ-4の一部であることは一見して明らかである．

とはいえ例えば図Ⅱ-4における$A\overline{B}C$は「理性的で非動物的な存在」となって，こんなものは実際上存在しない．しかしこれはさきにおこなった二分法というものが図Ⅱ-3であらわされた部分だけに注目し，図Ⅱ-4であらわされた全体に注目しないことからくるのであって，もともと分類といったものは図Ⅱ-4の形で考えるべきだったのである．

ところで図Ⅱ-4は，易の八卦の生成の仕方を表わす図Ⅱ-5と同型であることは明らかである．そして図Ⅱ-4と図Ⅱ-5が，二進法によって表現された図Ⅱ-6と同型であることもまた明らかである．ただし図Ⅱ-6はつぎのような方針でつくられた．すなわち図Ⅱ-4におけるAはすべての項にわたって共通だから省略し，肯定的な項を1であらわし，否定的な項つまり文字記号に横線をもつ項を0であらわす．また図Ⅱ-5において⚊つまり陽の爻を1，⚋つまり陰の爻を0とし，爻は下から上へ読んでいくとする．

図Ⅱ-6で注意すべきことは，0と00と000は区別されねばならず，同様に1と01と001は区別されねばならないということである．このことに気をつければ，例えば3桁からなる111から000までの8個は二進数とみなすことができ，普通の十進数になおせば7から0までとなる．易の卦をこのように二進数に翻訳したのは実はライプニッツが初めてなのであり，彼は中国に派遣されたジェスイットの宣教師が送ってきた易の図を見て，これこそは自分が若いときに独力で発見した二進数とおなじものだと言って大いに驚いたのである．

さて図Ⅱ-6における各項の生成の方法についていえば，つぎのような4個のルールによってあらゆる項が生成可能である．ここでKは図Ⅱ-6のそれぞれの項を意味する．

$$\begin{cases} (1) \quad K \to 0 \\ (2) \quad K \to 1 \\ (3) \quad K \to 0K \\ (4) \quad K \to 1K \end{cases}$$

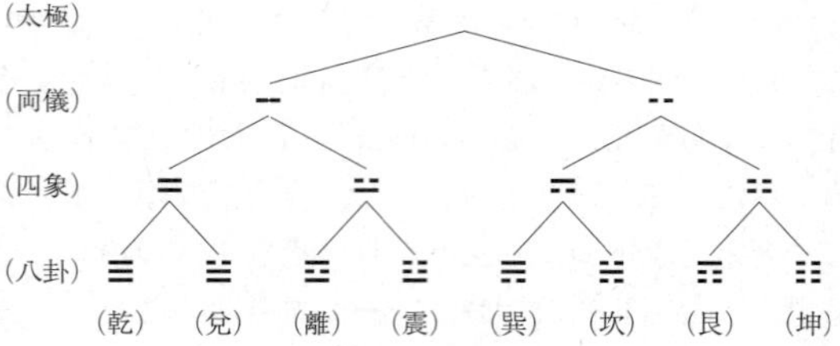

図II-5

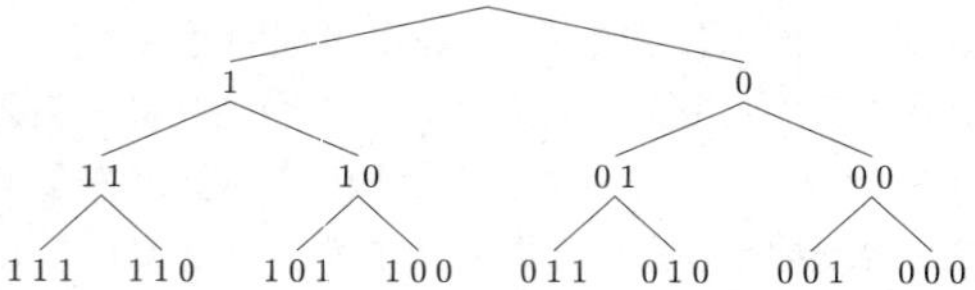

図II-6

5. ストア派の生成概念

つぎにヨーロッパにおけるもう一つの例としてストアのロゴスの哲学，特にその論理学を検討しよう．ストアの論理学はアリストテレスの名辞論理学とはちがって命題論理学である．名辞論理学は《S is P》といった命題の中における S とか P のような名辞から出発するが，命題論理学は命題のそうした内部構造には注目せず，命題それ自体から出発するのである．

ところでストアは命題を単純命題（原子命題）と複合命題（分子命題）にわける．単純命題とは，その中にいかなる命題をも部分として含まない命題のことである．つぎに複合命題とは，その中に1個の単純命題が2回以上あらわれるか，あるいは互いに異った2個以上の単純命題があらわれるような命題であり，その場合，1個またはそれより多くの論理的結合記号が使用される．

さてストアでは結合記号に3種類ある．条件記号と連言記号と選言記号である．条件記号は「ならば」を意味し，連言記号は「そして」を意味し，選言記号は「あるいは」を意味する．

次に複合命題のつくり方であるが，これは実は現代の論理学でいえば，論理式（well-formed formula）のつくり方の問題であるといえる．いま命題を $p, q, r, \cdots$ とし，条件記号を $\supset$，連言記号を &，選言記号を $\vee$ とすると，$p \supset q$ は論理式であるが，$\supset pq$ や $pq \supset$ は論理式でないわけである．

そうしたすべての論理式を生成するルールはつぎのとおりである．

$$\begin{cases} (1) \quad L \to (L \supset L) \\ (2) \quad L \to (L \,\&\, L) \\ (3) \quad L \to (L \vee L) \\ (4) \quad L \to \sim L \\ (5) \quad L \to p, q, r, \cdots \end{cases}$$

ルール (4) は否定命題をつくるためのものであり，～は「でない」を意味する．否定命題はストアでは複合命題ではなく，単純命題とみなされている．なぜなら，否定記号は，「ならば」，「そして」，「あるいは」のように2つの項を結合するところのいわゆる接続詞ではないからである．

さて，いまのルールを使うと例えば図Ⅱ-7のような結合命題が生成される．

使ったルールを順にあげれば，(1), (2), (3), (4), (3), (4), (5), (5), (5), (5), (5) である．このようにして，(1) から (5) までのルールを使えば L から出発してあらゆる論理式，つまり単純命題はもちろんのこと，ありとあらゆる複合命題をつくり出すことが可能なのである．

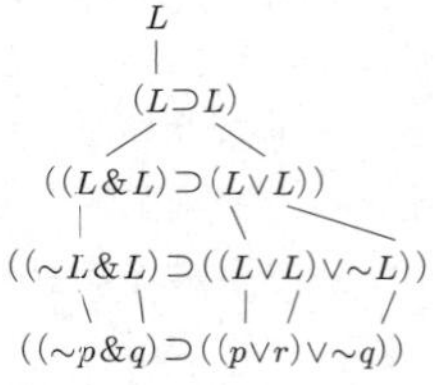

図Ⅱ-7

ここで，$p, q, r, \cdots$ といった単純命題や，$p \supset q, (p \& r) \supset q$ といった複合命題を，L から区別しなければならない．L は実はギリシア語のロゴス（Logos）の略のつもりで使ったのだが，このロゴスとは実はギリシア語では命題を意味するのである．こうした L に対し，p や $p \supset q$ は具体的な命題である．こうした具体的な命題を小文字の l であらわし，そうした具体的な命題どうしを区別するために $l_1, l_2, l_3, \cdots$ というふうに書けば，L から無数の $l_1, l_2, \cdots$ が生成される．つまり大文字で始まる 1 個の Logos から，小文字で始まる無数の logos すなわち $\text{logos}_1, \text{logos}_2, \cdots$ が生成されるのである．

以上のようなストアの論理学の構造はストアのロゴスの哲学の構造とまったく同じだといえる．ストア派は世界におけるロゴスの存在を信じた．このロゴスは世界理性を意味し，ドイツ語でいえば Weltvernunft，英語でいえば Reason のことである．reason を大文字で書いたのは個々人のもっている理性という意味でなしに宇宙に存在する唯一の理性，つまり宇宙理性あるいは世界理性といった意味を持たせるためなのである．

ところでギリシア語の logos ということばは確かに理性を意味するが，しかし同時に，先に述べたように命題をも意味する．したがってストアのロゴスの哲学は理性の学であると同時にまた命題の学でもある．そして命題の学とはほかならぬ命題論理学のことなのである．そしてストアでは論理学が命題論理学以外ではありえなかった理由もここに存するのである．

全宇宙は1個のロゴスからなるというストアの考えは，ヨーロッパ哲学の一つの大きな流れを形づくる．そしてそうした流れを汲む近代の哲学者ヘーゲルの思想は，世界および世界史におけるあらゆるできごとはすべて一つの宇宙理性あるいは宇宙精神の顕現にすぎないとする意味であるいは理性主義（Rationalismus）といわれ，あるいは汎論理主義（Panlogismus）といわれた．ただヘーゲルがストアと違う点は，そうした理性をヘーゲルは近代の人間らしく，単に世界理性としてだけでなく歴史理性と考え，発展の相で眺めたことにあるといえよう．

さてヘーゲルにおけるそうした世界理性はまた世界精神（Weltgeist）ともいわれる．ところがこの Geist は英語で spirit，ラテン語で spiritus，ギリシア語では pneuma といわれる．そしてこの pneuma（プネウマ）とは，文字通りには空気のことなのである．

ストアの哲学の自然学説は空気一元論である．これは中国の気一元論と軌を一にする．ストアによれば液体状をなすものはもちろん固体状をなすものもすべて気体からなるというのである．こうしてストアは自然学においてもただ一つの空気がさまざまの形をとって発現し，世界のあらゆる現象を生みだすと主張するのである．

ストアにおいては自然的世界のいろいろな事物の原材料といえる空気は一つであるから，世界のあらゆる事物はその根本において一つだとされる．こうした考えを倫理学に翻訳すれば，ストアのいう万人同胞主義，つまりコスモポリタニズムとなるのであり，それは中国における気一元論の自然哲学が倫理的には「万物一体の仁」というスローガンになるのとおなじである．そしてここでいう仁とは儒教的な同胞愛のことにほかならないのである．

ところでプネウマはものを構成するだけでなく，ものを結びあわせて1つにするといった働きをもっている．こうした働きは英語では cohesion あるいは coherence といわれる．これらのことばは自然学的あるいは物理学的には凝集,密着,粘着という意味である．しかし他方論理的には整合性,首尾一貫性という意味をもっているのである．

プネウマはこうして，一方においてはものをつくりあげるための素材であるとともに，ものを1つにする desmos（ギリシア語で紐帯という意味）の役目をももっている．ところがこれとまったくパラレルにまえに述べた大文字で始まる Logos もまた，一方においてはさまざまの複合命題をつくりあげるための素材であるとともに，他方においては，さまざまの単純命題を1つに結合させる Syndesmos（ギリシア語で結合記号,接続詞の意味．さっきの desmos に syn- という接頭辞がついたもの．この syn- は「ともに」という意味である）の働きをもっているのである．

このようにストア哲学において倫理学説,自然学説,論理学説の間に鮮かな平行関係の存在することがわかったのであるが，ただここで一言ことわっておかねばならないことがある．それは先に述べた coherence およびそれに対立する incoherence という概念に関してである．incoherence ということばは，支離滅裂，首尾が一貫していないことという意味であり，論理学でいう inconsitency つまり不整合,矛盾という意味である．ところでこうした不整合性は論理学ではもちろん拒否されるべきものである．しかしながら実はまえにあげた論理式のルールだけでは，整合的な論理式以外に不整合的な論理式をも生成してしまうのである．したがって整合的つまり論理的に無矛盾でありしたがって論理的に真な論理式だけを生みだすためには，ルールの数をさらに増やさなければならない．そしてまえのルールにそうした新しいルールを加えることによって，論理学のいわゆる公理系ができあがり，初めてすべての論理式が論理的に真であることが保証される．しかしながらそうした公理系に属するところのすべての論理式を生成するようなルールを扱うことはここではおこなわず，単に論理式を生成するルールだけをとりあげたわけである．

6．生成概念の生物学的起源

以上において古代中国と古代ギリシアにおける数学的な生成概念の成立をみてきた．しかしそれらは始めから純粋に数学的ないし科学的な概念として成立したというよりは，むしろ哲学的形而上学的概念と結びついて成立したものといえる．

実際，ストアの命題論理学は同時にロゴスの哲学と重なりあい，いわゆる理性主義，汎論理主義的な世界観と表裏一体をなすものであった．また易の論理も，数学的理論というよりは数神秘主義ともいうべきものであった．実際，朱子より100年ばかりまえの宋代の哲学者であり易学者でもある邵康節の場合にはそうした傾向が強く，彼は世界のあらゆる現象を数に結びつけて解釈しようとした．またプラトンの二分割法というものも，実はイデアの分割法のことであり，そうした分割法の背後にいわゆるイデアの世界という形而上学的な世界を想定するものであった．

ところでこのイデアの二分割法は後には概念の二分割法となる．この場合概念とは種や類のことである．したがって概念分割法とは類を種へ，種を亜種へと分割する方法である．それゆえ概念の分割法は結局類の分類法だということになる．さて類は英語およびラテン語で genus というが，genus はギリシア語では genos という．そしてこの genus, genos は論理的な類という意味とともに，種族，血族という意味をももつのである．実際 genus, genos は，gens（古代ローマの部族）と類縁関係にあり，さらには英語の kin（親族）とも類縁関係に立っているのである．

以上のように考えてみると，イデアの分割そして概念の分割は，ある一つの種族をその下の部族や親族へとつぎつぎに分割していくことをモデルにしたものだと考えることもできる．しかしそれはとにかくとして現代生物学では，類，種，亜種等のことばを，動物や植物の分類をおこなう際に使用していることは確かなのである．

ところで印欧語の gene- という語根は genus や kin のよ

うに血縁グループを意味する語の中に使用されるが，他方，generative, genetic のように「生成」を意味する語の中にも使用される．また genealogy（系図,系譜,系統図）ということばの中にも使用される．

ところで系図といえば，ニューヨークの公立図書館は，各人が自分の系図を書きこむためのつぎのような書式の用紙を売っている（図II-8）．ただしそこにもうけられた矩形の枠は，名前を書きこむための空白である．

ここで面白いことは，まず，左の端に現に生きている本人の名が書きこまれるようになっていることであり，第2列には両親の名，第3列は父方の祖父母と母方の祖父母の名が書きこまれるようになっている．つまり系図の新しいところから古いところへと遡行的に書かれるのである．こ

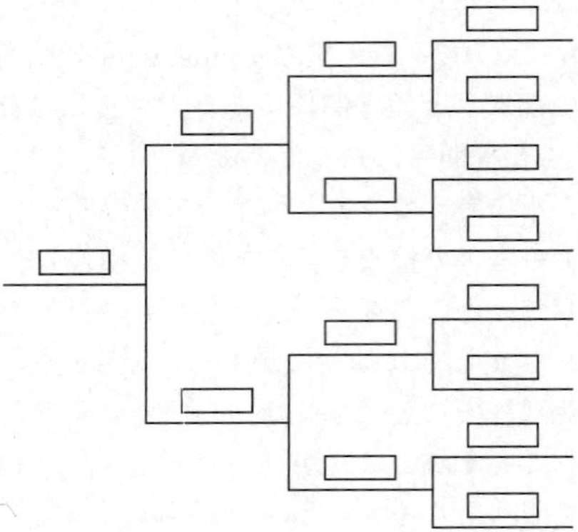

図II-8

うして祖先の数は1世代まえなら2人，2世代まえなら4人，…n 世代まえなら 2^n 人となるわけである．また例えば純粋な白人の家系に黒人の血が混じったとし，その黒人が1世代まえなら本人はハーフつまり1/2の黒人の血を受け，2世代まえなら1/4の血を受け，…n 世代まえなら $(1/2)^n$ だけ受けることになるわけである．ちなみにここでいう世代とは英語の generation のことであり，この語もまた gene- という語源を含んでいるのである．

いま述べた系図はきわめて合理的，数学的なものであるが，それとは別に，ある先祖あるいは始祖をまず出しておいて，そこからどのような子孫が出てきたかを示すものがある．こうしたタイプの系図は昔からあり，貴族や王家の系図はみなこうした種類のものである．

このような系図には遡行するものと下降するものとがあり，新約聖書の場合でも，イエスは「ルカ伝」では，ヨセフからつぎつぎとさかのぼってダビデやアブラハムを経て，アダム，さらには神にいたるとされている．しかし「マタイ伝」では，アブラハムから発してダビデを経て，結局キリストは24代目だということになっている．

さて，いま述べたようなイエスの系図や，その他日本，中国，ヨーロッパ等の王位継承図はそれこそ「万世一系」的に単系的，単線的である．ところで単系的系図といえば実はまえに述べた老子の説もそれで解釈できるかもしれない．道，一，二，三といったものは実は基数でなしに序数だと考えることもできる．というのも「二」と「両」は区別されるべきであり，両は明らかに基数であるが二はむしろ2番目といった序数詞だと考えられるからである．さらに老子のいう「道」というものは，「道とは万物の宗なり」ということばが示すように，宗つまり「祖先」を意味すると考えられる．だとすると「道は一を生じうんぬん」の文は，序数的な自然数の生成を示すとともに，その実，祖先からその直系子孫がつぎつぎと生まれてくることを意味しているものだと解釈することもできるのである．

とはいえ実際の系図はもちろん単線的ではありえないのであり，いろいろに枝分れしたいわゆる樹型をなす．そして実際イエスの系図の場合も，「エッサイの木」あるいは「エッサイの株」と呼ばれるものは樹型をなす．「エッサイの木」とはダビデの父エッサイから始まりイエスに至る系図を文字どおり枝をもつ大木の絵であらわしたものであり，この系図は明らかに単線的でなしに樹型的である．

さて樹型的な系図の典型は図II-8であり，さらに古くは図II-5である．ところでこの図II-5の作成にあたって，まえに述べた11世紀の中国の数神秘主義者邵康節が加一倍法という説を提唱している．加一倍法とは「一に一を加えて二とし，二に二を加えて四とする算法」のことである．つまり1にその「一倍」つまり1を加えて2とし，2にその「一倍」つまり2を加えて4とする算法である．こうした算法つまりアルゴリズムを生成のルールで書けば，つぎのようになる．

$$\begin{cases} N \to 1 \\ N \to N+N \end{cases}$$

こうした加一倍法は，実は図Ⅱ-5で示されたような易の卦の数をつぎつぎと生みだすためにつくられたものである．実際，『易経』ではまえに述べたように「太極は両儀を生み，両儀は四象を生み，四象は八卦を生む」といわれていることからして，図Ⅱ-5は明らかに一種の系統図と呼んでいいであろう．ちなみに易経に従えば生成のルールの第2番目はまえに述べたように $N \to 2 \times N$ であるが，これは結果的には加一倍法による生成のルールの第2番目である $N \to N+N$ と一致するのである．

さて系統図といえば，人間の系図だけでなく，生物学における系統樹（genealogical tree）のことが思い浮かんでくる．そしてこれは生物の進化の過程を図にしたものである．ところでこうした系統図は実は，単に生物の類や種を分類しただけのリンネの動植物の分類体系とは異なる．リンネの分類体系は確かに *genos*（生物学的類）の体系ではあるが，けっして系統発生（phylo*geny*）を示す系統図（*gene*alogy）ではないからである．

こうして単なるgenusどうしのstaticな体系と，あるgenusから他のgenusがgenerateされるというdynamicな体系とは区別されるべきである．しかし図Ⅱ-3や図Ⅱ-4に関する限り，そこでは二分割法という人間的な操作が加えられるという意味でそれもまた一種の生成にはちがいないといえるのである．

7. 自然数の生成

先に述べた図II-8の系図では，本人から出発してつぎつぎとその ancestor（祖先）あるいは predecessor（先行者）がたどられた．しかし系図にはそれと逆に，先祖から出発し，descendent（子孫）あるいは successor（後続者）がたどられるという場合もある．そして successor といえば，ただちにペアノの自然数論が連想される．

さてイタリアの数学者ペアノが1898年に提出した自然数論を，生成のルールで書き改めれば，次のとおりとなる．

$$\begin{cases} N \rightarrow 1 \\ N \rightarrow N' \end{cases}$$

ここで N' は N の successor つまり後続者を意味し，自然数論の場合，この N' は $N+1$ なのである．

以上のようにして自然数の概念が確立されると，こんどはそうした自然数を使ってつぎのようなルールをつくろう．ただし $f(k)$ は k の関数を意味し，k は0あるいは任意の自然数とする．

$$\begin{cases} f(n) \rightarrow f(a) \\ f(n) \rightarrow f(n+1) \end{cases}$$

さて，ここで $a=1$ すなわち $f(a)=f(1)$ とし，$f(1)=1, f(n+1)=f(n)+1$ とすると，関数 $f(k)$ は k という形をとらざるをえない．ただし $k=0$ の場合は除くものとする．

また $a=0$ すなわち $f(a)=f(0)$ とし，$f(0)=1$, $f(n+1)=f(n)+f(n)=2f(n)$ とすると関数 $f(k)$ は 2^k という

形をとらざるをえない．そして実際，$2^0=1$ であり，$2^{n+1}=2^n+2^n=2\times 2^n$ となる．

一般に $f(a)$ の価が実際にわかっているとし，さらにもし $f(n)$ の価がわかっていれば $f(n+1)$ の価が計算できるといったとき，任意の k に対する $f(k)$ の価を求めることができる．そしてそうした価を求める方法を回帰的あるいは無限生成的と呼ぼう．すると関数 $f(k)$ が k の場合も，2^k の場合も回帰的あるいは無限生成的といえる．というのも $f(k)=k$ の場合，実際つぎの式がなりたつ．ただし $\supset$ の記号は「ならば」を意味するとする．

$$\begin{cases} f(a)=f(1)=1 \\ f(n)=n \supset f(n+1)=f(n)+1=n+1 \end{cases}$$

また $f(k)=2^k$ の場合つぎの式がなりたつ．

$$\begin{cases} f(a)=f(0)=2^0=1 \\ f(n)=2^n \supset f(n+1)=f(n)+f(n)=2^n+2^n=2^{n+1} \\ \quad \text{あるいは} \\ f(n)=2^n \supset f(n+1)=2f(n)=2\times 2^n=2^{n+1} \end{cases}$$

以上2組の式を眺めてみると，それらはともにいわゆる数学的帰納法の構造と一致していることがわかる．したがってそうした方法は，回帰的であり，無限生成的であるとともに，数学的帰納法的であるということができる．ちなみに日本ではよく recursive（回帰的）という語が「帰納的」と訳されるが，正確には「数学的帰納法的」といわねばならないのである．

こうして「回帰的」「無限生成的」方法は結局，「数学的帰納法的」方法とおなじだということがわかったが，それらは更に，「無限生成的」「無限構成的」「無限創造的」方法ともいいかえることができよう．そしてそれはまたきちんとした仕組みによってひとりでに生成されるという意味で「機械的」「自動的」方法だということもできるのである．

もちろんチョムスキーの生成文法の方法に対しては以上述べたすべての形容詞を適用することが可能である．しかしそうした方法は，けっしてチョムスキーに始まるわけではなく，古代中国や古代ギリシアにおいても，たとえそれが自覚的，顕在的なかたちにおいてでなかったにしても，十分その存在を認めることができるのである．

2. 歴史観の数学的モデル

1. 下降史観と上昇史観

文明の発達は時間の経過に比例するといういわゆる進歩史観は近代ヨーロッパの所産にすぎないのであり，歴史観にはそうしたもの以外にさまざまの種類が存在する．そこで，いったい歴史観にはどれくらいの種類があるのかを調べ，さらにそれら各種類が，実は数学的に表現可能だということを示してみよう．

古代においては，文明は時代とともに発達するという進歩史観とは正反対のいわゆる退歩史観なるものが多くみられた．例えば古代ギリシア人は，人類の歴史を金の時代，銀の時代，真鍮の時代，鉄の時代に分けた．そして最初の時代，つまり文字通りの黄金時代を人類のもっとも幸福な時代と考え，それ以後人類は順次堕落していったと主張した．また古代中国人は，堯舜の時代を黄金時代と考え，それ以後人類は下降の道をたどったと考えた．

以上のような進歩史観と退歩史観の中間に，文化は進歩も退歩もせずいつも一定の水準を保ち続けるとする史観も存在する．そしてそれも含めた，以上3つの史観は，いちおう$y=ax+b$という一次関数で表現することができる．ただ

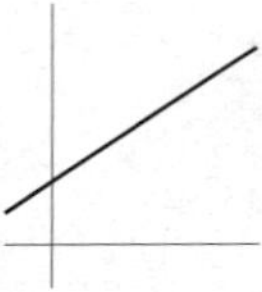

図Ⅱ-9

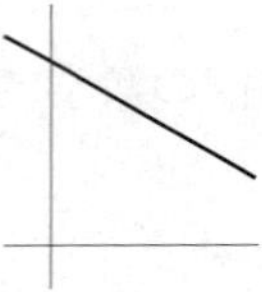

図Ⅱ-10

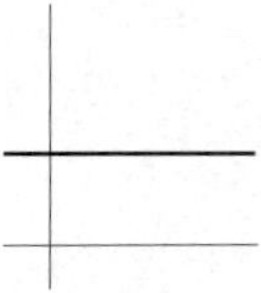

図Ⅱ-11

しここで x は時間，y は文明の高低と考える．すると進歩史観では $a>0$（図Ⅱ-9），退歩史観では $a<0$（図Ⅱ-10），文明が常に一定の水準を保つものと考える史観では $a=0$（図Ⅱ-11）だということができるであろう．

近世では，進歩というものは最初のうちは単なる要請であった．つまり文明は進歩すべきであり，人類は文明を発展させるべきであると考えられた．人類の文明は初期の段階には，いわゆる横ばいの状態を極めて長く続けざるをえなかった．そしてその間に，いわゆる文明の離陸（テイク・オフ）のための莫大な努力が費やされた．しかしいったん離陸に成功しさえすれば，そうした進歩はそれ以後

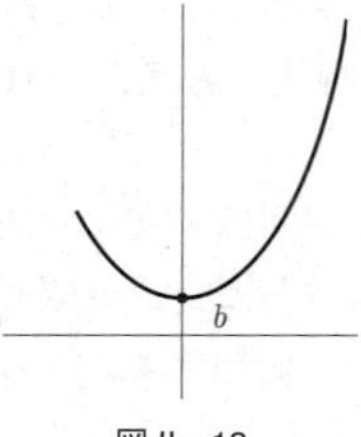

図Ⅱ-12

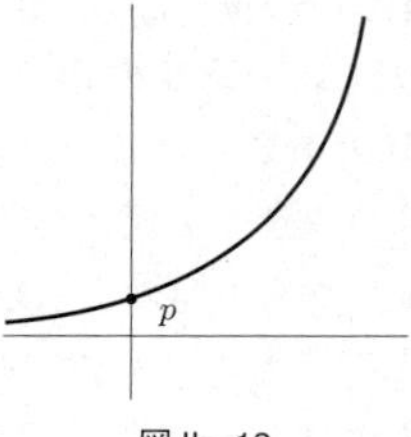

図Ⅱ-13

もはや退歩に転ずることなく，一定の勾配で上昇を続けうるようになった．いやそれどころか，文明はやがて等加速度的あるいは指数関数的に上昇するようになる．そこで文明のそうした等加速度的および指数関数的進歩を関数に書けば，$y=ax^2+b\,(a>0,\ b>0)$（図Ⅱ-12）および $y=pa^x\,(a>1,\ p>0)$（図Ⅱ-13）となるであろう．とはいえ，現代における人口増加や科学・技術的情報の蓄積量の増加の状況からみれば，それらの上昇カーブはむしろ指数関数的曲線をとるといってよいであろう．

先にも述べたように近世の初期では進歩は単なる理想でしかなかった．しかしいったん離陸がおこなわれると，進歩という夢が現実になり，さらにそうした進歩の度合そのものが増加していく．こうして進歩の念願が立派にかなえられたのであり，無限の進歩というバラ色の前途が開けたかに見えた．しかしやがて人類は，無闇やたらな進歩が必ずしも善であるとはいえないということを悟るようになる．そして現在ではむしろ，安定の状態，少なくとも安定した進歩の状態が望まれるようになってきたのである．

2. 循環史観

以上述べた歴史観の数学モデルはすべて，単調増加あるいは単調減少的な関数であった．そこでこんどは，増加と減少を周期的に繰り返す三角関数的モデルを考えてみよう．

サイン曲線は本来，x 軸を対称軸にもつものであるが，そうした基本形をいろいろな仕方でモディファイしてみよう．するとまず，図II-11の水平直線とサイン曲線の和をつくることによって，$y=\sin x+b$（図II-14）という関数ができあがる．つぎに図II-9の右上りの直線とサイン曲線の和をつくることによって，$y=ax+\sin x+b$（図II-15）という関数ができあがる．そして最後に図II-13の指数曲線とサイン曲線の合成によって $y=a^x(b\sin x+p)$（図II-16）ができあがる．

さて図II-14のタイプの歴史観の典型的なものは，中国宋代の儒学者，邵康節《しょうこうせつ》（邵雍，1011-1077）の歴史観である，彼は歴史は循環すると主張し，その周期を12万9600年として，それを1元と呼んだ．彼は1元を更に12等分しそれを会と名づけた．したがって1会は当然1万800年ということになる．

邵康節はまた12会のそれぞれに易の12の卦を配当したが，それを示せば図II-17のとおりとなる．さて図から直ちにわかるように第6番目の会が，陽の爻を最も多くもっているという意味で絶頂期であるといえ，それ以前は絶頂期に向って高まっていく時期，それ以後は下り坂になる時

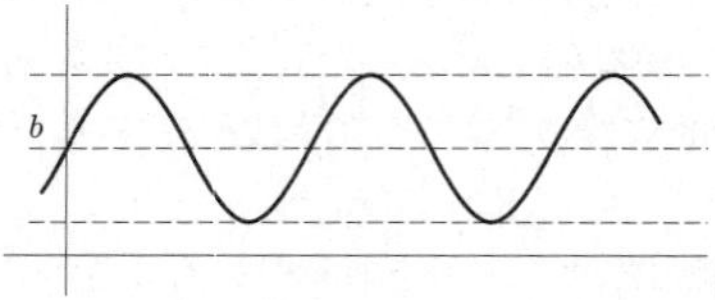

図II－14

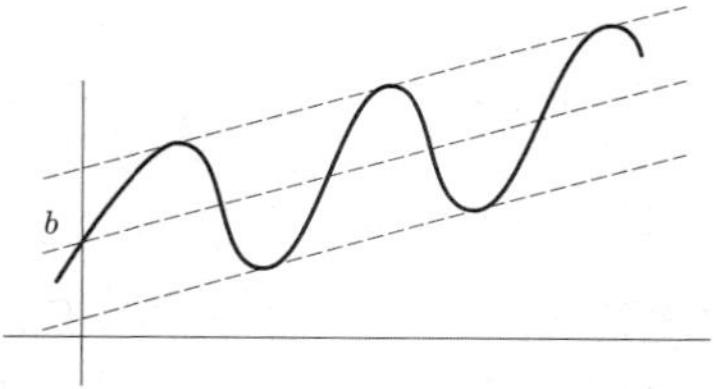

図 II－15

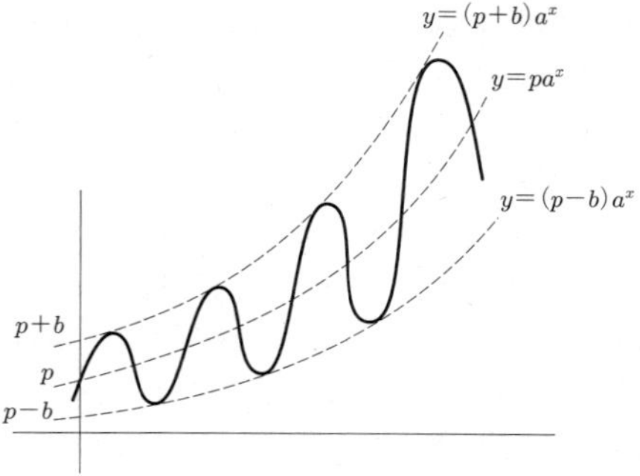

図 II－16

会	1	2	3	4	5	6	7	8	9	10	11	12
卦	䷗	䷒	䷊	䷡	䷪	䷀	䷫	䷠	䷋	䷓	䷖	䷁
事件			開物			唐堯始					閉物	

図 II－17

期であるといえる．このことは，第7会以後の卦を上下に逆転させれば左右シンメトリカルになってもっと直観的に把握できるであろう．ところで第1会の時点でまず天が生じ，第2会で地が生じ，第3会で人が生じる（開物）．そして第6会の絶頂期がいわゆる堯舜の黄金時代である．そしてそれ以後の王朝つまり夏，殷，周，秦，両漢，両晋，十六国，南北朝，隋，唐，五代，宋はすべて第7会に含まれる．

この図II-17は実は一元消長之数図と呼ばれるものである．消長とは陰陽の減少と増大のことである．すなわち第1会から第6会までは陽が進み陰が退く．そして第7会から第12会までは陰が進み陽が退く．ところでこの図はたしかに人類の文明の興亡をあらわしたものではあるが，本来は，1年12カ月にみられる消長，つまり寒気と暖気の減少と増大をモデルとしたものである．各会は1年の各月に対応するのであり，従って例えば第6会は1年のうちの6月と対応する．ところで6月は1年でもっとも昼の長い月であり，易でいえば陽の気がもっとも多い月であるが，それに応じて，第6会が人類の歴史における最盛期とされたのである．

このように邵康節の歴史観は，実は四季のサイクルを下敷きにしたものであり，一つのサイクルの中での消長はあるが，各サイクルどうしは，その最高点と最低点をおなじくしているのであり，大きい目でみれば進歩発展というものはどこにも存在しないのである．

邵康節の元の考えによく似たものに古代ギリシアの大年

(Great Year) がある．これは，1 万 800 年あるいは 1 万 8000 年に等しく，こうした大年を周期として，宇宙は大火災による破滅とそれに続く復活を繰り返すのである．このような回帰は単に破滅と再生に限られるのではなく，再生した宇宙は前に滅びた宇宙とまったくそのままの構造をもち，さらに新しい宇宙で生じる種々の事件もまた，前に起ったのとおなじものが，同じ順序で生じるとされる．したがって，かつてソクラテスがメレトスに訴えられ，裁判にかけられ，死刑の判決を受け，毒杯を仰いで刑の執行に服したといったことがらも，そっくりそのままつぎの大年で行われ，しかもこうしたことが未来永劫繰り返されるというのである．

こうした考え方は 19 世紀にいたって哲学者ニーチェによって復活されるのであり，これが有名な永劫回帰の説である．ニーチェによれば宇宙は有限であり，さらに宇宙の中に存在する要素の数も有限であるから，そうした要素どうしの可能なコンビネーションの数も有限であり，したがって宇宙の可能な状態の数も有限である．それゆえ先に生じたのと同じ状態が繰り返し何度も出現しなければならない．ところで，そうした状態はすべて一方が他方を因果連関的に確定する．だとすると当然，宇宙のできごとはすべて，同一の順序で周期をなして生起するということになるのである．

3. 上昇的循環史観

以上に述べたような循環史観はすべて，厳密な意味での繰り返しであって，進歩上昇といった思想はどこにもみられない．それに対し，そのような循環史観に進歩史観の加味されたもの，つまり図II-15のタイプの歴史観を最初に提出した人物はおそらく，イタリア18世紀の歴史哲学者ヴィーコだといえるであろう．

ヴィーコによれば，あらゆる民族は興起—進行—隆盛—衰亡—終末といったプロセスをたどる．歴史上，さまざまな民族がつぎつぎと主導権を握って舞台に登場し，やがては退場していった．しかし実際どの民族も最初の間は粗野であり，つぎには厳酷となり，そのつぎには温和となり，さらには華美となり，遂には放縦となるといった一定のコースをたどる．ところで世界の歴史はそうした諸民族の興起衰亡の連続である．したがって世界史は，おきまりのコー

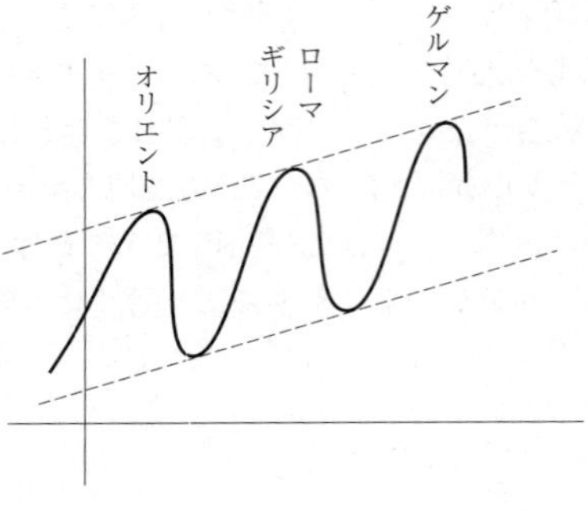

図II－18

スの度重なる繰り返しにほかならない．ところでここまでのことであれば，そうした歴史観は循環史観の一つに過ぎないであろう．しかしヴィーコは先にたどられたコースよりはその次にたどられたコースの方が，人類をより高い地点へと引き上げると考える．民族の交替期においては確かに暗黒時代,野蛮な時代が出現するが，しかし歴史の新しい担い手は結局のところ前の担い手が達したよりは高い水準にまで到達するというわけである．

図Ⅱ-15のタイプに属する史観の他の例としてヘーゲルの歴史観と唯物史観といった弁証法的歴史観を挙げよう．ヘーゲルによれば，世界史の発展とは自由の拡大にほかならない．オリエントの専制国家では1人だけが自由であった．つぎにギリシア・ローマの共和国では多数の人間が自由であった．そして最後にゲルマンの君主国のもとではじめてすべての人間が自由になったというのである．以上を図示すれば図Ⅱ-18のとおりとなるであろう．この図でわかるようにオリエントもギリシア,ローマも衰退し滅亡してしまうが，それらは次に来たる国家によって凌駕されるのであり，人類の歴史は全体として進歩し発展するのである．

さて唯物史観の方は，国家ではなくて階級が主役となる．一個の階級がヘゲモニーを握ってはそれを他の階級につぎつぎと譲り渡していく．人類は最初，原始共産制をとっていた．そしてここでは平等が支配していた．しかし私有が生じるに従ってまずギリシア,ローマの自由市民が権力を握って奴隷制をつくる．つぎに封建貴族が権力を握って封建制をつくりあげる．そしてそのつぎには近代ブルジョアジーが革命によって封建貴族から権力を奪い資本制をつくりあげる．しかしこの資本制もやがて絶頂期を過ぎて，さまざまの矛盾を露呈してくる．そしてやがては新しい階級であるプロレタリアートによってとって代わられるというわけである．そして以上を図示すれば図II-19のとおりと

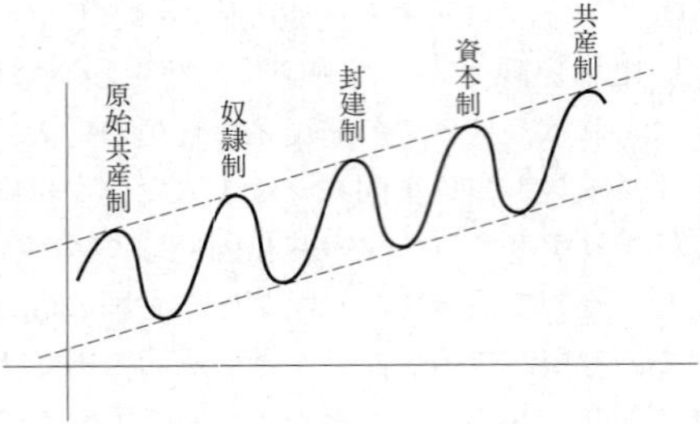

図II-19

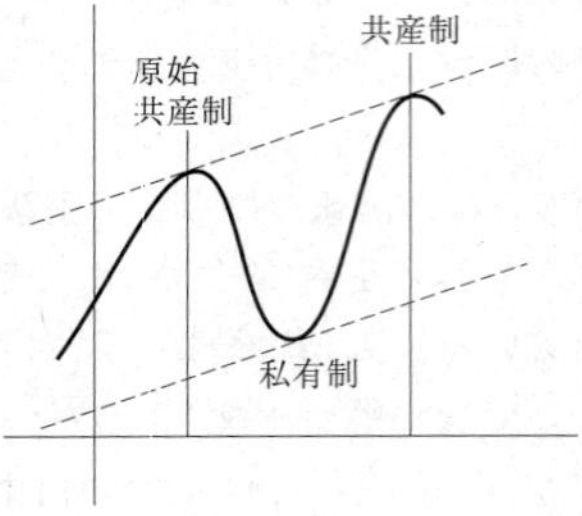

図II-20

なるであろう．このサイン・カーブで下に落ちこんだところが社会的矛盾の激化する時期であり，資本制でいえば，恐慌・不景気の頻発する時期といえる．

さて図II-19は縦軸を生産力の大小にとったのであるが，今度は別の観点に立ち，共産制と私有制の評価の大小を縦軸にとれば，図II-20のとおりとなるだろう．

ところでこの図の最初のピークは原始共産制を表わす．しかしながらそうした無垢なる共産制が私有制にとって代わられるとともに，人類の堕落は始まる．しかし再び共産制に立ちもどることによって必ず第2のピーク，しかも第1のものよりも高いピークに到達するであろう．ところでこうしたタイプの考え方はすでにキリスト教においてみられるのであって，キリスト教では人類は初め楽園（paradise）に住んでいたが，アダムの犯した罪によって楽園を失う（paradise lost）．しかしやがて神の救いによって再び楽園に復帰できるようになる（paradise regained）．ただしキリスト教の場合，楽園そのものは同じものであるから，サイン・カーブは図II-20のように傾斜せずに，水平のままである．

このようなキリスト教およびマルクス主義的なモデルは確かに，疎外されたみじめな状態を脱して再び最初のよき状態に復帰するという点では，循環的であるが，こうした循環は一度限りであって，何度も繰り返されるものではない．そしてこの一度限りという点こそ，キリスト教思想を，永劫回帰的なギリシア思想から区別する根本的な特徴の一つなのである.

4. 上昇史観に対する疑惑

アメリカの哲学者パースは1891年にヨーロッパ史500年周期説を提出した. パースの歴史観はもちろん進歩史観である. しかもサイン・カーブ的な史観でなした直線的上昇史観である. ただし直線的上昇といっても, パースは歴史の歩みにいくらかの休止期を認めたり, ジグザグ的上昇のあることを認めたりはする. しかしそれが一方向的上昇であることに変りはない.

さてパースのそうした上昇史観を図にすれば図II-21のとおりとなる. これはローマの政治的発展を示したものであり, 横軸は西暦紀元年数である. ところでOはローマの建国, Aはタルクィニウス王の追放（共和制の発端）, Bはローマ帝国の発端, Cは西ローマ帝国の滅亡, Dは神聖ローマ帝国の成立, Eは東ローマ帝国の滅亡を意味する. ところでOA, AB, BC, CD, DEの間隔はそれぞれ243年, 483年, 502年, 486年, 491年である. この結果からしてOAは除き, AB以下の間隔はすべてほぼ500年に等しい

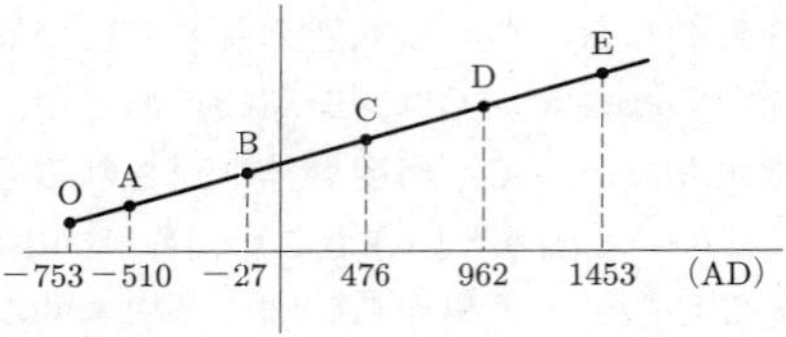

図II-21

ということがわかる．そしてパースは，500 年くらいの年数が自然な時代区分の単位として存在しているのではなかろうかと推定したのである．

このようにパースは確かに歴史というものに一定の周期の存在することを認めたが，歴史がサイン・カーブを描くとは考えていない．ところで循環史観と進歩史観を統合させた最初の人物は前にも述べたようにヴィーコである．そして彼のそうした史観はまた螺旋史観ともいわれる．しかしその場合の螺旋の意味は，図Ⅱ-15 であらわされるような螺旋であって，螺旋階段にみられるようないわゆるつるまき線のことでは決してない．後者のような螺旋は，結局は図Ⅱ-9 のような直線によって表現されるものであり，それは山腹をジグザグに昇る道が結局は図Ⅱ-9 のような上昇線であらわされるのと同じことなのである．

さて図Ⅱ-15 はもちろん図Ⅱ-9 と異なる．図Ⅱ-15 では一時的ではあるが下降,後退がみられる．しかしこの後退はそれに続くいっそうの前進によって十二分に埋め合わされる．こうして図Ⅱ-15 にみられるのは，レーニンのいった「一歩後退,二歩前進」であり，ヨーロッパのことわざの「跳ぶ前に退け」であり，日本のことわざの「後の雁が先になる」であり，さらには聖書でいう「低きものは高められん」である．そしてそれらすべては「矛盾が進歩のバネとなる」といった弁証法の精神によってまとめられるであろう．

このように純粋な循環史観から直線的な上昇史観への移

行の途中に，弁証法史観といった中間段階が存するのであり，図II-15こそはまさにそうしたものといえるのである．そして図II-9もまた，必ずしもエレベーター型あるいは梯子段型の上昇だけではなく，螺旋階段的上昇やジグザグ・コース的上昇のようなゆるやかな上昇をもその中に含んでいるのである．

ところで上昇といえば直線的上昇よりも，図II-13で示されたような指数関数的上昇の方がはるかに急激である．こうした指数関数的上昇は細菌その他の細胞の集団の増殖に際してみられるものである．そしてまた人口増加の場合にもみられるものである．とはいえそうした生物的増加は現実には必ずしもそのような上昇のカーブをたどらない．たとえばカナダのオオヤマネコの場合でいうと，その個体数は一途に上昇カーブをたどるわけではない．オオヤマネコは野兎を主要な食糧としているが，オオヤマネコが増えると多くの野兎を殺すことになる．しかし野兎の個体数が減少すると，オオヤマネコの個体数も食糧不足のために減少していく．ところがオオヤマネコが少なくなると野兎の数がまた上昇し，それにつれてオオヤマネコの数も増大する．こうしてオオヤマネコの個体数はほぼ10年ごとに最大値と最小値をとる．その結果，オオヤマネコの個体数は20年を周期とするみごとなサイン・カーブを描くのである．

人類の個体数も長い間そのような横ばい的サイン・カーブを描いてきた．周期的に襲う旱魃，戦乱，悪疫が人口の上昇に歯止めをかけてきたのである．しかし農業技術の上昇や疫病対策が功を奏し，人口のサイン・カーブもまた上昇に向い，遂にはいわゆる人口爆発と呼ばれる現象が生じる．とはいえこうなればもはや人口増加は喜ばしいという段階を通り越して嘆かわしいという段階に達したといわねばならない．人口の増加が図Ⅱ-13のような指数曲線をたどるだけでも，地球上の資源の有限性からみて人類は大きな困難に遭遇するはずである．しかしながら人口カーブはあるいは図Ⅱ-16のような形をとるかもしれない．そうだとすれば上下の振幅は時とともに飛躍的に大きくなっていき，最後には再帰不能の状態に陥る危険性も生じてくる．したがって今後人類が生き延びる道は出産率を低下させることによって，人口のゼロ成長を目ざす以外にありえないのである．

いまは人口について，図Ⅱ-14, 図Ⅱ-13, 図Ⅱ-16のモデルをあてはめた．しかし人類の文明についてもそれとパラレルなことがいえるのであって，単純な進歩史観にのみとらわれていることは現在もはや間違いであるだけではなく危険でさえあるといわねばならないのである．

5. 3つ組の回帰

いままでは回帰性を，主としてサイン・カーブで考えてきた．しかし回帰の現象はまたモジュラス算術によって把握することも可能である．モジュラス算術はカレンダーにおける一週の曜日とか，時計盤上の12の目盛といったものの巡回性を扱うものである．

ところですべての整数は例えば3を法（modulus）とすると，つぎのような3つのクラスに分類できる．

$$\cdots, -3, 0, 3, 6, \cdots$$

$$\cdots, -2, 1, 4, 7, \cdots$$

$$\cdots, -1, 2, 5, 8, \cdots$$

そして3を法とする算術では第1のグループの整数はすべて0，第2のグループのものは1，第3のグループのものは2と表現できる．そうだとすると整数の列 $\cdots, -3, -2, -1, 0, 1, 2, 3, \cdots$ は，$\cdots, 0, 1, 2, 0, 1, 2, \cdots$ となり，$0, 1, 2$ といった3つ組（triple, trio, trias）の繰り返しとなる．ところで $\cdots, -2, -1, 0, 1, 2, \cdots$ といった数列を，一定の等しい時間の経過毎に，ある量が一単位ずつ増大していくプロセスというふうに解釈しよう．すると $\cdots, 0, 1, 2, 0, 1, 2, \cdots$ といった数列は，そうした増大していくプロセスを3つずつに区切ることによってまとめ上げられた3つ組が繰り返し出現するものだと解釈できるであろう．こういった解釈は，ある音の周波数を次第に増加していくと，単に高さが上昇して聞こえるだけでなく，もとの音と似た音が何度か聞こえてくるようになるといった《オクターブの回帰性》の現象にあてはまる．ただしその場合，法は3でなくて，7である．さていまの3つ組の回帰性に関していうならば，それはヘーゲルの弁証法における正反合の3つ組の繰り返しといった現象に当てはまるのである．事実，ヘーゲルは彼の著作のいたるところで，すべてのものの発展は正・反・合という3拍子のリズムでおこなわれると述べているので

+	0	1	2
0	0	1	2
1	1	2	0
2	2	0	1

表II－1

$\times$	e	a	a^2
e	e	a	a^2
a	a	a^2	e
a^2	a^2	e	a

表II－2

あり，これが彼のジグザグ・コース上昇型の弁証法の骨子にほかならないのである．

ところで3を法とする算術においては，表II－1のような加法表がつくれる．そして$\{0,1,2\}$は明らかに加法に関してアーベル群を構成する．しかもそれだけでなく，3位の巡回群を構成する．

いま，時計の針を$120°$回す操作をaとすれば，$240°$回す操作はaという操作を2度続けておこなうのであるからa^2となり，そして$360°$回す操作はa^3となるが，これはもとの出発点にもどることだから，なんの操作もおこなわれないという意味でa^0であり，それをeとする．すると表II－2のような乗法表ができる．そしてこの表がまえの加法表と同一の構造をもっていることは明らかである．

こうして回帰性はまた，モジュラス算術または巡回群によっても表現できることがわかった．しかしだとするとさきに述べた邵康節の循環史観はどうなるであろうか．

6. 邵康節群

まえに邵康節の一元消長之数図はサイン関数をつくるといった．しかし厳密にいえばこの図は連続曲線をなしているのではなく，12 の卦によってディスクリートな仕方で表現されているのである．

さてこの消長図は，12 の卦によって消長の仕方を示しているのであるが，こうしたディスクリートな変化のありさまは，群論を使うことによって把握することもできる．いま，第 1 会から第 12 会までを 1 つの周期とする回帰運動を，ちょうど時計の文字盤上の針の運動になぞらえるとすれば，それは明らかに巡回群として表現できる．すなわち，時計の針が 30 度だけ回転する動作を a とすれば，$a^{12}=a^0=e$ であって，それは明らかに位数 12 の巡回群である．

しかしよく調べてみれば，消長之数図は，実は巡回群をつくっているのではない．とはいえそれが一種の群構造をもっていることは確かである．そこでそうした群構造がどのようなものであるかを考えてみよう．邵康節の図は 12 個の卦からなっているが，それを簡単化して，図 II - 22, 図 II - 23 をつくってみよう．

図 II - 22

図 II - 23

すると図 II - 22 も図 II - 23 も図 II - 17 と同じような消長

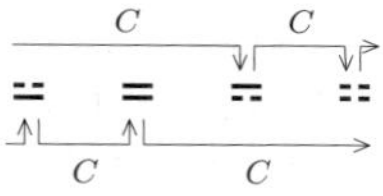

図Ⅱ-24

	E	R	C	N
E	E	R	C	N
R	R	E	N	C
C	C	N	E	R
N	N	C	R	E

表Ⅱ-3

の仕方を示していることがわかるであろう．そこでもっとも単純なケースである図Ⅱ-23についてその構造を考えると，それがクラインの四元群であることがわかるのである．すなわち図Ⅱ-23の任意の2つの卦において，下の爻の陰陽を反転させる操作を R，上の爻を反転させる操作を C，上下両方の爻の陰陽を反転させる操作を N，いかなる反転もおこなわないことを E，であらわそう．例えば C という反転の仕方は図Ⅱ-24のとおりとなる．するとそうした4種類の反転の操作の乗法表は表Ⅱ-3のとおりとなる．そしてこの表からみて $\{E, R, C, N\}$ がクラインの四元群をなすことは明らかである．

クラインの四元群は実はアリストテレスの自然学において，地水火風の四元素間の相互変換の操作どうしの関係を規定するものとして登場した．しかしながら邵康節の群の全貌は，クラインの四元群よりはるかに複雑な構造をもつといわねばならない．とはいえそうした邵康節群の構造を詳しく述べることはスペースの関係上省略する．しかしそれが群であるかぎり，群一般のもつ完結的な閉じた構造をもつことは確かである．そしてそうした性質はまた邵康節の循環史観がモデルとした自然の recycling 作用がもつところの安定性を表現しているということができるのである．

3. 遠近画法と遠近法主義

1. ギリシアの遠近画法

遠近画法の原語は perspective であり，遠近法主義の原語は perspectivism である．遠近画法の方は一定の手法による図法の技術であるが，これに対し，遠近法主義の方は，そうした技術そのものではなしに，そうした技術を比喩として使用することによって作りあげられた一つの哲学，一つの世界観である．

一個の技術が，その技術の及ぶ対象の範囲を超えて，森羅万象に適用され，結局は一つの哲学，一つの世界観にまでなってしまうといった事例はいくらもみられる．たとえば機械論的世界観がそうであり，生物主義的世界観がそうである．また数学主義的世界観がそうである．ここでいう遠近法主義もまたそうした事例の一つであり，遠近画法という一つの幾何学的技術が，一個の技術であることを抜け出て，新たに遠近法主義という一個の哲学，一個の世界観となったものだといえる．そしてそのような一つの事例を研究することは，ひいては数学と思想のかかわりあい，さらには科学技術と哲学のかかわりあいといったものを解明することにつながると考えられるのである．

さて遠近法主義の実質的な内容はあとまわしにして，まず遠近法そのものについて考えてみよう．ふつうヨーロッパの遠近法はルネッサンス期に成立したといわれる．しかしこれは必ずしも正しくない．確かに厳密な意味での遠近法はルネッサンス期において完成されるが，ゆるい意味での遠近法は古代ギリシアから存在した．ところでこの古代ギリシアの遠近法は skenographia といわれるものであり，文字通り skene（舞台・劇）の graphia（絵）つまり scene-painting（舞台の背景画・書割り）であった．この書割りは平面に描かれた絵でありながら，舞台の背景として，遠近感を強く出すように描かれたものであり，ギリシアの悲劇作家ソフォクレスによって初めて使用されたものといわれている．

ところで古代ギリシアの遠近画法を意味する語にもう一つ skiagraphia ということばがある．これはソフォクレスより半世紀余り後に生まれたプラトンがよく使ったことばであり，

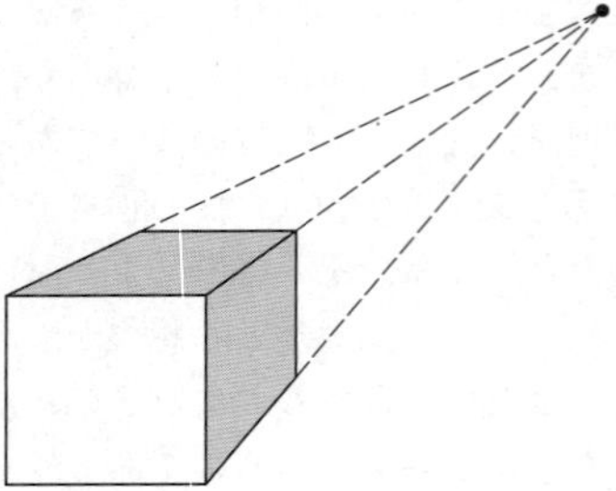

図 II－25

文字通りにはskia（陰）を付けて描かれた絵（graphia）つまり陰影画という意味である．このskiagraphiaもまたまえのskenographiaとおなじく遠近画法的書割であるが，ただ立体感を強く出すために，陰にまわる側の面をことさら暗い色でぬるという技法に注目して名づけられたことばである．

さてプラトンはそうした遠近画を彼の哲学的対話篇のいたるところでイリュージョンつまり幻影あるいは錯視の典型的な例として使っている．例えば対話篇『国制』の第10巻ではこう語られている．

「同じ大きさのものでも，わたしたちの目から近いか遠いかによって大きさが変ってみえるだろう．……また明るい色にぬるか暗い色にぬるかによって，つき出ているように錯覚したり，後退しているように錯覚し，かくしてあらゆるそうした錯誤がわたしたちの心の中に生じるであろうことは明白である．そこでわたしたちが生まれつきもっているそうした弱点をついて，かの遠近画なども抜け目なくわたしたちをごまかすのである」．

以上のことばで気がつくことは，プラトンにおいて遠近法というものがイリュージョンをつくりだすいんちきの術であると考えられていることである．そしてこの点に関しては，ルネッサンスのひとびとが遠近画そして透視画こそ，わたしたちの目にみえるとおりにありのままに描かれたきわめてリアリスティックな画であると考えたのとは正反対であるといえよう．ところで遠近画をイリュージョンの術，まやかしの術とみるプラトンの考えは，古代人に共通の考えであって，アリストテレスも，遠近画つまり舞台の背景画というものを，夢と並べて，実体のなにもないイリュージョンの最たるものと述べているのである．

2. 遠近画とユークリッド幾何学

このように古代ギリシアでは遠近画とはまさにだまし絵であり，人をたぶらかすけしからぬものの喩えとして利用された．ところで，そもそもイリュージョンとは，一見したところまことしやかにみえて実はそうではないようなもののことである．そしてそうしたイリュージョンとまことの事物との対立こそはギリシア哲学でいう仮象と実在という両概念の対立を象徴するものなのである．ところでこの仮象と実在は英語でいえば to seem と to be の対立である．つまり仮象はまことのものであるように見えはするが，まことのものではないのに対し，実在はほんとうにまことのものであるのである．そしてギリシアにおける哲学の目的は，そうした仮象を摘発し，駆逐し，ほんとうの実在，実体，存在というものを追究することにあったのである．

ところで仮象と実在は一方においては論理学における対立としても考えられる．そして実際ギリシアでは，仮象はまことしやかな議論をもてあそぶソフィスト（詭弁家）たちの術とされ，実在は論理的に正しい推論とされた．しかし他方仮象と実在の対立は，認識論における対立とも考えられたのであり，遠近法を仮象の例としてもちだすのは，論理学的な虚偽の例ではなくて，むしろ認識論的なイリュージョンの例としてであったのである．

ところで遠近法がそうした認識論的なイリュージョンだとすれば，認識論的な実在とはなんであろうか．この問に対する答えは，やはりプラトンの『国制』の前掲の箇所につづく文が示してくれる．そしてその答えとは，「測ることこそそうした錯覚に対抗しうる手段である」であった．ところでこの，《測ること》は，ギリシア語では metrein となっており，これはギリシア語で幾何学を意味する geometria〔ge（土地），metria（測量)〕の metria と同根の語なのである．

ところでギリシアの場合の幾何学とはもちろんユークリッド幾何学以外にありようがない．とすれば，イリュージョンとしての遠近法・透視法に対立する真実在とは，まさにユークリッド幾何学にほかならないといわねばならないのである．いま図Ⅱ-26 におけるような１つの正方形およ

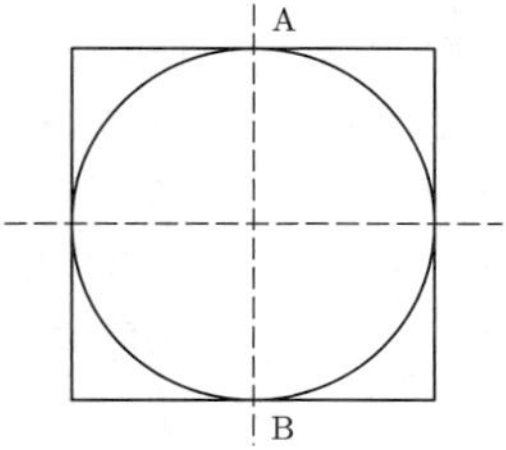

図Ⅱ-26

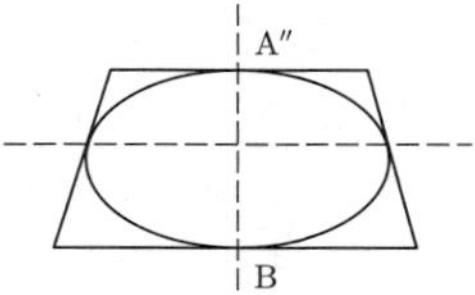

図Ⅱ-27

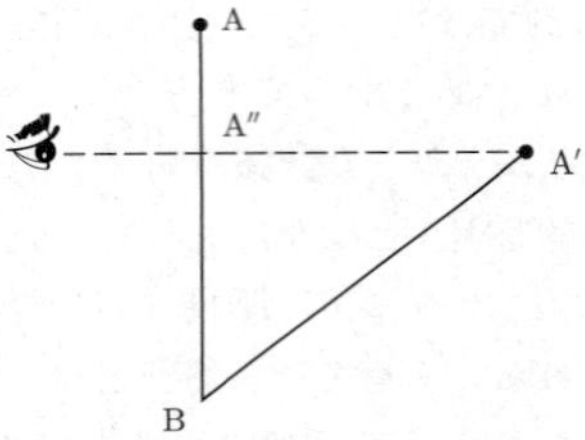

図II－28

びそれに内接する円を，図II－28におけるようにABからA′Bへと傾けたとしよう．そして図のような目の位置からそのA′Bをみれば図II－27のA″Bのように見えるであろう．そして図II－27における図形は梯形と楕円である．しかしこのように梯形や楕円形に見えたとしても，実物つまりものそれ自体は正方形や円にかわりがなく，そのことは実際にA′Bを測ってみれば，もとのABとおなじ長さであり，したがってその円の直径もその正方形の一辺もABとおなじであることがわかるであろう．

以上から断定できることは，ユークリッド幾何学では，その原理である測地術になお忠実であるということであり，大きな土地を実際に測量することはなくても，やはり定規を実物に密着させて測るという操作を基礎にしているということである．ユークリッド幾何学がそうした性格をもつものとすれば，更に一歩を進めてユークリッド幾何学とは2本の手でつかまれた物指しを実物に当てて測定するという触覚的操作によるものということができるであろう．そして実際，ユークリッド幾何学の性格を本質的に規定する等長変換あるいは合同変換といったものは，ユークリッド幾何学の公理の一つである「重ね合わせの公理」つまり「互いに重なりあうものは互いに等しい」ともう一つの公理「おなじものに等しいものはまた互いに等しい」によって初めて保証される．そしてこのことは実際上，同一の物指しを２つの物体に順次当てがうことによってそれら２つの物体の合同を証明するということにほかならないのである．

ところでいま，ユークリッド幾何学の基礎は，触覚あるいは筋感覚にあることを強調した．この場合触覚はむろん視覚と対立させて考えられているのである．ところが視覚という場合，これは一視点を定めてそこからものを眺めるわけであるが，その場合の見え方はどうしても遠近法的にならざるをえない，ところがユークリッド幾何学はそうした遠近法的な見方を拒否する．そしてそこからユークリッド幾何学は実は視覚に頼るものではなく，触覚に頼るものであるという結論に行かざるをえなかった．しかし観念論者プラトンは触覚，筋感覚を基礎に置くといういささか唯物論的な解釈をとらなかった．とはいえ単なる肉眼的な視覚の立場ではユークリッド幾何学は成立しない．そこでプラトンは視覚は視覚でも，肉眼的視覚ではなく，心眼的視覚の方をユークリッド幾何学の基礎に据えたのである．

ユークリッド幾何学はともかくとして，ユークリッド型の幾何学はなにもギリシアに特有のものとはいえない．それは既に測地術としてエジプトにあった．そしてギリシア人は，エジプトの幾何学者を harpedonaptai つまり rope-fastener（綱を張る人）と呼んだ．事情は中国でもおなじであって，紀元前5世紀に墨子が中国の幾何学の基礎をつくりあげ，そこにおいてユークリッドとおなじような抽象的な仕方で円や長方形を定義している．つまりそこでは《円は一中心から同じ長さにある》，《方とは，直線が四箇所で直交するものである》となっている．しかし他方，《円は規（コンパス）で描くと，はじめの所に交わり合う》，《方は，矩《さしがね》が交わり合った形である》といったふうに，作図の道具からも定義されているのである．そして実のところ墨子という名の墨とはすみなわを意味し，したがって墨子とはさしもの師という意味をもっているのである．抽象的な概念がその出生を物語る尾骶骨を付けているといったことはよくみられることであり，中国において規矩準縄（準は《みずもり》つまり水平をはかる器，縄は《すみなわ》で正しい直線をつくるもの）という語が事物の標準，法則の意味に使われるのがそうであり，また英語の rule（規則）という語ももとはといえば，定規という意味だったのである．

さきにユークリッド幾何学の基礎づけとして，触覚性あるいは技術的具体性によるものと，心眼的視覚性あるいは理性的な抽象性によるものをあげたが，この両者はもちろんユークリッド幾何学に対する等価解釈といえる．しかしギリシアにおいては後者の立場がとくに突出してきたということができるのであり，ギリシア幾何学のそうした性格は先に述べたプラトンの観念論，より正確にはイデア論と結びついて生じてきたものといえる．ところでイデア論でいうイデアは，日本語で形相，英語で form と訳されているように文字どおりには《形》を意味する．とはいえこの形は，肉眼が一視点から眺めたときの形ではなくて，心眼のみが見ることのできる形なのである．こう考えてみるとプラトンのイデア論とギリシアにおける幾何学というものの結びつきがはっきりと把握できるのであり，ギリシアにおける哲学と数学の間の関係がよく理解できるのである．

3. 中国とヨーロッパ・ルネッサンスの透視画法

さて本格的な遠近法はルネッサンス期に成立する．そこにおいて，遠近法はむしろ透視法と呼ばれる方がよりふさわしいといえる．というのも，ルネッサンスにおいては遠近画とは図Ⅱ-28 でいえば，鉛直に立てたガラス板の上に実物 A′B を投射した結果としての A″B だと考えられたのであり，それは逆にいえば，実物 A′B はガラス板の上に描かれた絵 A″B を通してうかがい知られるものと考えられたのである．遠近法，そして透視法ということばの原語 perspective は，ラテン語の perspicere からきたものである．そしてこの語はドイツ語の durchsehen，英語の look through に相当し，～を通して……を見るという意味である．そしていまの場合，まさしく A″B を通して A′B を見るといったことに相当するのであり，そうした意味で perspective は透視法という語にぴったりあてはまるのである．

ところで遠方のものをガラス板の上に映ったとおりに描くといった画法は，中国ではヨーロッパよりも1000年もまえに使用されている．西暦5世紀（東晋・宋代）に活躍した画家宗炳《そうへい》（375-443）は『画山水序』においてこう述べている．「いま，薄い白絹を張ってこれを透して遠くの光景を写生すると崑崙山のような大きな山の形も1寸四方の内にとりこむことができる．また画面の縦の線の3寸が千仞の高さに相当したり，横の線の数尺が100里の距離に相当したりする」．

ここではガラスならぬ薄い白絹が使われているが，スクリーンそのものがどんなものであれ，透視法の原理そのものにはなにも影響しない．ところで宗炳の絵はたしかに透視法的であるといえるが，その対象は山水であってそうした素材の関係上，幾何学的な原理が正面に出たものというよりは，いちおう遠方にあるものは小さく，近くにあるものは大きいという程度であった．しかしそれより時代は下るがそれでもルネッサンスよりはるかに古い中国の北宋時代に活躍した画家李成《りせい》（919-967）は，岡の上にある塔や楼閣を下方に視点を置いて描き，それらの建物ののきやひさしにあるたるきを遠近法的に正確に描いたといわれる．そしてこの場合は素材の関係上，山水画の場合より，もっと幾何学的な手法を使った遠近画であったろうと考えられるのである．ところで中国においてもヨーロッパ同様，遠近画法が市民権を得るまでには暇がかかった．中国では初めは人物を近接した距離で大きく写実的に描くことがおこなわれた．この基準からいけば，山水画の遠景の一部に置かれた人物像などが，目鼻もろくに描けないくらいの小ささでしか描けないといった遠近画法はけしからぬものとなる．しかし宗炳はそうした既成概念に抗し，遠小近大の方法による新たな写実性をあえて主張したのである．そしてその後この遠近画法は李成に至って，大きな建造物の木組みなどを正確に表現しうる優れた手法として確固たる地位を得たのである．そしてそのような流れを考えてみると，至近距離から人物像を描くといった態度つまり事物に対するattachment（密着）の態度から，山水や楼塔と視点の間を大きく隔たらせて遠近法的に描くという態度つまり，事物に対するdetachment（ものばなれ）の態度への移行が読みとれるのである．

ところで透視法におけるこの《ものばなれ》の傾向はヨーロッパのルネッサンスに始まる個人主義，主観主義の時代に至ってきわめて鮮明なものとなってあらわれる．すなわちヨーロッパの透視法においては，視点というものは，主観的なものであるのに対し，描かれる対象となる事物は客観的なものである．そして視点と対象との分離といったものは，近代ヨーロッパ思想の特質である主体と客体との峻別をシンボライズしているといえるのである．

4．遠近法とライプニッツの哲学

古代ギリシアでは遠近法はまえに述べたようにまやかしの術，いつわりの術であり，ユークリッド幾何学こそが真実を教える術だと考えられたが，遠近法ないし透視法に対する評価はルネッサンスになって一転し，透視法こそ事物を目に見えたままに描くきわめてリアルで科学的な表現法であると考えられるようになる．こういうことになったのも，古代ギリシアから近世ヨーロッパへの社会観の激変とも無関係ではないといえる．ギリシアの社会観は，私より公を，private なことより public で common なことを優先的に考えるものであった．実際，英語の idiot（あほう）ということばは，ギリシア語の idiotes という語からきたものであるが，このギリシア語はもともと private person（私的な人間）を意味するのであり，それがあほうという意味になったのも，公共の政治にたずさわらぬ私的な人間は無能力な馬鹿ものだというギリシア人の通念によるものなのである．ところがそれに反し近代の社会観は，各人の privacy を積極的に認める態度なのである．

一つの事物はそれを眺める視点のとり方によっていろいろに見える．古代ギリシア人は人によって異るそのような個人的な見え方，特殊な見え方に信頼を置かず，個々人の特殊な見え方を超えたところの，だれにとっても共通な，一つの形があると考え，それに絶対的な価値を置こうとした．そしてそうした形を扱う学問こそがユークリッド幾何学だったのである．とはいえそうした公共優位の倫理は近世になるとゆらぎ，個の析出が進行してくる．そしてそうした個人の私的な目こそが絶対視されてくるのであり，そうした見方のもとで成立した幾何学が，透視図的幾何学であり，さらには射影幾何学だったといえるのである．

さて確かに近世という時代は個人主義，主観主義の強くなった時代だといえる．しかしながら他方それは科学の時代でもあり，そうした意味で客観性尊重の時代でもあった．そして古代ギリシアのユークリッド幾何学もまた別に亡びたわけでなく，むしろデカルトによる解析幾何学の建設という形でより強力なものになって再登場してきたといえる．ところでデカルトの考える空間は等質的なユークリッド空間である．ところがまえに述べたように人間の視覚は遠近法的である．それゆえデカルトは視覚よりも触覚によって彼の物理学をつくりあげた．彼はその著『屈折光学』の中で「盲人は手を使って見る」と述べているが，ここからもデカルトが視覚に代えるに触覚をもってしたことがわかるのである．

古典力学の基礎をつくったニュートンの物理学もまたデカルトとおなじくユークリッド空間を基礎に置くものであった．ところでニュートンはこうしたユークリッド空間をsensorium Deiと呼んだ．このラテン語は普通「神の感覚器官」と訳されるが，これはむしろ「神の感覚方式」といった意味である．だとするとニュートンのいった意味は，ユークリッド空間は人間の感覚方式ならぬ神の感覚方式だということになる．そして実際，ニュートンにとってユークリッド幾何学は人間の視覚方式にもとづくものではなく，ただ神の視覚方式にもとづくとしかいいようのないものだったのである．

ニュートンのライバルであるライプニッツはニュートンの絶対空間を攻撃し，自らはいわゆる遠近法主義の哲学を立てた．ライプニッツはその著『形而上学叙説』においてこういっている．「実体は全宇宙をおのおの自分の流儀に従って表出する．そしてそれは，同じ町がそれを眺める人のさまざまな位置に従っていろいろに表出されるようなものである」．また『単子論』でもつぎのように述べている．「同じ町でもさまざまの異った方面から眺めると全然別のものに見え，眺望としてはなん倍にも増やされたようになるが，それと同じく単純な実体が無限に多くあるために，その数だけの異った宇宙があることになる．しかしそれは各単子の異った視点から見た唯一の宇宙のさまざまな眺望にほかならない」．

ここで実体とは単子（モナド）のことであり，ライプニッツは宇宙は無数の単子からなるという多元論をとり，そうしたモナドがそれぞれ自分の立つ視点に従って，ちがったパースペクティブをもつと主張するわけである．宇宙はこのようにさまざまな見え方をし，それらはどれもいちおうは宇宙の一側面ではあるが，そうした多くの見え方の中にはおのずから，他よりすぐれた見え方が存在する．そしてそのことをライプニッツはつぎのように述べている．「それらすべてのものはそこでは，いわばパースペクティブの中心におけるような仕方で統一される．しかもその中心とは，それ以外の地点から眺めれば混乱して見えるのに，そこではすべての部分が秩序正しくまとめられているように見えるような地点なのである」.

5. ニーチェとフッサールの遠近法主義

このようにライプニッツは確かに世界の見え方の多様性と相対性を認めたが，しかしそれはなお徹底さを欠くものであった．というのも，透視法の立場，そしてそこから出発した射影幾何学の立場からすれば，さまざまの見方はすべて同等の権利をもつはずであって，特権的な見え方などないはずであるし，またさまざまの見方を越えた，ものそれ自体の形といった特権性もありえないからである．

さて透視図法を射影幾何学的に考えてみよう．透視図法では A′B′C′D′ と A″B″C″D″ はともに実物 ABCD の透視図であるといえる．というのもルネッサンスにおいて透視図法の理論を完成したアルベルティもいっているように，透視図とは，目と対象物の各点を結ぶ視線の束が形成する錐体を平面で切ったときの切り口にほかならないからである．他方，射影幾何学では，そうした錐体のことを ABCD からの射影という．そして２つの A′B′C′D′, A″B″C″D″ を２つの平面による錐体の切断という．このような A′B′C′D′, A″B″C″D″ は，ABCD の透視図的な写像または変換といわれるが，しかしまた O を中心として，A′B′C′D′, A″B″C″D″ は ABCD と配景的対応（perspective correspondence）をなすともいわれる．

ところでそうした透視図的変換によって，図形のうちのある性質は変化をうけ，ある性質はそのまま保存される．

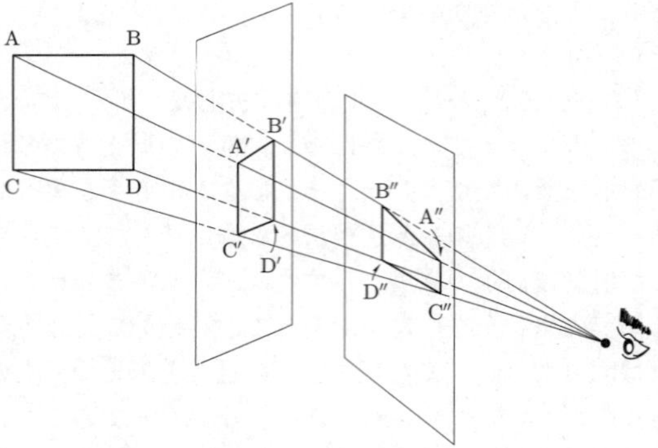

図 II－29

そして図 II－29 のような場合，長さや角の大きさは変化するが四辺形であるという性質は保存される．それゆえもとの図形が正方形であったとしてもその透視図は必ずしも正方形とは限らず，矩形，平行四辺形，菱形といったさまざまの四辺形となる．またもとの図形が円であったとしてもその透視図は必ずしも円とは限らず楕円の場合もありうる．ところでそうした透視図的観点をとり去り，純粋に配景的対応ということで考えよう．すると ABCD はオリジナルで A′B′C′D′, A″B″C″D″ はそのコピーだといったふうに考える必要は少しもなくなる．したがって当然，A′B′C′D′ と A″B″C″D″ のうちのどれが実物により忠実だとか実物をより多くゆがめているかなどを論じることは無意味になってしまう．

以上が近代において成立した透視図法と射影幾何学との基本的な立場であるが，そうした数学的な理論とは別に，哲学の領域においてもライプニッツ以後に perspectivism つまり遠近法主義，配景主義，展望主義などといわれるものがいくつも登場するので，それをみていくことにしよう．

19 世紀の有名な哲学者ニーチェは『陽気な学問』においてエゴイズムというものを論じてこういっている．

「エゴイズムというものは感情のもつ遠近法的法則である．これによれば，近いものは大きくそして重要に見えるし，その反対に遠くなるにつれてすべての事物の大きさと重要さが減っていく」．

ここでは遠近法が単に認識論に対してではなく，エゴイズムという倫理説，価値説に適用されているのがみられる．ところでエゴイズムだけでは人間社会は成立しない．しかし古代とはちがって近代ではもはや社会の成立のために一切のエゴイズムを否定するというわけにはいかない．そこでエゴイズムをある程度認めながらも社会を成立させていこうとする理論が要求される．そしてそれに対する答えの一つがドイツの哲学者テオドール・リットであり，彼は 20 世紀の初めに「パースペクティブ間の相互性（reciprocity of perspectives)」の理論を提出した．ここでリットは各個人のもっている遠近法的見方を認めたうえで，それらもろもろの遠近法の相互性を主張した．つまり A なる人物が私にとって他の一つの我すなわち汝または彼であるのと同様に，私もまた A にとって一つの他の我即ち一つの汝または彼である．こうしてAとの間に相互性が存する．このように各個人の間に相互性がなりたつとすれば各個人のもつパースペクティブ間にもまた相互性が成立するはずである．そしてまさしくその点において社会意識がなりたつとリットは考えたのである．

このように遠近法主義は価値説，社会学説に適用されたが，他方また現象学にも適用された．現象学（phenomenology）とは文字通りものごとの現象（phenomenon）を研究する学であり，ドイツの哲学者フッサールによって創始された哲学説である．ところでphenomenonはギリシア語起源の語であってそれはまた英語でappearanceともいわれる．ところでこのappearanceは，2通りに解釈できる．すなわち仮象という意味にも現象という意味にも解される．ところで仮象という意味にとるのはまえに述べた古代ギリシア的立場，とくにプラトン的立場であるが，フッサールはそうした解釈を拒否して，現象という意味の方を採用する．そしてこのことはまた，フッサールがプラトンとちがって遠近法的な見え方をイリュージョンとはみなさずに素直に受け入れ，そこに哲学研究の出発点を置こうとしたことを象徴するのである．そして，実際フッサールは『純粋現象学及現象学的哲学考察』第2巻第18節でこういっている．

「わたしたちの経験する事物はいつもある空間的な方角から経験され，わたしたちにはその度に，事物の一面しか示されない．事物のこのような現われ方は射映といわれるが，こうした射映を通じてえられた対象の経験は対象の全面的な把握ではありえず，経験のその後の発展によっては修正される可能性がたえず残されているのである」.

ここで射映ということばはドイツ語の Abschattung であり，それはまえにあげたギリシア語の skiagraphia に当り，陰影画，遠近画という意味なのである.

このようにフッサールは現象つまり遠近法的見え方というものを承認し，それを出発点にした．しかしこうした立場では単なる相対主義的主観主義に陥るので，彼は相対的主観性のほかに絶対的超越的な主観性を考えようとした．しかしその後彼はそうした独我論的な立場を捨て，intersubjectivity つまり相互主観性あるいは間主観性の立場をとるようになる．ところでこの相互主観性が共同主観性ともいわれることからわかるように，そうした立場は世界が一個の主観によってではなくて，多数の主観によってなりたつものだと主張するものである．こう考えてくるとフッサールの現象学というものは，結局，さまざまのパースペクティブを一つに統合する方法を探究する学にほかならないといえるのである.

6. オルテガにおける遠近法主義の完成

以上いくつかの遠近法主義を述べたが，そのうちでもっとも完備し徹底した遠近法主義を唱えたのはスペインの哲学者オルテガ・イ・ガセット（1883-1955）である．ニーチェの影響を強く受けたオルテガは，その著『観想者』の中で「私には，個人的な観点こそが，世界をその真実において眺めうる唯一の観点だと思われる．そしてそれ以外は作為である」と述べている．これはユークリッド幾何学的な見方を捨て，遠近法的な見方を絶対的なものとみるという宣言である．古代ギリシアの時代においては，ユークリッド幾何学的な見方こそが唯一絶対なものであって，遠近法的な見方はすべて，ゆがみ，ひずみ(歪)，変形(デフォルマシオン)とされていたが，オルテガはこういう考えを逆転したのである．

実際近代人にはオルテガにいわれるまでもなく，遠近法的感覚つまり個人主義的主観主義の方がずっとなじみ深いものといえる．そして視点を定める遠近法とは違っていわば無視点的なユークリッド幾何学こそが奇怪な幾何学であるように思えるであろう．とはいえ個人的観点からの見方をあまりにも絶対化すると，それはやはり近代思想の弊である唯我独尊的個人主義に陥ってしまう．しかしながらこうした難点の克服はオルテガのその後の作品においておこなわれるのであって，彼は『現代の課題』(井上正訳)の中でつぎのように述べている．

「異なった視点から，二人の人間が同じ風景を眺めることはできる．しかし彼らの見るものは同じではない．彼らの位置が異なっているため，風景は彼らの眼に二つの相違した構成をもって映る．……しかしそれぞれが，他方の見る風景はまちがっていると言うとすれば，それはなにか意味のある発言であるだろうか．ナンセンスであることはいうまでもない．どちらの風景も同様に実在するものである．

またもし，両者の風景の不一致を考え合わせて協定し，二つとも幻覚であると言ったとしても，同様に無意味であろう．そういう発言は両者の風景のどの条件にも従わない第三の真正の風景があるのだと仮定してのことであろう．だが，そういう原型的な風景は存在しないし，存在することができないのだ．宇宙の実在は一定のパースペクティブのもとにのみ見られうるような性質のものである．パースペクティブは実在の構成分子の一つである．それは実在を歪曲するものではなく，実在を編成する要素なのである」．

ここでオルテガの述べていることは，まえに射影幾何学について説明したことがらとたいそうよく似ている．すなわち図II-29の図形 ABCD, A′B′C′D′, A″B″C″D″ の3つにおいて，どちらが原型でどちらがその歪められたコピーだということはいえないし，またその3つのどれが真正でどれがいつわりだともいえない．それとおなじように，どのパースペクティブも，同等に真実であり，同等に真正である．そして結局オルテガは唯一のあやまったパースペクティブとは自らを唯一絶対のパースペクティブだと主張するパースペクティブだと宣言することによって，独我論的個人主義を克服する．しかしだからといって彼はいわば神のパースペクティブともいうべき超越的なパースペクティブを認めたわけではけっしてない．そうではなくて，「完全な真理は，自分の見るものと隣人の見るものとを連結し，さらにそうしたことを無限に広げていくことによってのみ獲得される」と主張したのである．

7. 種々の幾何学とそれに応じた種々の認識論

以上述べたことをふりかえってみると，古代ギリシアに代表されるような無視点的なユークリッド的立場から，ルネッサンス期に代表されるような各視点の絶対化の段階を経て，結局，各視点の相対化，等資格化と進むのであるが，このような哲学の歩みは，ユークリッド幾何学から射影幾何学への発展という数学の歩みにぴったりと対応するのである．

ところがオルテガによる遠近法主義の最終的な結論は，各個人が自らの視座からみた個人的展望に固執するのではなく，各人が部分的に見たものを相互に補完しあい統合しあうという点にあった．そしてこのことは数学的にいえばつぎのとおりとなるであろう．

いま三角形 ABC があるとし，それをある人間が E_1 から眺めた形を $A'B'C'$ とし，他の人間が E_2 から眺めた形を $A''B''C''$ だとしよう．これはいいかえると ABC と $A'B'C'$ は配景的対応をなしており，ABC と $A''B''C''$ もまた配景的対応をなしているということである．ところが以上のことから $A'B'C'$ と $A''B''C''$ もまた配景的対応をなしているということが図だけからでもわかるであろう（図II-30）．

さていま配景的対応といったが，これはまた配景的写像，配景的変換といってもおなじことである．配景的変換によって保存される性質を配景的性質というが，《ある図形が直線である》という性質や《ある点がある直線の上にある》という性質などがそうであって，長さや角の大きさはそう

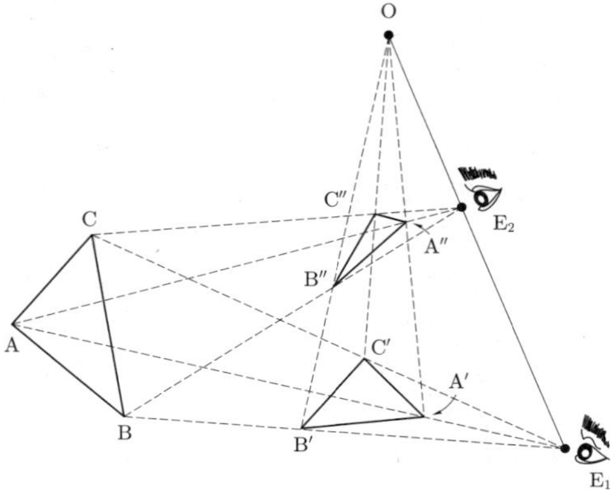

図 II－30

ではない．ところで配景的変換をおこなっても影響を受けない性質をもつかぎりの形はすべてその性質に関しては等資格といえる．こうして透視法そしてひいては射影幾何学は，一言にしていえばある変換に対して不変な性質を研究する幾何学なのである．そしてまたこのことをさらに平たくいえば射影幾何学は一定の distortion（ゆがみ）によっても変らない性質を扱う幾何学だといえる．というのも，例えば配景的変換においては長さや角といったものはゆがむが，それでもなお不変な性質も存在するからである．

ところで変換といえば配景的変換に限らない．ユークリッド幾何学におけるように合同変換や相似変換もある．そして実際クラインはエルランゲン・プログラムにおいて，いろいろの幾何学をそれの従属する変換群の種類によって分類し系統づけた．ところで変換の概念は配景や射影といった概念を更に越える．例えば図形が描かれたゴム膜をさまざまの方向にひっぱることによる変形，つまり位相変換がそうである．そうしてこうした変換によってもなお不変な性質を扱うのが位相幾何学である．哲学上の遠近法主義は確かに，配景的変換をモデルにしているものである．ところで遠近法主義というのは認識論上の一つの立場である．したがって合同変換をモデルにしたユークリッド空間的な見方もまた認識論上の一つの立場である．そして当然のこととして位相変換をモデルにした認識論上の立場もありうる．こう考えてくると種々の変換群を与えることによって，それに対応する種々の幾何学が生じるとともに，さらにそうした種々の幾何学に対応する種々の認識論もまた生じるということができるのである．

4. 数学と哲学における対応の概念

1. 対応とはなにか

対応の概念，特に1対1対応の概念が，数学においてもっとも基礎的な概念の一つであることは周知のことがらである．

原始人においては数詞はあまり豊富ではない．彼らはせいぜい，3か4までの数詞しかもたず，それから先はすべて《たくさん》ということばで片づける．しかし彼らといえども，多数の鹿を射止めた場合に，数詞なしでその頭数を正確に報告したり記憶したりしなければならないことがある．そうした場合に彼らがとった一般的な方法は，1本の棒に，1頭を射止めるごとに，1つずつ刻み目を入れるといった方法である．そしてこれは数学的にいえば1対1対応の方法にほかならない．こうして1対1対応という概念は，数詞というものに先だつことはもちろん，数という概念，数えるという概念にも先だつものであるといえる．

ところで数を扱う学問である数学が，数以前の概念つまり対応概念を扱うというのはおかしなことであるといえるかもしれない．とはいえもともと数学という語は mathematics の訳語であり，mathematics には単に学問という意味しかなく，数という概念が含まれているわけではない．このmathematicsはかつては数と図形を扱うものといわれてきた．しかし現代の数学はその対象を必ずしもその2つに限定する必要はない．現代の数学はラッセルに「数学とは，それがなにを対象としているのかわからないような学問である」といわせたような性格をもつものであり，現在ではその本来の意味である《学そのもの》にふさわしいものになってきたといえよう．

しかしそれはさておき，現代の数学は，ある集合を，$\{1,2,3,4,5,\cdots\}$といった数字の集合あるいは{イチ，ニ，サン，シ，ゴ，…}といった数詞の集合と1対1の対応づけをおこなうことでその集合の要素を教えると定義するのであり，数えるということを1対1対応づけの特殊なケースとして扱うのである．こうして現代の数学は数というものをその研究対象の一つとしてもつことは確かであるが，しかしその根底になお対応といったものを考えるのである．したがって，現代の数学は，いったん始原の思考方法にまで回帰し，そこから改めて出発しなおそうと試みるものだということができるのである．

さて1対1対応だけでなく，一般に対応というものを図によって説明するために，現代数学は射線といったものを使用する．

図II-31，図II-32，図II-33，図II-34において閉曲線X，Yは集合をあらわし，x_1, x_2, x_3; y_1, y_2, y_3は集合の元をあらわし，矢のついた線つまり射線は，矢のない方の元から，

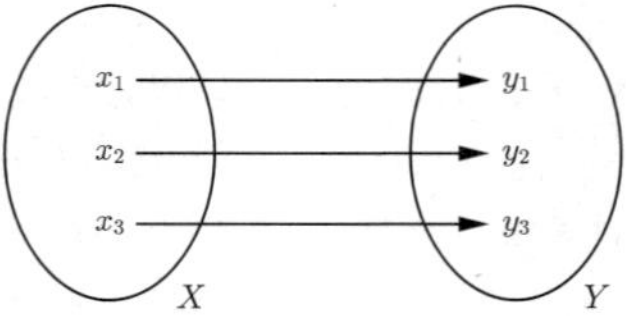

図 II－31

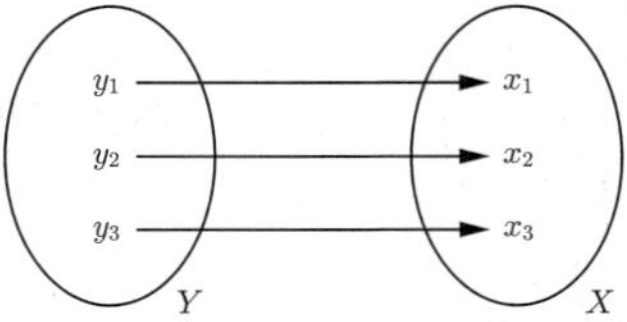

図 II－32

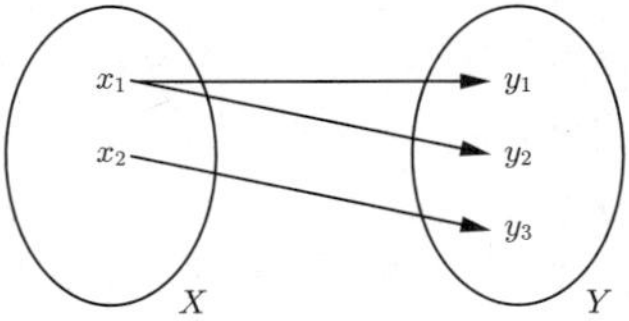

図 II－33

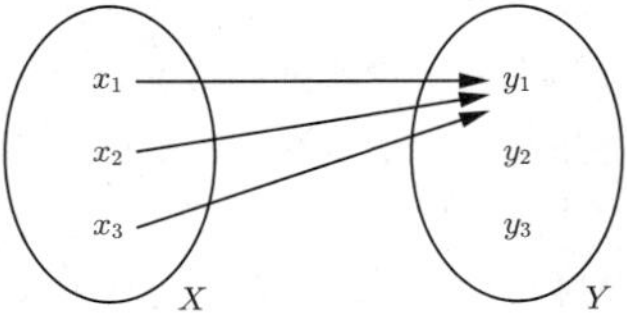

図 II－34

矢のついた方の元への対応づけをあらわす．すると，図II-31は1対1対応を，図II-32はそれの逆対応を，図II-33は1対多対応を，図II-34は多対1対応をあらわす．

このように射線は，一方から他方への対応（correspondence）をあらわすが，こうした対応はまた，図II-33のような1対多の場合を除き，図II-31, II-32, II-34のような場合において，一方と他方との関数関係（function）とか一方の他方への写像（mapping）といわれる．そしてそうした場合，矢のついた方の元は矢のない元の方の像（image）といわれるのである．

2．思想史の中にでてくる対応概念

以上で，数学における対応概念のいちおうの説明を終えたことにして，こんどはそうした概念が，思想や哲学の中でどのように使用されてきたかを述べることにしよう．

まず1対1対応の例であるが，ヨーロッパには古くから共感魔術というものがあり，1対1対応の概念がその基礎をなしていた．共感魔術とは，相互に異なる二つのものになんらかのつながりをでっちあげ，一方の変化が他方の変化を招くといったことを前提として成り立つ非科学的な術である．たとえば，天上におけるそれぞれの惑星の変動が，それに対応する地上の事物に強い影響力を与えるという前提に立って，惑星の状態から地上の状態を予言する術，いわゆる占星術がそうである．

こうして共感魔術は必ず，その前提として対応の体系を

惑星	金属	石	生物
土星	鉛	しまめのう	ワニ
木星	錫	サファイア	ワシ
火星	鉄	ルビー	ウマ
太陽	金	トパーズ	ライオン
金星	銅	エメラルド	ハト
水星	水銀	めのう	ツバメ
月	銀	水晶	イヌ

表Ⅱ-4

もっている．そしてその例が表Ⅱ-4である．太陽と金の対応は色や光沢からきたものであり，ライオンはそのたてがみが太陽の放射光線に似ていることからきたものである．

水星はもっとも速く動く惑星であるから水銀（quicksilver）つまりころころと動きまわる金属や，速力のきわめて大きいツバメに対応させられ，反対に土星はもっともゆっくり動く惑星であるから重い金属である鉛や動作ののろいワニに対応させられた．しかしそれらはみなこじつけであって，科学的根拠はなにもない．とはいえ占星術者は，「上にあるごとく，下にもあり」というモットーのもとに，天界と地上界との間の対応表をつぎつぎと大規模なものにしていった．とはいえ，そうした試みはすべて現代数学の基礎をなす1対1対応の原理にもとづいたものであったといえる．ところでそうした占星術者は，astrologer（占星家），star-prophet（星の予言者），horoscoper（ホロスコープつまり天宮図をあやつる人）といわれたが，また mathematician ともいわれた．この mathematician は数学者という意味もあるが，中世では，単なる学者の意味，そして特に星学者の意味に使われたのである．

このようにヨーロッパ中世においては対応の概念を数学者ならぬ占星術者が利用したが，哲学者もまた，それを利用し，マクロコスモスとミクロコスモスという宇宙観をつくりあげた．ところでマクロコスモスとは大きな宇宙のことであり，文字どおりの大宇宙のことである．他方ミクロコスモスは小さい宇宙のことであり，これは人間を意味する．さてこうしたマクロコスモスとミクロコスモスの各部分がそれぞれ互いに対応しあうのであり，それゆえマクロコスモスとミクロコスモスは相似的，同型的であると主張されたのであるが，それのもっとも適切な例が，天空の十二宮と人体の各部分を1対1に対応させたものであるといえる．ところで十二宮とは，春分点を出発点として黄道の周囲を12に分けたものでそれらは白羊宮，金牛宮，双子宮，巨蟹宮，獅子宮，処女宮，天秤宮，天蝎宮，人馬宮，磨羯宮，宝瓶宮，双魚宮である．そして白羊宮は頭に対応づけられ，金牛宮は首に対応づけられるというふうにして，順次人体を下って行き最後に双魚宮が両足に対応づけられる．こうしてミクロコスモスである人間の各部分は，それに対応する十二宮のおのおのによって支配されると考えられたのである．

対応の概念は，以上述べた魔術や哲学だけでなく，記憶術にも利用された．対応を利用した記憶術とは，いくつかの新しいことがらを記憶するために，まず，頭の中に一定の場を思い浮かべ，その場の各部分に対応させながら記憶すべきことがらを覚えるといったものである．ところでそうした場としては普通一軒の大きな家が選ばれ，その家の各種の部屋，そしてその各部屋の壁，窓，置き物，家具等に対し，記憶されるべき名前や語句や事件を観念的に連合させていくのである．そうしたことは，家を利用しておこなわれるだけでなく，神殿とか議事堂といった公共の建物や，町全体や，一つの長い道程などを使用しておこなわれることもあった．

こうしたヨーロッパの記憶術の原理と全くおなじ原理を使った記憶術が日本でも古くからおこなわれてきた．例えば江戸時代の明和 8 年（1771 年）に京都で出版された『物覚《ものおぼえ》秘伝』という書物の中で，種子に依托する法と呼ばれて紹介されているものがそれである．種子とは，(1)いただき，(2)ひたい，(3)目，(4)鼻，(5)口，(6)喉，(7)ちち，(8)胸，(9)腹，(10)へそ，であって，このおのおのに覚えるべきことがらを依托するつまりこじつけるわけである．そしてこの種子として，人体の部位だけでなく，人家も使われた．そして人家の場合は，門，玄関，広間，大座敷等々の場面が使用された．

日本にはこのようにヨーロッパと驚くほど似通った 1 対 1 対応による記憶術があったが，さらにヨーロッパにおいておこなわれた共感魔術に相当するものもあった．そしてそれがほかならぬ五行説であるが，この考えはもちろん日本でつくられたものではなく，古代中国に遡るものである．

さて五行とは，木,火,土,金,水であるが，この5つに対し表Ⅱ-5のような対応づけがおこなわれた．こうした対応づけのことを中国では配当というが，こうした配当はなお際限なく続けられるのである．ところで表Ⅱ-5からみて，中国でもやはり，天界と地上界と人体との間の1対1の対応づけがおこなわれていることがわかるが，中国ではより徹底して，五行という抽象的な存在が，それらすべての枠組として使用されているのである．

つぎに占星術についていえば，中国でもヨーロッパの占星術によく似たものを見つけることができる．たとえば彗星は不吉の星とされ，これが現われると地上でも暴君が出現するとされた．また火星が天庫という名の恒星に近づくことは兵乱の徴候とされ，木星が虚という名の星座に近づけば五穀が大いにみのるとされた．そしてそうしたことは「天人相与（天道と人道は互いに与《あず》かりあう）」ということ

行	方向	星	気	臓	体	官
木	東	木星	風	肝	筋	眼
火	南	火星	暑	心	脈	舌
土	中央	土星	雷	脾	肉	口
金	西	金星	寒	肺	髪膚	鼻
水	北	水星	雨	腎	骨	耳

表Ⅱ-5

ばで表現された．そしてそれは，ヨーロッパの占星術における「上にあるごとく，下にもあり」というあいことばとぴったり一致するものだということができるのである．

3. ルルスの組合せ術とライプニッツの単子論

前節でヨーロッパの記憶術について述べたが，ヨーロッパにはもう一つの種類の記憶術がある．そこでこんどはこの方を述べてみよう．

こちらの系統の記憶術は13世紀のスペインの哲学者であるルルスが完成したものである．さてルルスは，図Ⅱ-35にみられるような装置をつくった．これは2枚の重なりあった同心円盤からなるもので，その一方は大きくて下にあり，他方は小さくてその上にのっている．そして前者は固定され後者は回転できる．そしてそうした2つの円盤のおのおのに A から I までの9個のアルファベットが描き込ま

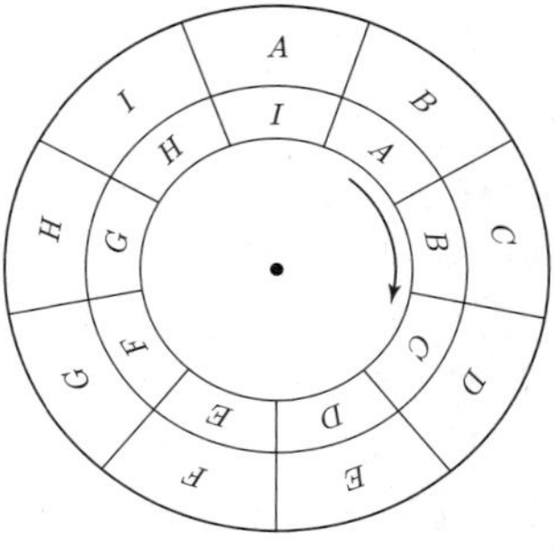

図Ⅱ－35

れる．すると，小さい方つまり内側の円盤を回転することによってさまざまの結合が生まれるのである．

ところでこの装置は，9個のアルファベットに記憶されるべきものを対応づけるという点ではそれまでの記憶術と共通である．しかしそれら9個の，いったん記憶されたことがらを，さらに互いに結びつけるという点では，こんどは記憶術というよりは発見術だということができるのである．

例えばいま将棋の定跡が9つあったとしよう．そしてそれを2枚の円盤上にあるアルファベットに割り当てる．アルファベットは同じものが2つずつあるから，1つの定跡が2箇に割り当てられる．ところで将棋ではいくつかの定跡が時間的につぎつぎと繰り出されるわけであるから，時間的にどのような定跡を組み合わせて使うかということが問題になる．そしてそうした定跡の組み合わせの可能性は，内側の円盤を回すことによって洩れなく得られるのであり，円盤を少しずつ回していく間につぎにとるべき最も適切な定跡を発見することができるのである．そしていまの場合，可能な組み合わせの総数は $9\times9=81$ 通りということになる．

いまの場合の組み合わせは ${}_9\Pi_2=9^2=81$ であって，それは同一物を繰り返し取ってもよい場合の組み合わせであった．しかしルルスの術では，繰り返しを許さずに取る場合つまり ${}_nC_2$ も考えられている．そしてそうした組み合わせをみつけ出す装置は図II-36のとおりである．図II-36で線の数を数えると36本であり，実際 ${}_9C_2=\dfrac{9\times8}{2}=36$

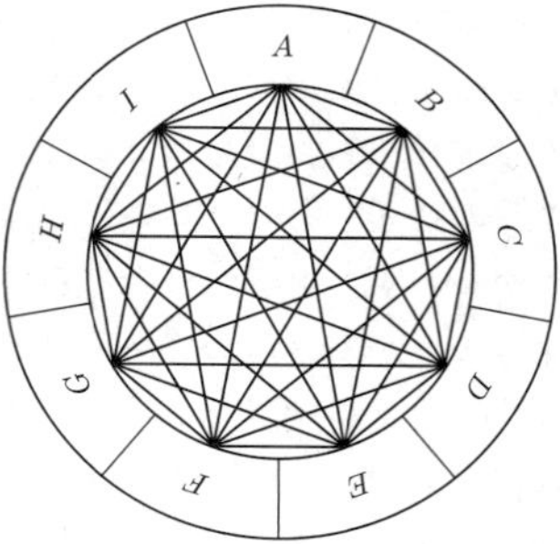

図 II－36

なのである．

さて以上がルルスの記憶術であり，これはまた数学的にいえば組み合わせ計算の先駆的形態であるといえる．そしてルルスにおいては，記憶術としては，確かに記憶されるものと 9 個のアルファベットの対応ということはあるが，しかし発見術あるいは組み合わせ術としては，なおアルファベットどうし，あるいは記憶されたものどうしの対応づけということが加わってくるのである．

ところでそうした組み合わせ術といった数学的技術を哲学ないし形而上学に適用したのが数学者兼哲学者のライプニッツであった．さてライプニッツの形而上学はモナドロジー（単子論）である．それによると全宇宙は無数のモナド（単子）からなりたっており，これらのモナドはすべて自立した個体であって，他のいかなるものにも依存せずにおのおの独自の営みを続ける．とはいえそうしたモナドはけっして勝手気ままに振る舞っているのではなく，すべてのモナドの間には美しい調和が保たれている．そしてこうした調和は，神が予め設定しておいたものであり，そのおかげで各モナドはおのおの独立であり，互いに干渉をおこなうことがないにもかかわらず，自己以外のあらゆるモナドと調和的な状態を保つことができるのである．ところでこうしたモナド同士の関係をライプニッツは，モナドとモナドとの併起（concomitance）とか交通（communication）とか対応（correspondence）と呼んだ．そしてライプニッツの説くそうした関係を図によって表示すれば，図Ⅱ-37，図Ⅱ-38のようになるのであろう．図Ⅱ-37の4本の射線は4個のモナド A, B, C, D の時間的な経過を示したもので，6本の弧線は，ある時点における4つのモナドの間の相互関係つまり対応を示したものである．そしてその数は ${}_4C_2 = \frac{4\cdot 3}{2} = 6$ である．

つぎに図Ⅱ-38は，ある瞬間における4つのモナドの空間的配置を示したものであり，6本の直線はやはり4つのモナド間の相互関係を表わすものである．

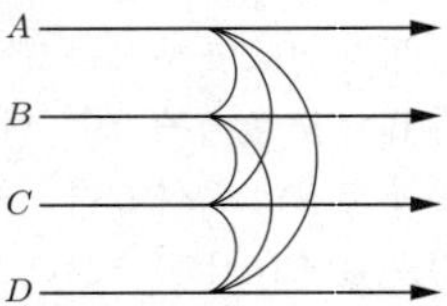

図Ⅱ-37

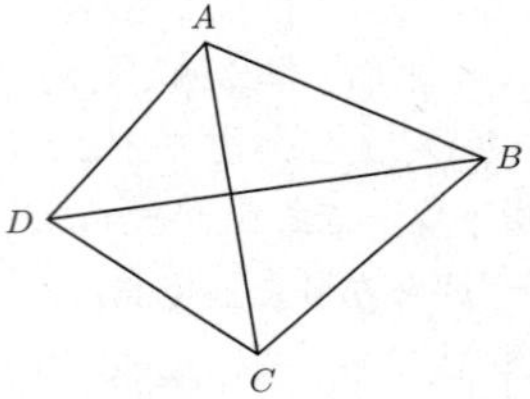

図Ⅱ-38

ところでこのモナド間の対応関係であるが，これはまさしく併起関係であって，一方から他方へと物理的な力が移行することではけっしてない．したがってそれは数学でいう対応であり，さらに図II-37でわかるようにすべてのモナドは時間的な経過をもつのだから，結局関数的対応であるといえるであろう．しかしライプニッツはそうした対応関係を，光学的な比喩を使っても説明する．というのも光学的な関係の方が力学的関係に較べてエネルギーの受け渡しの量がはるかに少ないからであり，それゆえ，力による影響関係の全くないモナド間の関係を説明するのに十分とはいえないまでも，比較的適切だからである．

さてそうした光学的比喩としてライプニッツは鏡をもってくる．そしてモナドとは，いわば鏡であり，自分以外の他のすべてのモナドを自らの中に映しだすとされる．そしてこの《映しだす》の原語はto representという動詞であるが，これは，to be presentが《現にある》という意味であるのに対し，to representは現にあるものを他の場所で再現するという意味なのである．

ライプニッツはこうした鏡の比喩とともに，もう一つ遠近画法あるいは透視画法（perspective）の比喩をもちだす．そして実際，図II-38のAの箇所に目を置くと，B, C, Dを見透すことができ，Bに視点を定めると，A, C, Dを眺め渡すことができるのである．

4. ライプニッツと華厳

いま述べたライプニッツの鏡の比喩による世界像とぴったり対応するのが，中国の唐代に成立した仏教の一派である華厳宗の書物に出てくる因陀羅網の喩えである．因陀羅とは印度のインドラという神のことであり，因陀羅網とはそのインドラの宮殿を飾る網であって，その網の結び目のそれぞれに珠玉がつけられている．そしてそれらの珠玉のおのおのが自らの中に他のすべての珠玉を映し出すのであって，そうした様子が華厳宗の根本的な教義である一即多の思想の比喩に使われているのである．

ところでこの一即多とは，一の中に多があるということであり，これを拡張すれば一即一切となり，これは一の中に一切のものが容れられていることを意味する．ところでこの一とは，一切のうちの一であるから，一切のおのおのの中に一切が存するということになる．そしてこれはまさに因陀羅網において現出されていることがらであり，さらにライプニッツのモナドロジーをあらわした図II-38で示されていることがらでもあって，それらはともに一切が他の一切を映すといったことをあらわしているのである．

華厳におけるこうした一即多の考えは，「一塵一毛の微といえども悉く全宇宙を包含せざるものなし」といわれ，また「芥子粒が須弥山を容れる」などといわれる．しかしライプニッツ著の『モナドロジー』の中にも，「一枚の花の中に庭園全体をおさめ，一滴の水の中に池全体をとりこむ」という表現もみられる．そしてこうした事態をライプニッツは「一の中に多を映す」と述べている．とはいえ華厳やライプニッツにみられるそうした詩的な表現も，結局は図II-38 にみられるように，$A—B, A—C, A—D$ といった 1 対 1 対応，そしてそれらを総計した $A—B, C, D$ といった 1 対多の対応を述べたものにほかならないのである．

ところで以上のような華厳とライプニッツにおける一即多と，プラトンや朱子の思想の中にみられる《一多関係》とは区別しなければならない．プラトンの哲学的教説はイデア説である．ところでイデアは現実世界には存在しない理想的な典型であり，それに対し現実に存在するもろもろの個物は典型としてのイデアにあやかってはいるがいずれも不完全なものとされた．こうして例えば，寝台なら寝台のイデアは理想的な寝台として唯一つが，この世ならぬイデア世界に存在し，現実にある無数の寝台はすべてそれの写し，しかも不完全な写しとして存在すると主張された．

こうした 1 対多の模写的関係は，中国の哲学者である朱子の中にもみられる．すなわち朱子の言説の中に，「ただ一つの太極があらゆる人間，あらゆる事物の中にみられる」という主張が見いだせる．太極とは儒教でいう万物の根源であり，この太極が万物の中に見つけだせるのは，ちょうど同一の月が多くの池や湖に自らの影を映すのとおなじだと述べられたのである．このようにプラトンにも朱子にも 1 対多の考えがみられるが，この場合，1 と多は次元を異にするのであって，1 と多は同列に並べることができないのである．

こうして華厳とライプニッツにみられる1対1対応，そしてそれにもとづく1対多対応は，プラトンや朱子の場合とちがって，同一世界の同列・等資格の事物間の関係であることがわかった．こうしたことはプラトンと朱子が，本来国家哲学，とくに階級的国家哲学を自らの形而上学のモデルにしたのに対し，ライプニッツや華厳の思想家は，個人主義的思想，しかもそうした個人間の平等を主張する哲学者であったことからも説明できよう．実際，モナドロジー（単子論）はアトミズム（原子論）とおなじく徹底した個体主義であり，ただモナドとアトムの違いは，アトムが物質的存在であるのに対し，モナドが精神的存在であるということだけなのである．また華厳の思想も仏教の本来の平等の思想を徹底したものなのである．そもそも仏教の僧団というものは，国家などとはちがって個々の自覚ある修行者が集った集団であり，血縁的共同社会とは質的に異なる一つの結社であって，華厳の思想もそうした仏教的集団をモデルにして作りあげられたものといってよいであろう．

5. 西田哲学とデデキントの理論

最後に日本の傑出した哲学者西田幾多郎の哲学が数学的な対応概念にもとづいていることを述べよう．西田哲学におけるキー・ワードの一つにやはり《一即多》というものがある．その考えは西田の著作を表面的に読んだ限りではなかなかわかりにくいものであり，ある人は一即多は《イッショクタ》であり，ミソもクソもイッショクタにする悪しき弁証法の見本のようなものだなどというが，必ずしもそうとはいい切れない面をもっている．

さて西田は確かに哲学者であったが，若いときは盛んに数学を勉強したのであって，将来の仕事を数学にするか哲学にするか迷ったことがあったくらいである．彼は哲学者としての道を歩み始めてからも，数学に対する関心を生涯もち続けた．すなわち彼は大正元年つまり彼の43歳のときに「論理の理解と数理の理解」という論文を書いたが，その後，死の前年の昭和19年つまり彼の75歳のときに「論理と数理」という論文を書いている．ところでこの両論文には32年の隔たりがあるにもかかわらず，これを読み較べてみると驚くほどよく似通っていることがわかる．そしてこの2つの論文にはともに自己表現体系（self-representation system）という用語が出てくるのである．

ところでこの自己表現体系という概念は実は数学者のデデキントが初めて提出したものであり，そうした事情は，西田の弟子である田辺元が『哲学辞典』（大正11年，岩波書店）の「自己表現体系」という項目の中で書いている内容からも明らかである．すなわち田辺はそこでつぎのように述べている．

「無限の要素体系を数学の集合論の立場から規定すれば，その部分の要素と全体の要素が相互一一対応せしめられ，集合論にいわゆる濃度を等しくすることをその特徴とする．初めて之を以て無限を定義せる数学者デデキントは体系が自己を自己に表現する sich in sich selbst abbilden といった．この意を採って米国の哲学者ロイスは無限の体系を自己表現体系と呼び，この自己表現性あるいはその基となる該体系生産の過程の循環性 recurrency を以て凡ての真正なる無限の本質とみなした」.

こうして西田哲学の根本的な考え方は，デデキントの無限集合論，そしてそれを哲学に使用したロイスの哲学から出発したことは明らかである．それゆえ，結局，西田哲学はカントールとそのよき助言者デデキントが創設した集合論に基礎を置くということができるのである．

さてカントールの無限集合論は，1対1対応という操作をもとにつくりあげられた．1対1対応は古くから有限個の個体に対して適用されてきたが，カントールは，それを無限個の個体に対してまで拡大した．そしてその結果，無限個の集合に関しては，全体と部分との間に1対1対応をつけることができ，したがって全体と部分は対等であるという驚くべき結果がえられたのである．

西田は東洋的な哲学の伝統をもよく継承しており，したがって華厳の一即多の考えも知っていた．ところでこの一即多あるいは一即一切の概念もまた1対1対応を基礎にしているが，それはカントール－デデキント流の無限集合論におけるような1対1対応にもとづく全体と部分の対等といったものとははっきり異っている．そして西田は，近代的なカントール－デデキントの考え方をも採用したのである．

さて西田はそうした近代的な集合論の考えをモデルにし

て，彼の形而上学をつくりあげるが，そこで彼は全体と部分の対等という集合論の成果をフルに活用した．すなわち彼は全体を，一般者とか世界と解釈し，部分を個体とか個人と解釈した．そしてそれによって世界と個人とを相即させる社会哲学をつくりあげる．そしてその結果一方では全体主義的国家主義ともとれ，他方では個人主義的自由主義ともとれるが，しかもそのどちらでもなく，むしろそれらの総合であるといった一種独特のオリジナルな哲学体系ができあがるのである．

このように西田は無限集合論の考えを自らの哲学に導入したが，しかしなおライプニッツ，華厳的な考えをも使用しており，その両者が混同して使われていると思えるふしさえみられるのである．それゆえ西田哲学の基礎に１対１対応の考えがあることは確かであるが，西田は結局はそうした考えを比喩的に使っているに過ぎないのであって，そうした意味では，西田哲学はいわゆる分析哲学的な性格をもつものではなく，むしろ弁証法的な性格をもつものといわなければならないのである．

5. 解析学とヘーゲル

1. 科学と哲学

「哲学はミネルバのフクロウである」とはヘーゲルのことばである．フクロウは学問の女神ミネルバのお使いである．ところでフクロウは昼は眠っており，たそがれになってから活動する．それとおなじように哲学というものはある学問がいちおう成立したあとに，そうした学問を一般化し，宇宙万般にまであてはめるという仕事を受けもつものである．したがって新しい哲学はその出現においてどうしても諸科学の成立よりおくれるのであるが，それだけにすでに得られた成果を吸収しそれを使って大風呂敷を広げうるという利点をとらえて登場するのである．そうしたことの比較的新しい例として，ウィーナーがサイバネティックスを提唱して以来多くの哲学者たちがその成果を学んで，新しい哲学をつくりだそうとしたことを挙げることができよう．とはいえここではいささか古い例ではあるが，ヘーゲルの哲学をもちだし，これもまたご多分に洩れていないということ，そしてヘーゲルの場合，そのモデルとなった科学は解析学であったということを証明することにしよう．

順序としてまず解析学の成立を説明しなければならない．

解析学とはもちろん微積分学のことであるが，そうした微積分学が成立するためには，まず解析幾何学が成立しなければならなかった．ところでこの解析幾何学はデカルトによって確立されたのであるが，しかしその先駆者は14世紀のフランスの聖職者，科学者，自然科学者であったニコール・オレムに求めることができる．

オレムはまずデカルト座標の原型ともいうべきものを使用した．すなわちオレムは直交する2本の座標軸を使ったが，そのうちの横の軸にはextensio（外延量）を，縦の軸にはintensio（内包量）を書き込むものとした．彼は実際，こうした仕掛けを使っていろいろの仕事をしたが，その一つは，加速度運動の分析であった．彼は横軸に時間tという外延量を書き込み，縦軸には速度vという内包量を書き込んだ．ところで速度vは距離S割る時間t，つまりS/tである．それゆえ速度は内包量である．というのも内包量とは，密度＝重さ/体積 のように異質の2つの量の商つまり，度とか，食塩水の濃度＝食塩の重さ/食塩水の重さ，のように同じ種類の量の商つまり率のことだからである．

こうしてオレムは加速運動を，図Ⅱ-39のような三角形で表示することに成功した．そして彼はそうした運動において，最初の瞬間からある時点までの間に通過した距離は，そうした三角形の面積によって表わされると主張した．そしてそこから三角形の面積を出す公式によって，$S=\dfrac{1}{2}vt$という結果を直ちに得ることができたのである．

ところでオレムは走行距離がグラフ上では面積であらわ

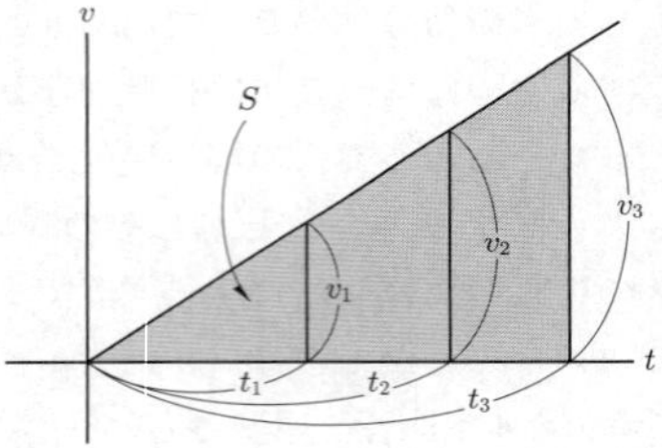

図 II − 39

されるのは，そうした面積は各瞬間における瞬間速度に対応する無限に小さい走行距離を総計したものだからだと考えた．そしてこの考えはまさにニュートン - ライプニッツの微積分学を先取りしたものということができるのである．

2．17 世紀の解析学

14 世紀のオレムの以上のような考えは 17 世紀のニュートン - ライプニッツの微積分学によってはっきりと定式化される．すなわち図 II - 40 において，$\Delta S = v \cdot \Delta t + \dfrac{1}{2} \Delta t \cdot \Delta v$

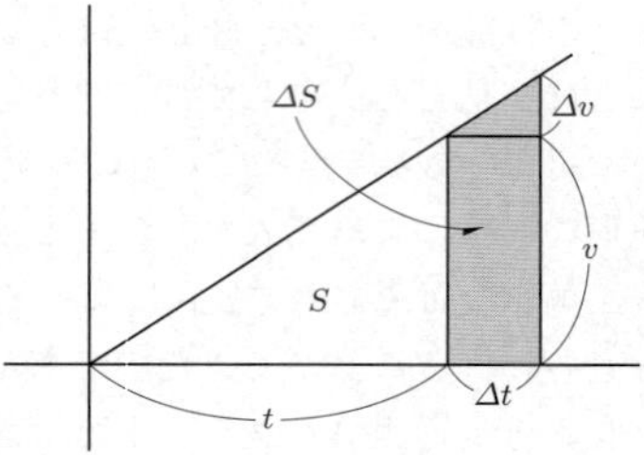

図 II − 40

は明らかである．この式の両辺を Δt で割ると，$\dfrac{\Delta S}{\Delta t}=v+\dfrac{1}{2}\Delta v$ となる．そしてこの式の Δt と Δv を無限に 0 に近づけると $\dfrac{dS}{dt}=v$ となる．

以上は図による幾何学的な導き方であるが，それを計算によっておこなおう．S は前節で述べたように $\dfrac{1}{2}vt$ であった．ところが a を加速度とすると，$v=at$ となり，これから $S=\dfrac{1}{2}at^2$ となる．すると微分法の公式によって，$\dfrac{d}{dt}\dfrac{1}{2}at^2=at$ となり，これと $v=at$ から $\dfrac{dS}{dt}=v$ となるのである．

つぎに幾何学的な方法つまり区分求積法にもとづく方法で S を導き出してみよう．図Ⅱ-41 の三角形の底辺 t を n 等分し，それを Δt としよう．すると三角形の面積は，

$$\left(\frac{\Delta t\cdot a\Delta t}{2}\right)+\left(\frac{\Delta t\cdot a\Delta t}{2}+a\Delta t\Delta t\right)$$
$$+\left(\frac{\Delta t\cdot a\Delta t}{2}+a(2\Delta t)\Delta t\right)+\cdots$$
$$+\left(\frac{\Delta t\cdot a\Delta t}{2}+a(n-1)\Delta t\Delta t\right)$$

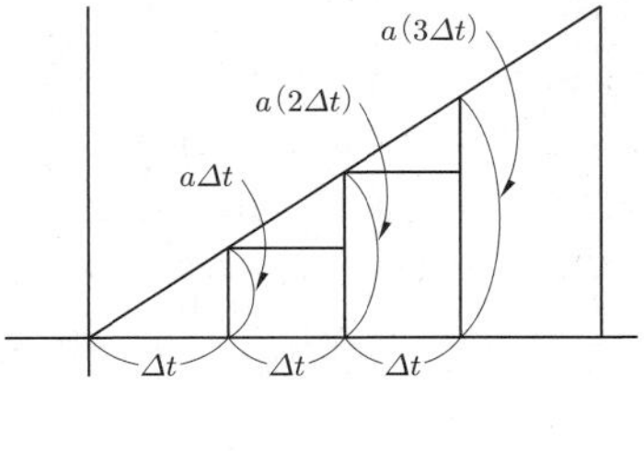

図Ⅱ-41

となる．そしてこれを計算すると $\frac{\Delta ta\Delta t}{2}\times n+a(\Delta t)^2(1+2+\cdots+(n-1))$ となる．ところで Δt は $\frac{t}{n}$ であった．また $1+2+\cdots+(n-1)=\frac{n(n-1)}{2}$ であった．したがって先の式は $\frac{a}{2}\left(\frac{t^2}{n^2}\right)\times n+a\frac{t^2}{n^2}\frac{n(n-1)}{2}$ となり，さらに $\frac{a}{2}t^2\frac{1}{n}+\frac{a}{2}t^2\left(1-\frac{1}{n}\right)$ となる．そしてこの式において $n\to\infty$ とすると結局 $S=\frac{1}{2}at^2$ となる．

以上のことがらを積分の計算によっておこなうと，$S=\int\frac{dS}{dt}dt=\int vdt=\int atdt$ であり，$\int atdt$ は積分法の公式によって $\int atdt=\frac{1}{2}at^2$ となり，結局 $S=\frac{1}{2}at^2$ となるのである．

さてニュートンは，現在微分商あるいは微分係数と呼ばれているものを moment of fluent（変量のモメント）と呼んだ．ところでこのモメントということばは本来，瞬間という意味であり，現在でもその意味でしょっちゅう使用されている．しかしニュートンの場合のモメントは，彼自身もいっているように実は incrementum momentanea (momentaneous increment，瞬間的増加率）のことである．図II-40でいえば増加率とは $\frac{\Delta S}{\Delta t}$ であり，瞬間増加率とは $\frac{dS}{dt}$ である．ところで等加速度の場合 $\frac{dS}{dt}=v$ であるが，このことは瞬間 t における面積 S の面積増加率が，その時点におけるグラフの高さに等しいということを意味し，さらにいまの場合の面積 S とは実際は距離であるから，距離の時間的増加率は各時点の瞬間速度に等しいということを意味するのである．

こうしてモメントということばは単に瞬間を意味するだけでなく瞬間量，そしていまの場合瞬間速度を意味することになる．したがって図Ⅱ-39についていえば，t_1, t_2, t_3 は単なる瞬間，単なるモメントであるが，v_1, v_2, v_3 は瞬間量，つまり瞬間速度としてのモメントといえるのである．

ところで速度，つまり v は $\dfrac{S}{t}$ であった．つまり内包量であった．しかも内包量は商の形，比率の形であらわされるものであった．それゆえ微分商つまり瞬間的増加率もまた内包量であり，もちろんのこと瞬間速度もまた内包量なのである．ところでこの瞬間的増加率 $\dfrac{dS}{dt}$ は，実は2つの瞬間的増加量である dS, dt の比率である．したがって瞬間的増加量である dS と dt もそれぞれモメントと呼ばれるのである．こうしてモメントということばは，(1) 瞬間，(2) 瞬間的増加率，つまり微分商，(3) 瞬間的増加量，つまり微分という3つの意味をもっているのである．

3. ヘーゲルにおけるモメントの概念

以上で解析学の数学的なスケッチを終えたから，こんどはこれを下敷きにしてつくりあげられた哲学の方に移ろう．

哲学辞典の中にはもちろんのこと，ほとんどどの国語辞典にも契機ということばが採録されている．例えば広辞苑(第3版)では，「元来は決定的な要因の意．ヘーゲルの弁証法の用語としては，単なる寄せ集めではない一つの全体の抜きさしならない要因，側面または全体が弁証法的運動である場合の必然的な通過段階をいう」とある．この契機という語は明らかに Moment というドイツ語の訳語として明治になって作られた新造語であって，「契」は契合（ぴったり合う)，「機」ははずみ，きっかけであるから，結局，《時宜にかなったきっかけ》つまり決定的要因という意味になるわけである．

さてヘーゲルの場合，モメントということばの意味は共時的（synchronic）な場合と通時的（diachronic）な場合に分けることができよう．まず共時的な場合とは，まえの定義でいえば「単なる寄せ集めではない一つの全体の抜きさしならない要因，側面」の場合である．そしてその例として「空間（Raum）と時間（Zeit）は運動（Bewegung）の2つのモメントである」(『自然哲学』)というヘーゲルのことばを挙げることができよう．ここで運動とは実は速さのことをいっているのである．さて速さという量は内包量であり，距離を時間で割ったものであるから，距離という次元と時間という次元が速さというものの決定的な要因つまりモメントであるといえる．しかしこれはまた2つの瞬間的増加量 dS と dt が瞬間速度すなわち瞬間的増加率 $\dfrac{dS}{dt}$ の決定的な要因つまりモメントであるということもできる．それゆえこうした場合のモメントという語の意味は共時的であり，前節の分類では（3）に相当するといえるであろう．

このように速度といった内包量を，2つの次元の関係としてとらえること，つまり1つの内包量は2つの次元を不可欠な要素としてもち，しかもそうした2つの次元の総合であるとみる考え方は，近代物理学の次元論につながるものといえる．ところで次元論とは，物理学上のいろいろな量がどのような次元から成り立っているのかを調べることを目的とするものである．例えば速度の場合は $v=S^{t-1}$ となる．また運動量は mv で，運動エネルギーは $1/2mv^2$ であらわされる．ところで mv および $1/2mv^2$ の中の v は S^{t-1} であらわされるから結局それらの物理量はすべて長さ（S），時間（t），質量（m）という3つの次元から掛け算という演算だけで順次組み立てられているわけである．

あらゆるカテゴリーをつぎつぎと組みあわせて壮大な体系をつくりあげた総合の哲学者ヘーゲルは，確かにそうした次元論的な方法を使うこともある．しかし残念ながら彼が終始一貫してそうした方法を使用したということはとうていできないのである．

4．ヘーゲル哲学の微分法的性格

つぎにモメントの通時的意味つまり，前々節の分類の（2）の意味の方を考察しよう．それは，ヘーゲルの場合，まえの定義で述べられたように，全体が弁証法的な運動である場合の必然的な通過段階という意味である．そしてヘーゲルの弁証法はむしろこの通時的な意味の方のモメント概念をモデルにして形成されたということができるのである．

さてヘーゲルは『小論理学』において全体的な真理というものは3つのモメントあるいは切断線（Seite，side）をもつと述べている．ここで切断線とは図II－42の c_1, c_2, c_3 のことである．Seite，side は切断面あるいは側面という意味をもつが，これは立体を面で切った場合であり，いまのように面を線で切れば切断線あるいは辺となるわけである．

ところでヘーゲルはこの3つのモメントあるいは切断線は，第1から第2，第2から第3へと順次に移行するという．また第1と第2は相互に対立するものであり，第3は第1と第2の総合であるという．そしてそうした正から反へ，反から合へという移行が弁証法的運動といわれるものなのである．

ところでヘーゲルのこの場合のモメントということばの用法であるが，これはカントの用法を踏襲したものである．カントはその著『純粋理性批判』のB版95ページにおい

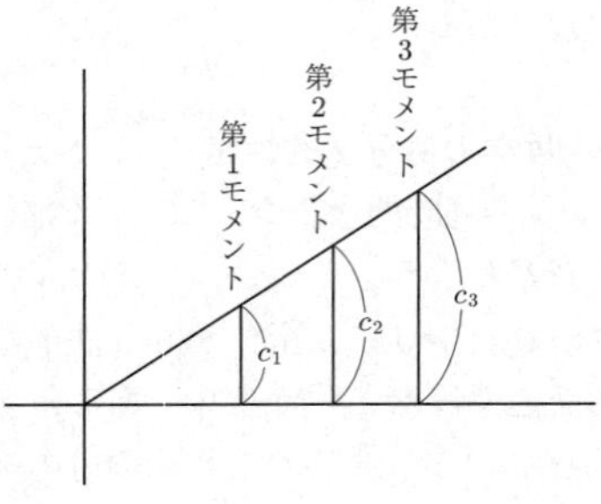

図II－42

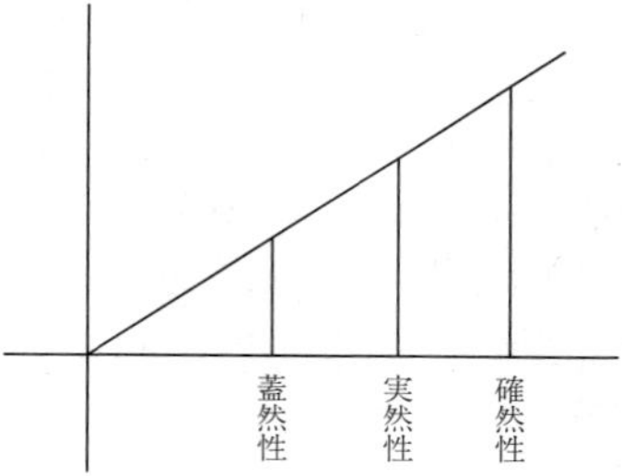

図 II - 43

て，判断の 3 つの様相を論じている．ところでこの 3 つとは，(1) 蓋然性，(2) 実然性，(3) 確然性である．蓋然性とは《多分〜であろう》を意味し，実然性は《〜である》を意味し，確然性は《必ず〜である》を意味する．そしてカントはその少し後で「まずあるものが蓋然的に判断され，つぎにそれが実然的に真とされ，最後に必然的で確然的なものとして主張されるから，様相の以上 3 つの様相は思考一般の 3 つのモメントと名づけることができる」と述べている．そしてそのことを図示すれば図 II - 43 のようになるであろう．図 II - 43 で横軸は時間をあらわし，縦軸は真実性の度合をあらわす．したがって図 II - 43 は時間の経過とともに真実性の度が増加することを示しているのである．

ところでこの図の縦軸であるが，これはオレム以来の伝統に従って，内包量が書き込まれる．そこでつぎにカントはそうした内包量をどのように考えたかをみることにしよう．カントは内包量を度ということばで置きかえる．例えば速度，温度，明度といったものであって，実際それらは《度》という文字を含んでいる．そしてこれらは，空間や時間のような外延量とははっきり区別されているのである．

ここで外延量と内包量の相違をわかりやすくするために，外延量として国土の面積を，内包量として人口密度をとろう．人口密度とは単位面積内に住む人口量であり，したがって人口と面積の比率であるから当然内包量であり文字どおり１つの度といえる．そして国土の各部分の人口密度の分布状態は例えば図Ⅱ-44のような形であらわすことができるであろう．

さていまの場合は外延量といっても面積であり，二次元であったが，こんどは外延量を一次元の時間にすると，例えば図Ⅱ-39のようになるであろう．そしてこの場合の内

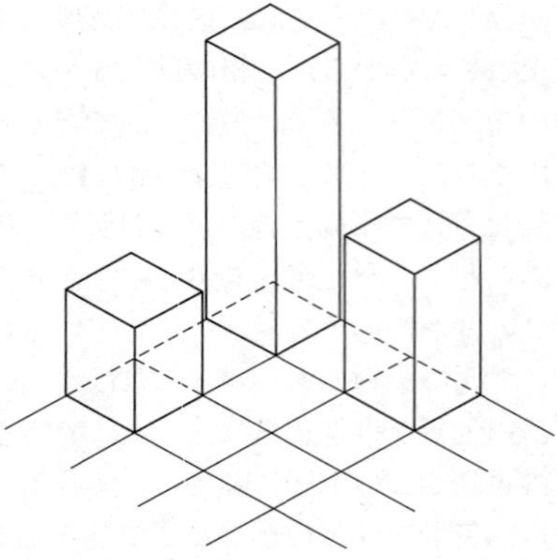

図Ⅱ－44

包量は速度となるわけである．そしてその図は，時間につれて，各時点における瞬間速度がつぎつぎと変化していくさまを示しているのであり，カントもヘーゲルもこうしたモデルを頭に浮かべて，彼らの哲学的なカテゴリー論の体系をつくりあげたということができるのである．

5. ヘーゲル哲学の積分法的性格

以上でヘーゲル哲学のもつ微分法的性格を終えたからこんどは積分法的性格の方を考察することにしよう．図II-39において $\dfrac{dS}{dt}=v$ であり，v は瞬間速度であった．これに対し $\int vdt=S$ であり，S は距離であった．自動車のメーターでいえば，v は速度計（speedmeter）で計られる量であり，S は走程記録計（hodometer）で計られる量である．こうして v は微分的（より正確には微係数的）な瞬間速度であり，S は積分的な全走行距離である．

ところで $\dfrac{dF(x)}{dx}=f(x)$ なら，$\int f(x)dx=F(x)$（一般には $F(x)+c$）であり，その逆も成立する．実際等加速運動の場合 $\dfrac{dS}{dt}=\dfrac{d}{dt}\dfrac{1}{2}at^2=at=v$ であり，$\int vdt=\int atdt=\dfrac{1}{2}at^2=S$ である．それゆえ，v がわかれば S がわかり，逆に S がわかれば v がわかるということになる．ところで S は三角形で表現され v はその三角形の切断線であった．それゆえあるグラフがあった場合，そのグラフをある瞬間

t において切断した場合，そうした切り口から全体つまり，その切り口とグラフと横軸で囲まれた面積が計算できることになるわけである．そしてこうした関係を比喩的にいえば微分的あるいは微視的な一局面から積分的あるいは巨視的全貌をひきだすことができ，逆に全貌から一局面をひきだすこともできるということができるのである．

もちろん一局面だけから全貌を知ることができるのは，簡単な関数形をもつ特別のグラフの場合に限られるのであって，一般のグラフでは何箇所かに断面を入れなければならない．そしてカントやヘーゲルはいちおうその局面を3つとしたのであり，しかもその局面は多くの局面のうちから選び抜かれたきわめて大切な局面だったのである．

こうしてカントならびにヘーゲルは一つの総体を把握するのに少なくとも3つの局面をとりだす必要があるとしたが，ヘーゲルはさらにその3つの局面は，正・反・合といった関係をもち，さらに正・反・合という時間的順序で出現すると考えた．したがってそうした意味では，局面の展開はでたらめに生じるのではなく，一定の論理的必然性によっておこなわれるとみなしたのである．

ヘーゲルは以上のような仕方でカテゴリー論の展開をおこなったが，さらにおなじ仕方で歴史哲学をもつくりあげた．すなわち彼は個人および人類の歴史をオデュッセウスの遍歴にたとえ，歴史というものは，いくつかの必然的な通過段階を経過して後に得られる総決算だとした．そしてこの通過段階あるいは過程をヘーゲルはモメントと呼んだのである．

歴史というものには2つの意味がある．1つは，ドイツ語のGeschichte（歴史）ということばがgeschehen（生起する）という動詞からつくられたことからもわかるように，瞬間的ないし短期間のできごと，つまりeventという意味である．もう1つはそうした諸事件の総計，いやむしろ遍歴全体という意味であり，それはcourse（経過），career（経歴）といったことばからも連想されるように走破された連続的な道程というイメージをもつものなのである．

ところで歴史を遍歴にたとえるのは別にこと新しいことではないが，ヘーゲルの特徴はその上さらに歴史を展開・発展という形でとらえたという点にある．ところで展開はドイツ語でEntwicklungという．この語は巻いてあるものを展げるという意味であり，その反対語Verwicklungは，展げてあるものを巻くという意味である．こうした対立は，ドイツ語ではZusammenfaltung（折り畳む）――Entfaltung（折り畳んだものを拡げる），英語ではenvelop（封ずる）――develop（発現させる），complicate（折り込む）――explicate（展開する），involution（包み込み）――evolution（展開），enfold（畳み込む）――unfold（拡げる）といったペアにおいてみられる．

こうして発展の思想とは，ある時点における局面がそれ以後に展開されるべき全内容を含んでおり，それゆえその局面を考察しさえすればそれ以後の全容もわかるといった考え方にもとづくものである．そして微積分学こそはまさにそうした考え方の数学的表現にほかならないのである.

6. 微積分モデルの歴史哲学

ヘーゲルのこのような微積分学モデルの歴史哲学は，実は微積分学の創始者であるライプニッツまでさかのぼれるのである.

ヘーゲルは，その著『哲学史講義』のライプニッツを扱った箇所で，つぎのように述べている.

「モナドはそれ自体において自足的なものであり，それゆえあらゆるモメントはモナドの中に含まれている」.

モナド（単子）とはライプニッツ哲学の基本的な用語であり，精神的な個体的存在を指す．そしてライプニッツは，宇宙はこうした無数のモナドからなりたっていると説くのである．ところで個々のモナドは独立独歩であり，それぞれが自己自身で独自の歴史的発展を遂げていく．それはたとえば，シーザーという主語について，《生まれる》，《育てられる》，《ガリアを征服する》，《ルビコン河を渡る》，《ローマの独裁者となる》，《ブルータスによって殺される》といった述語がつぎつぎと時間的系列をなして述語づけられていくのと同じである．すなわち１つのモナドはある状態から次の状態へとつぎつぎとしかも連続的に展開し，発展していくのである.

こうしてモナドとは無限個の特性，無限個のできごとの系列を含む主体であるといえる．そしてそうしたモナドについてのライプニッツの歴史哲学の中に，彼自身の創始した微積分学の姿をみることができる．というのも，ライプニッツは，モナドというものを，微分としての諸特性や諸事件の連続的な系列を包含した積分と考えていたといえるからである．

さて，ライプニッツはモナド論者つまり個体論者として，個々のモナド，個々の精神的個体の歴史的発展を考えた．そしてそのことは前に挙げたシーザーの例からみてもわかることである．しかしヘーゲルは，そうした個々のモナドの歴史的発展ではなく，ただ一つの絶対精神なるものの歴史的発展を考えた．ところでヘーゲルのいう絶対精神とは，結局，神のことであり，したがって世界の歴史とは神の自己発展にほかならないのである．それゆえヘーゲルと同時代のある人物が評したように，ヘーゲルにとって「歴史とは神の自伝にほかならない」といえるのである．

このようにしてライプニッツの伝統に従ったヘーゲルの歴史哲学もまた，微積分学をモデルにしたものということができる．そしてさらにはヘーゲルの哲学および形而上学が近代の解析学をモデルにしたものということができよう．こうして思考および存在をつらぬく一般的な運動・発展の論理ともいうべきヘーゲル弁証法が，物理学的運動を解明するために開発された近代解析学を下敷きにしたということは明らかである．とはいえ，近代数学がヘーゲルによって完全かつ正確な形で哲学の中にとり入れられたなどとは義理にもいうことができない．ヘーゲルはいわば比喩的な形でのみ解析学を使ったにすぎないのである．このことは確かにヘーゲルが数学にあまり強くなかったという個人的事情によるものといえるであろう．しかしそれは，諸科学の成果をとり入れたうえで，その成果を，本来の領域を踏み越えてあらゆる領域に不当なまでに押し拡げようと試みる哲学者のだれしもが陥らざるをえない宿命のようなものだということもできるのである．

6．宗教と算術

1．死後の審判

世界のうちのほとんどの宗教において死後の審判という思想がみうけられる．なかでもわたしたちにとってもっとも身近なものは閻魔大王の前での審判である．この裁判の様子は中国のいくつかの絵画にえがかれているが，その絵をよくみると，その裁判の場所に秤がもちだされていることを発見することができる（図Ⅱ-45）．この秤は業秤《ごうひょう》といい，死んで閻魔大王のもとへやってきた一切の衆生の罪業をはかるための秤なのである．ところでそれぞれの衆生の生前のおこないは，冥府の帳簿係が，業簿《ごうぼ》というものの中に，善業悪業に仕分けて記入しておいているのであり，そうした善業と悪業を業秤にかけて，その傾きぐあいで地獄行きか極楽行きかが閻魔大王によって決定されるのである．

以上は中国仏教における閻魔の審判であるが，チベット仏教においても，似たような思想がみられる．すなわち，チベット語で書かれた『死者の書』の挿絵には，冥界の王の前に天秤が置かれ，善き霊が死者のおこなった善業の数と同数の白い小石を一方の皿に載せ，悪しき霊が死者の犯した悪業の数と同数の黒い小石を他方の皿に載せるところ

図 II－45

がえがかれている.

こうした天秤のイメージは仏教に限らない. そのもっとも古い例は, 古代エジプトにおいてみられるものであろう (図Ⅱ-46). そこでは天秤の一方に壺に入れられた心臓が載せられ, 他方には駝鳥の羽が載せられる. そしてこの心臓は死者の心を象徴し, 鳥の羽は正義を象徴する. さてそうした天秤において, もし心臓の載っている皿の方が下れば, 当然羽毛つまり正義の方が負けるのであり, そうした場合死者は頭がワニで, 胴体がライオンという怪獣に食われる. しかし心臓の方が軽く, 羽毛の載った皿の方が下に傾くなら, 正義が勝ったことになり, 死者の魂は救われるのである.

こうした死者の魂の重量測定はキリスト教の風土の中にもみうけられる. すなわち最後の審判において死者の魂はすべて大天使ミカエルの手によってはかられる. その場合, 天秤の一方の皿には死者の魂（キリスト教では魂は小さな人間の形をしている）が載せられ, 他方の皿には, 全身真黒の小さな悪魔が載せられる. この小さな悪魔は人格化された悪の象徴であり, またもっと具体的に死者の魂のうちの悪しき部分の象徴だといえる. さてそうした2つのものを載せた天秤において, 死者の魂の載っている方の皿が下に傾き, 小さな悪魔が載っている方の皿が上がれば, 悪魔の方が負けになり, 死者の魂は救われて天国へおもむく. しかし逆に死者の魂の載っている皿の方が軽くて浮き上り, 小悪魔の載っている皿の方が下がれば, 死者は悪魔によっ

て地獄へ連れ去られてしまう．そしてそうした場面を描いたヨーロッパ中世の絵の中には，小悪魔の載っている皿の方を大きい図体の悪魔が鉤のついた杖でひっぱり下ろそうとしているところが描きそえられているものもある．

ところでフランス語に Que le diable l'emporte! というせりふがある．これは《消えうせろ！》という意味であるが，もとはといえば悪魔にでもさらわれてしまえという意味である．それとは別に emporter la balance という言い

図 II－46

まわしがある．これは優位を占めるという意味であるが，それというのもその語はもともと《秤の皿の片方をひっぱる》という意味だからである（英語でも tip the scale という表現法があり，これも天秤の片方を下げさせる，優勢であるという意味である）．だとすると前の呪いのことばは，《悪魔が天秤の皿をひっぱって勝利を得，死者の魂を悪魔の住処である地獄にまで連れて行け》というふうに解することができる．

2. 善悪功過の記帳と損益の記帳

このように古代オリエントや中世ヨーロッパにおいても死後の審判という思想がみられ，天秤のイメージが使用される．つまり仏教でいう業秤に対応するものがみられる．しかし業簿に相当するものの方は発見できないのである．

ところで仏教というものは中国に土着の思想ではない．中国に古くからあるのはむしろ道教的な思想である．そしてこの道教においてもやはり，人間の所業を秤によって判定しようとする思想がある．時代は下るが，日本の江戸時代に刊行された本に『和字功過自知録』といったものがある．そしてこの本の序に図Ⅱ-47のような絵がかかげられている．

ここで功とは，いさおしと訓じられるもので，善行をな

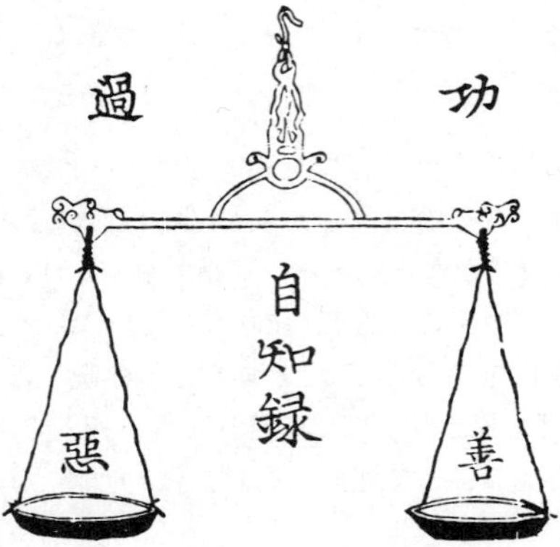

図Ⅱ－47

すことであり，過とはあやまちとも訓じられ，とがとも訓じられるものであって，悪事をなすことである．そして自知とは，そうした善行・悪行を自分自身が計算し，差し引き勘定をして，その総計がプラス（黒字）になるかマイナス（赤字）になるかを知るということである．ところでそうした計算が可能なためには，どのような善行に対して何点を与え，どのような悪行に対して何点を与えるかということが決められていなければならない．そしてこの本の大半がそうしたルールの叙述に捧げられているのである．すなわち例えば，「死罪に相当する行いをなした者を許す」という善行は百善と見積もられ，「棄て子を養うこと」は八十善と見積もられ，「雨降りに雨傘を施すこと」は一善に数えられる．つぎに，「人の一命を害すること」は百過と見積もられ，「人を死なんばかりに傷つけること」は八十過，「道路を損じ，人牛馬の往来をなやませること」は一過と勘定されるのである．

ところでこの本の末尾には 1 つの表がつけられている．それは縦を 12 に分けて，正月から 12 月までとし，横を 30 に分け，1 日から晦日までとし，合計 1 年 360 余日分の欄をつくり，さらに各 1 日の欄を，善と過の欄に二分する．そして人は毎晩その日の 2 つの欄に，その日におこなった善と過の点数を書き込む．そして月の終りにはそうした善と過の点数のおのおのの総計を出し，さらに差引きしてどちらが多かったかを調べる．そして年末には，そうした月別の小計をさらに加えあわせて，善過の点数を比較するのであり，その結果，本人の禍福が自分自身ではっきりわかり，それによって受ける果報というものもわかるわけである．

ところでこの『和字功過自知録』はその題名からもわかるように，中国明代の袁了凡の『功過格』と雲棲大師の『自知録』から摘要したものである．ところで『功過格』の方は実は同じ袁了凡の著『陰騭《いんしつ》録』の付録の部分をなすものである．ところで陰騭とは，「天が陰《ひそ》かに世のひとびとを騭《さだ》める，つまり安んじ定める」という意味である．つまり天がひっそりと人間の善行，悪行を見ていて，それに応じて禍福を下すという意味である．しかし中国のそうした思想はやがて薄れていき，「自知」という語が示すように，人間は天に頼らなくても，自分の手で自分の善悪の総計を計算し，たとい少々の過ちは犯したとしてもトータルとしては純益ならぬ純善を少しでも多く得るように努め，その結果それに見あう果報をも見積もることができるといった思想に移行するのである．そして『和字功過自知録』の巻末の表などからみて，そうした考えは明らかに，当時の中国や日本の商人の間で広くおこなわれた損益を記帳する術の発達に影響されたものだということができるのである．

3．ロヨラの糾明とベンサムの快苦計算

中国や日本のそうした簿記的方法による自己修養法と対応するものといえば，16 世紀にイエズス会を創設したイグナティウス・デ・ロヨラの『霊操』(Ejercicios Espirituales)

に出てくる自己糾明法であろう．霊操とは体操（Ejercicios Gimnasticos）に対立することばであり，体操が身体の鍛錬であるのに対して，霊操は霊魂の鍛錬であるといえる．さてこの『霊操』という本には図Ⅱ-48に示したような表が印刷されている．これは糾明をおこなった結果を記録するためのものである．さて糾明は毎日2回おこなわれる．第1回目は昼食後であり，第2回目は夕食後である．第1回では，起床以後のできごとを，第2回では，第1回の糾明から第2回の糾明までのできごとを内省し，自分がよく犯しがちのある特定の罪を何回犯したかを書き込むものである．図Ⅱ-48に示したものは，gつまりgula（食いしんぼう）についてのものであり，第1糾明の際に思いだしたところの食いしんぼうの罪に陥った回数をgの上の線上に書き込み，第2糾明の結果はgの下の線上に書き込む．こ

図Ⅱ－48

うして第2回は第1回よりも向上したかどうかを反省するよすがとする．そしてこうした反省は何回にもわたっておこなわれるのであり，図にあげたものは日曜から始まる1週間分のものなのである．こうして，何週間にもわたる糾明によって自分の欠点が改められるのであるが，それとともにキリスト教徒らしく，そうした遷善の行いに対して神の助けを乞い，またすでに犯した科に対しては神のゆるしを願うのである．このようにして，ロヨラの糾明は，マイナス点の増加によっていったん地獄行きの方へ傾いた天秤を，もっぱらマイナス点を減らすという形で，平衡状態へと復帰させることをねらうものなのである．

さて簿記的計算といえば，ヨーロッパでは，かなり時代は遅れるがフランスの数学者兼哲学者のモーペルチュイは1749年に『道徳哲学の研究』を出し，快を正の量，不快を負の量として，人生の幸福の総量を計算する試みをおこなった．またそれより少し遅れて，イギリスの功利主義の哲学者ベンサムは，1789年に『道徳および立法の諸原理序説』において，いわゆる快苦計算の理論を述べている．すなわちベンサムは，快楽と苦痛のくわしい分類をやったうえで，各人について，一方ではその個人の享受したすべての快楽を総計し，他方においてはその個人の蒙ったすべての苦痛を総計する．そしてその両者の差し引き勘定の結果，快楽の方が多ければそれはその個人にとって喜ばしいことであるし，苦痛の方が多ければその個人にとっては悲しむべきことだというわけである．

こうしてベンサムの功利主義においては，宗教的な色彩は全く払拭され，いわゆる世俗化が完成されるが，しかし彼の場合でも快楽計算は簿記におけるような純粋の貨幣の額の記入といったものではなく，道徳あるいは倫理の問題として擬制的な簿記方式をとったということができるのである．

4. 近世ヨーロッパにおける簿記の出現

さていままで述べてきたものはすべて，プラスの価値とマイナスの価値のそれぞれの総計とその2つの総計を天秤にかけてその傾き具合を調べるといった方式のものであった．ところで経済的な価値のプラス・マイナスの清算をもっとも完全な形で記述する方法は，近世ヨーロッパで完成された簿記による方法であるといえる．

さていま仮に，私に4月2日と4月25日に¥5,000と¥4,000の収入があり，4月8日と4月29日に¥2,000と¥6,000の支出があったとしよう．すると4月末日における現金の差引き勘定は簿記の方法によって表II-6のように

（借方）　現金（出納係）勘定　（貸方）

（収入）¥5,000	（支出）¥2,000
（〃）¥4,000	（〃）¥6,000
	（残額）¥1,000
¥9,000	¥9,000

表II-6

記述できるであろう．

ここで簿記の習慣に従って収入は左方にある借方欄に記入される．これは仮に現金出納係というものを設定すれば記入者である私の収入とは，そうした現金出納係が，私からしかじかの金額の現金を借りたということを意味するからである．

つぎに支出は右方にある貸方欄に記入される．これは，私の支出とは現金出納係が，私にしかじかの金額の現金を貸したということを意味するからである．

このように現金勘定あるいはより正確には現金出納係勘定の場合，記帳者である私の収入は借方に記入してゆき，支出は貸方に記入してゆき，最後に収入は収入どうし，支出は支出どうし加算される．するといまの場合，収入の合計算は￥9,000，支出の合計は￥8,000となる．さていまここでそうした収入の合計と支出の合計を天秤の両皿に載せたとしよう．すると収入の載っている皿の方に傾くであろう．そこで，こうして傾いた天秤の棹を水平にするためには，つまりバランスを回復するためには，右の方つまり貸方の方に￥1,000を記入すればよい．そしてこの￥1,000が貸方残額であって，この金額が貸方の方に書きこまれるのは，そうした残額とは，現金出納係が私の要求さえあればいつでも私に貸し出しうるものであろうことを意味するからである．

さて表II-6と図II-49は同じ事態を表現しているといえる．実際図II-49は，天秤のバランスがとれていること，釣り合いが保たれていることを意味する．他方，表II‐6の方は，簿記の発生の地イタリアではbilancioといわれ（ラテン語のbilanxからきたもの．bilanxはbi-（2つの）とlanx（皿）という語からなる），ドイツではBilanz，英国ではbalance sheetといわれており，それらはみな，貸借対照表，残高勘定等と訳されるが，文字どおりには，まさしくバランスがとられていること，釣り合っていることを意味しているのである．

さてbalance sheetつまり残高勘定についてであるが，収入の総計と支出の総計が始めから同額ということは稀である．たいていの場合，秤はどちらかへ傾く．そこで軽

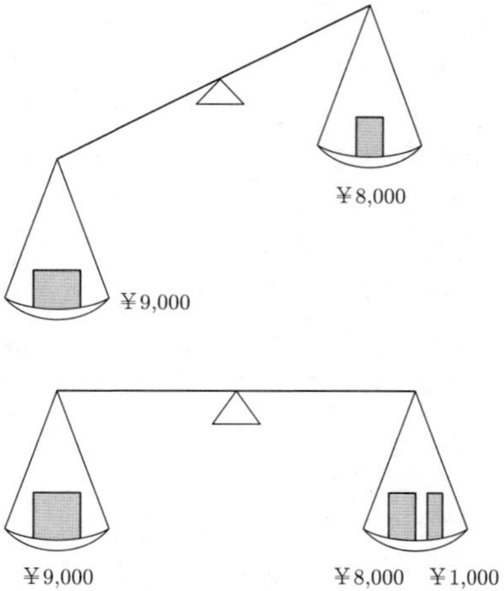

図 II − 49

い方の皿にいくらかの量を加えることによって，バランスを回復しなければならない．この場合，加えるべき量がどのくらいかを知るためには，重い方の皿に載っているものの量から軽い方の皿に載っているものの量を引けばよいであろう．しかし普通はそうした単純な減算はおこなわれない．軽い方の皿に少しずつ載せ足していって，釣り合うところで止める．するとあとから載せ足した量が，最初の重い方と軽い方の差額になるわけであり，結果的には減算の答えとなるわけである．したがってそうした減算の仕方を，単なる subtraction（減算）と区別して，additive subtraction（加算的減算）という．もともと加算と減算は正反対の操作だから，加算的減算とはまさしく形容矛盾的な感じを与えるが，このことばは実は「足すといった行為の結果として与えられた差額の価」といった意味なのである．

このような加算的減算は，ヨーロッパやアメリカでひとびとが釣銭を出すときによく見うけられるものである．例えば $8 の本を買うのに $10 紙幣を出すと，店員は $8 の本をまず客の前に置きさらに $9, $10 と唱えながら 2 枚の $1 紙幣を順につけ加えて，それら全部をいっしょに客に手渡し，そのうえで客から $10 を受けとる．こうした情景は確かに日本ではみかけない．しかし日本語の《お釣り》とか《釣銭》ということばが示すように，受け取った金額が品物の対価を上まわる場合には，品物にその上まわる分を加えてさし出す．そしてその上まわる分を釣銭といい，この釣銭ということばは，不足分を埋めあわせて釣り合いを保たせるものという意味なのである．

ところでこの釣銭に相当する英語とドイツ語はそれぞれ change と Wechselgeld である．さてこの２つのことばはともに《交換》,《取り替え》という意味しかもたない．そしてこの原意から，それらの語は《高額の貨幣をくずすための小ぜに》，つまり《高額貨幣と交換するための小ぜに》,《両替用の小ぜに》という意味になったのである．ところがさきに述べた《加算的減算》における《つけ加え》用として小ぜにがどうしても必要なのであって，そこからそうした目的のための小ぜにつまり釣銭もまた change と呼ぶようになったのである．こうして change ということばは本来は両替用の小ぜにを意味し，そこから釣銭用の小ぜにをも意味するようになったのであって，日本語の釣銭にみられるような《釣り合い》の意味は本来はもっていないのである．とはいえ《加算的減算》という語と《釣銭》という語に関する限りそのどちらにも《バランス》,《釣り合い》という観念が潜んでいるということは確かなのである．

5. 対悪魔，対神関係の複式簿記的記述

さて以上述べた記入例は実をいえば複式簿記とはいえない．というのも，複式簿記なら借方と貸方の双方に同額の金額を記入すること，つまり複記をおこなわねばならないからである．そしてそのためには現金勘定だけでなしに，人的勘定をも導入しなければならない．まえの例の現金勘

定は確かに現金出納係というものを想定して，その人物と私との借り貸しを考えたが，しかしこの現金出納係はいわば身内の人物であって，全くの他人ではない．収入や支出といっても，その金を他人のだれから受けとったか，だれに支払ったかは考慮に入れられていない．つまり貸し借りの相手方である他人の名は登場していないのである．

そこでこんどはいままでの一人相撲であった現金勘定に加えて，人的勘定というものをも記入することにしよう．人的勘定であるから甲野一郎とか乙山商店といった名前を出すべきであるがここでは宗教と算術というテーマなので，思いきって神あるいは悪魔といったものをもち出そう．さていま私が現金￥5,000を人間ならぬ神（あるいは悪魔）から借りたとしよう．するとこれは複式簿記では表II-7のように表現できる．

（借方）現金勘定	（貸方）
￥5,000	

（借方）神勘定	（貸方）
	￥5,000

表II-7

これは現金勘定の方においては，現金出納係が私から￥5,000を借り入れること，つまり私に￥5,000の収入があったことを意味し，そのことは同時に神勘定では，神が私に￥5,000を貸し与えたことを意味する．このように人間は神から￥5,000を借りたのであるからもちろん神に対して負債をもつ．そこでこんどは後日，その神に負債の金額を支払ったとする．するとこのことはやはりおなじ複式簿記の帳面の中に表Ⅱ-8のように書き込めるであろう．

(借方) 現金勘定 (貸方)

	¥5,000

(借方) 神勘定 (貸方)

¥5,000	

表Ⅱ-8

つまりそこでは現金出納係が私に¥5,000を貸し与え，私はその金を神に支払い，神はその私からそれを借り受けるということになる．以上のような現金のやりとりの結果を総合すると，表Ⅱ-9のようになるが，それは結局損益なしということ，つまり神と私の間の貸し借りがなくなったといったことを意味しているのである．

借方合計	勘定名	貸方合計
¥5,000	現金	¥5,000
¥5,000	神	¥5,000
¥10,000		¥10,000

表Ⅱ-9

このようにして，複式簿記では表Ⅱ-7でみられるように，¥5,000の借り手である私に対しては，その¥5,000の貸し手である神が存し，表Ⅱ-8でみられるように，貸し手である私に対しては，借り手である神が存在するのであって，ここに2人の当事者の間の経済的関係がはっきりと把握されているということができるのである.

さて宗教的あるいは道徳的状況の中には，確かに一個の人間の行為を問いかつ糾明して，そのバランス・シートをつくるといった場合がある．その例は，閻魔や神の審判であり，自己検討や自己糾明であった．しかし，宗教や道徳はそうした一個人の行動からなりたつだけではなく，対人的，対神的関係行動からもなりたっている．そしてこの対他的な行動をもっともドライな形でとらえるのが経済学であり，そこではA, B両人による現金あるいは物品あるいはサービス等の貸借が問題にされるのであり，そうした貸借関係のもっとも正確な記述方法が複式簿記だということができるのである.

さていま述べた貸借関係であるが，こうした対他関係を，宗教的領域における基本概念に据えたのがキリスト教であるといえる．ところで宗教的な対他関係といった場合の他者には悪魔と神という両方の場合が考えられる．まず悪魔の場合を考えると，これはファウスト伝説の場合にみられるものがその典型といえるであろう．すなわちその伝説によれば，ファウストは，悪魔であるメフィストフェレスから24年の寿命の延長とその間の快楽を手に入れる．しかしファウストはそのことによって悪魔に対して負債を背負うのであり，約束の期限が来た瞬間に七転八倒の苦しみによって生命を落とし，その魂は悪魔の手によって奪い取られるのであり，そのことによりファウストは悪魔に対する負債を弁済するのである.

それではこんどは人間の神に対する関係はどうであろうか．悪魔が人間に対していくらかの寿命の延長を授けたにすぎないのに，神は人間に生命そのものを与える．しかしそうした生命をもらった人間は神に対して債務を負う．そしてこの債務の弁済は，悪魔との関係では人間は悪魔の手に自らの魂を与えたのに対し，神との関係では，人間は神の手に自らの魂を与えねばならない．ところで自分の魂を神の手にゆだねるとは，霊魂を神聖なるものにすること（成聖，sanctification）であり，天国に入り神の愛子《いとしご》となることである．

ところで悪魔に対する場合と神に対する場合をくらべてみると，悪魔の場合，人間は最後には地獄へ連れていかれるが，生きているときはあらゆる快楽をむさぼれる．これに対し，神の場合は，最後には魂を神に与えて天国へ昇ることができるが，そのためには生前にさまざまな努力をして善業（good acts）を積まねばならないのである．

6．自然，人間，神関係の複式簿記的記述

以上あげた人間の神あるいは悪魔に対する交換関係は，二者間の give and take であった．しかしそうした give and take つまり，貸借関係は三者間においても成り立つ．そこでこんどはそうしたケースを考察してみよう．

三者関係の宗教的なケースの典型的なものは，大乗仏教における代受苦の思想であろう．代受苦は大悲代受苦ともいい，菩薩が大慈悲心をもって他人に代って地獄の苦しみ

を受けることである．これは，本来衆生どもが地獄の鬼に対して支払うべき負債を，菩薩によって肩代りしてもらうことにほかならない．もっとドライにいえば衆生の負債と菩薩の負債とを振替えることである．

ところで仏教では四苦八苦などといって，苦しみにはいく種類もあるが，その最たるものは死とされる．そして中国では人間が死ぬことを「償債」（負債を償還すること．借金を払うこと）という．また日本では絶体絶命のときのことを「年貢の納めどき」という．そして英語でも死ぬことをあらわすのに，pay one's debt to nature（自然に対して自らの負債を支払う）といった表現を使用する．この英語の表現を分析してみると，死とは自然という相手に対して，自分の負債を払うことであり，一般に死以外の苦しみもまた自然に対する負債の支払いであるといえる．ところでキリスト教，特にカトリックの思想においても，仏教の代受苦に相当するものがみられる．実際カトリック信者は危急存亡のときに際して，マリアをはじめとするさまざまの聖者に対し救難を求めるといったことをおこなっている．彼らはこのように聖者に対して救いを求めるがしかし究極的な救済者は文字どおり救世主イエス・キリストである．そしてこのキリストは自らは無実でありながら，世のひとびとのすべての苦しみを彼らの代りに担って十字架にかけられた人物なのであり，キリストはそのことによって世の罪人の罪を贖った人物つまり贖い主（Redeemer）なのである．

こうして仏教の代受苦の場合も，キリスト教のキリストによる贖いの場合も，貸借関係，債権債務関係は，私（人間）と自然と神（子なる神キリスト，聖者，菩薩）といった三者の間に成り立っているということがわかった．そしてこの三者間の関係もまた，複式簿記の方法によってきわめて正確に表現されうるのである．ところでそうした関係は複式簿記では振替勘定と呼ばれる．そこでいま当事者である三者を私と自然と神ということにして，それら三者間の関係を簿記的手法で記述することにしよう．

（借方）現金勘定（貸方）	
¥1,000	

（借方）自然勘定（貸方）	
	¥1,000

表Ⅱ－10

いま私が自然から現金¥1,000を貸してもらったとしよう．するとその場合の複式簿記の記入は表Ⅱ-10のとおりとなる．すなわち，私の現金出納係は私から¥1,000を借り入れ，他方自然は私に¥1,000を貸したというわけであり，したがって現金勘定の借方に¥1,000，自然勘定の貸方に¥1,000を記入する．さてこんどはそうした自然からの借金（負債）の返済であるが，もちろん直接に，自然に返してもいいわけであるが，間接的に神に返し，神から自然に返してもらうというふうな手段をとってもいい．そしてこれがほかならぬ振替勘定というものである．こうした振替勘定をおこなうためには，まえもってまず，複式簿

（借方）	自然勘定　（貸方）
¥1,000	

（借方）	神勘定　（貸方）
	¥1,000

表II－11

記に振替記入をおこなわなければならない．そしてその結果が表Ⅱ－11である．すなわち表Ⅱ－10からわかるように自然は私に対し¥1,000を貸している．したがって私は自然に対して¥1,000の債務を負っているのであるが，こうした私の自然に対する債務を私の神に対する債務へ切り替えたのが表Ⅱ－11の神勘定の記入である．つまり，私の神に対する¥1,000の債務は，神が私に¥1,000貸しているという形で貸方に記入されるのである．このように私の債務者を自然から神へ切り替えた結果，私の自然への債務は消滅するのであるが，このことは，表Ⅱ－11の自然勘定の借方に¥1,000を記入することによって表現される．なぜならそうした記入によって，表Ⅱ－10の自然勘定の貸方における¥1,000を帳消しにするからである．

　ちなみにここで使った帳消しということばは，日本の昔からのことばであり，帳簿に記載された事項が，意味を失ったことによって棒線で消されることであり，帳消しとおなじ意味の棒引きということばもまた，文字どおり棒を引いて抹消することである．ところが複式簿記において帳消しをおこなう場合は，文字どおりに線を引いて消すのではなしに，簿記の貸方欄の金額は，同一勘定の借方に同一金額を記入して相殺させることによって，打消し，逆に借方の場合は，貸方に同一金額を記入することによって打ち消すのである．

(借方)	現金勘定 (貸方)
	¥1,000

(借方) 神勘定	(貸方)
¥1,000	

表Ⅱ-12

このようにして，表Ⅱ-11によって私の自然に対する負債は打ち消され，新しく神に対する負債に切り替えられたことがわかった．そこでこんどは，私は神に対する負債を清算するために現金¥1,000を神に対して支払わなければならない．そしてこのことの複式簿記的な記載は表Ⅱ-12のとおりである．すなわち一方において現金勘定の貸方に¥1,000を記入する．そしてこのことは現金出納係が私に¥1,000の金を貸し与えたことを意味する．つぎに神勘定の借方に¥1,000を記入する．そしてこのことは神が私から¥1,000を借り入れたことを意味する．もちろんこの場合形式的には神は借り入れたことになっているが表Ⅱ-11からもわかるように，神は人間に対して貸しがあり，従って債権者であったから，表Ⅱ-12の神の人間からの借り入れは，返済の必要のないものであり，こうした神の人間からの借り入れによって神の人間に対する貸しは清算されるのである．こうして表Ⅱ-10～Ⅱ-12を総合することによって，表Ⅱ-13にみられるように自然，人間，神の三者の間

	勘定科目	
¥1,000	現　金	¥1,000
¥1,000	自　然	¥1,000
¥1,000	神	¥1,000
¥3,000		¥3,000

表 II－13

になんの貸し借りもなくなってしまうのである．

7. 個人内，二者間，三者間のバランス・シート

以上の結果を図示すれば図 II－50 のとおりとなるであろう．さて図の矢印は¥1,000 の移動の仕方を示す．すなわちまず人間は自然から¥1,000 を借りる．すると人間は自然に対して債務をもつようになる．そこで人間は自然に対する債務を果たすために¥1,000 を点線の矢印の方向に払えばよい．しかし直接にそうしないで自然の人間に対する債権を，神の人間に対する債権へ振り替える．すると自然

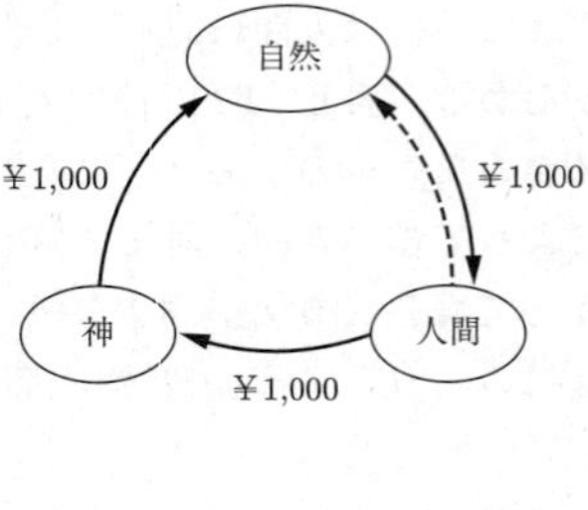

図 II－50

に対する負債は神が人間に代って払ってくれることになる．しかしそのかわりに，人間は神に対して債務をもつようになり，神に対して負債を支払わねばならなくなる．このようにして，自然と人間との貸借関係の中に神が割り込んできて，人間が結局は自然ではなくて神に対して債務を負うといったことになるのであり，ここに単なる自然主義的宗教から有神論的宗教へという動きをはっきりと読みとることができるのである．

こうして，宗教や道徳においても貸し借り勘定がはっきり存在しており，そうした貸し借り勘定には3種類のモデルがあることがわかった．すなわち，第1は，他人を相手どらない自己自身内でのプラス・マイナスの計算である．そしてこうしたモデルを記述するには，必ずしも複式簿記は必要でない．しかし第2のモデルは一人を相手とする貸し借り，つまり二人間の貸し借り関係であり，第3のモデルは二人を相手とする貸し借り，つまり三人間の貸し借り関係であり，この第2・第3はまさに複式簿記によって初めて正確に記述しうるものなのである．

第1種のモデルは，たとえば「閻魔大王の審判にそなえて，善業をなるべく多く積みたい」という宗教的色彩を持ったものにせよ，「人生のバランス・シートをマイナスの状態で終らせるのは悲しい」といった人生論的感懐を帯びたものにせよ，いずれも，それらは利己主義的（egoistic）ではないまでも，自己中心主義的（egotistic）であった．しかし第2・第3のモデルははっきりと対他的関係を表面に出しているのであり，共同体（community）ないし社会（society）というものを視野に収めたものであるといえる．そして第1モデルと第2・第3モデルのそうした違いは，仏教における自業自得といった徹底した個人主義的なモデルと，菩薩が代受苦によって衆生を救うといった社会的実践との違いにおいてはっきりと認められる．またカトリックにおいても，確かに個々人が善いことをおこなって救済に必要な善業をせっせと貯蓄するといった個人主義的モデルがある．しかし他方においてカトリックの聖者というものは，罪を犯すことが普通の人間よりはるかに少ないために，余徳の業（works of supererogation 自己救済に必要である以上の善業）を所有している．ところで一般の信者はこうした聖人の余徳にあずかることを願って病気平癒などの願掛けをおこない，それが成就した暁にはそのお礼として蠟燭や絵馬などのいわゆる奉納物（Ex voto）を捧げたりする．しかし普通には，そうした諸聖人の余徳はすべて教会の貯蔵庫（Treasury of the Church）に収められて，プールされ，教会の管理のもとで利用されるのである．ところでマリアを含む諸聖人の余徳は確かに大量のものではあるが，キリストによって得られた功徳（Merits）の量は無限であって，これに諸聖人の功徳を追加して貯蔵することによって，その合計量は全人類を救済してなお余りあるとされるのである．こうして結局，キリストを頭とするキリスト教会のメンバーは，功徳の授受といった関係で結ばれている宗教的共同体であるということができるのである．

8. 宗教に対する簿記術的合理主義の貫徹

以上によって仏教，道教およびキリスト教の簿記的表現化の試みを終了した．ところで複式簿記というものは，まさに複数個の人間の金銭的な貸借関係，債権債務関係をきわめて合理的に記録する方法であった．そしてこれは，まさしく近世の資本主義的経済の発生と時をおなじうして発明されたものである．ところで簿記の発生の地イタリアでは簿記術のことを ragioneria という．またフランスでは comptabilité という．前者はイタリア語の ragione ラテン語の ratio からきたものであり，後者はフランス語の compte ラテン語の computatus からきたものである．ところで compte は明らかに計算という意味である．したがって ratio，ragione もここでは計算という意味でなければならない．

さて ratio という語は英語の reason に相当する語であって，計算という意味以外に理性という意味がある．したがって ratio からつくられた rationalism ということばは，一方では確かに理性尊重主義，合理主義という意味があるが，それは同時にまた計算的理性主義，計算主義といった意味あいをももつものなのである．

確かに簿記術といったものは，現実の経済活動を冷徹な目で眺めて，そのすべてを金銭的な算術的計算で把握しようとするものである．そうした意味で簿記術は聖なる世界からもっとも遠いきわめて世俗的な術だといえる．とはいえ宗教といえども決して非理性的（irrational）なものではなく，むしろ簿記的方法によって記述可能なくらい合理的で計算可能，計量可能なものであるということがわかった．それゆえ，宗教というものは，十分理性的なものであり，数学的に解析可能なものであるとさえいうことができるのであって，そうした意味で，「医は算術なり」といった皮肉な意味ではなしに，まさしく「宗教は算術なり」ということができるのである．

7. イデア数，易，アラビア式記数法

1. イデアの分割法と八卦生成法

プラトンは彼の晩年にアカデメイアにおいて多くの聴講者たちのまえで「善について」という題の講義をおこなったが，その標題が聴講者に与えた予想を裏切って，倫理学的理論ではなく，数学的理論，特にイデア数の理論を語ったといわれている．ただしその講義内容は完全な形では伝わっておらず，アリストテレスやその他のひとびとの断片的な証言しか残っていない．それゆえ，プラトンのイデア数論がいかなるものであったかは，推測を重ねた形でしか復元できず，いままでいろいろな学者たちが復元を試みたが，そのできあがったものは互いにひどくかけ離れたバラエティに富むものであり，すべての人が承認しうるような形にはいまだ収斂してはいない．

以上のような次第であるから，筆者がこれから提示するイデア数論の新しい復元はあくまでも一つの試みにすぎないものであり，それゆえけっして定説化されたものでないということを始めにお断りしておきたい．

さてイデア数という限りはまずイデアそのものについての理論，つまりイデア論の要点を述べ，それをもとにして

イデア数の理論を述べなければならない．ところでプラトンのイデア論の方は，プラトンの対話篇の中からとり出すことができる．そしてこのイデア論のうちでもっとも論理的な部分，そしてイデア数論につながる部分は，イデアの分割法についての説である．そしてその分割法とはつぎのようなものである．

まず世界の全存在物を無生物と生物に二分する．ついで生物を水棲と陸棲に二分する．そしてさらに陸棲を多足と二足に二分する．そして二分法はここでストップする．なぜなら人間は二足の陸棲の生物であり，この人間は分割不能な種，つまりアトモン・エイドスだからである．

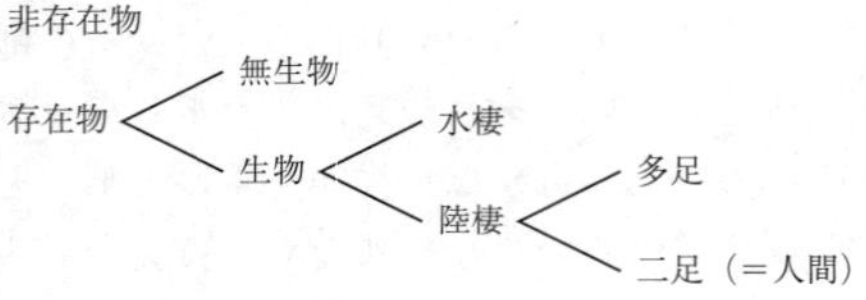

図 II－51

ところで人間は確かに種としてそれ以上に分割できない存在，つまり最下位の種である．しかし人間をその概念的な組成から考えれば，「人間は二足である」，「人間は二足の陸棲である」，「人間は二足の陸棲の生物である」といった3つの命題がすべて真であることからもわかるように，人間は，「二足」，「陸棲」，「生物」といった3つの成分の組み合わせ（combination）からなる複合体なのである．そしてこの組み合わせということばはプラトンでは symploke

つまり編み合わせという語で表現されているのである．

さていまは人間という種の概念的組成を求めるために分割がおこなわれたのであるが，分割法はより一般的には，図Ⅱ-52のような形態をとるであろう．ここで例えば$\overline{b}$は非bを意味することにする．

ところで図Ⅱ-51も図Ⅱ-52も分割の各段階において新しく出現するところの互いに反対する特徴を記したものであるが，それらを，より先に出現した特徴と組み合わせた形で記すと図Ⅱ-53のとおりとなる．

2．易と二進法

ところで図Ⅱ-53のa, b, cなどの肯定的な項を中国式に陽とし，$\overline{a}, \overline{b}, \overline{c}$などの否定的な項を陰とすれば，ただちに図Ⅱ-54のような表ができるであろう．

ところでこの陰陽に対し，陰爻《こう》，陽爻という中国式記法の━，--を使えば図Ⅱ-55のようになるであろう．

図Ⅱ-55を見れば対称性を欠いているのは明らかであるから，上半分を各段階毎に補完すれば図Ⅱ-56のとおりとなるであろう．

この図Ⅱ-56からみれば，これはまさに「太極は両儀を

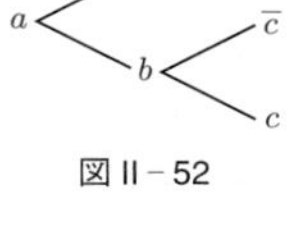

図Ⅱ-52

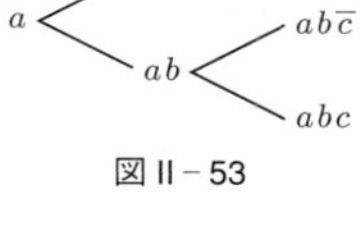

図Ⅱ-53

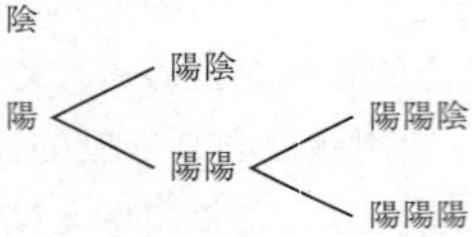

図 II－54

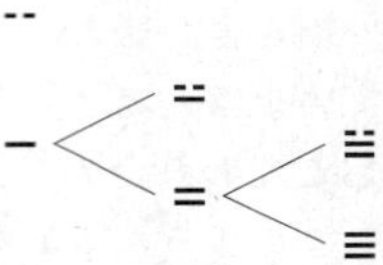
図 II－55

生じ，両儀は四象を生じ，四象は八卦を生じる」という易の理論と完全に一致する．

さてこうした易の図を，ライプニッツにならって二進法的記数法によって書きかえれば図 II－55 は図 II－57 のようになるであろう．ただし，その場合，図 II－55 の第 3 列の上半分を補完したうえでそうした書きかえをおこなうものとする．

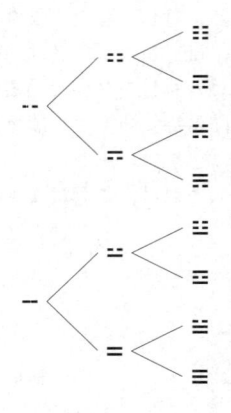

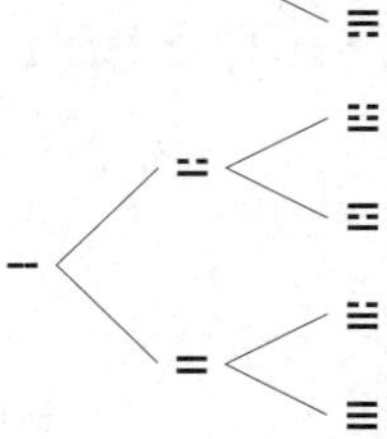
図 II－56

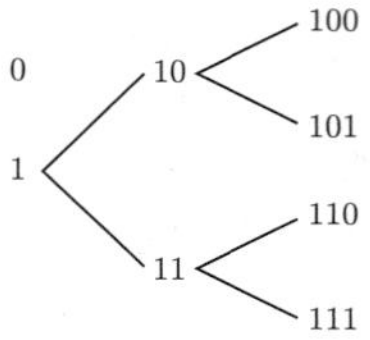

図Ⅱ－57

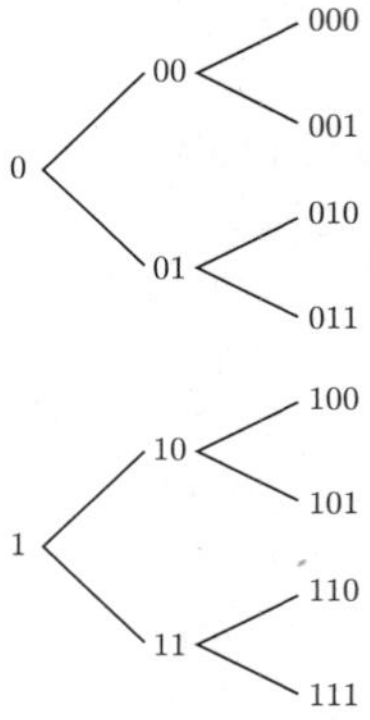

図Ⅱ－58

また図Ⅱ－56をいまのように二進法で書きかえると図Ⅱ－58のようになるであろう．

さて図Ⅱ－57についていえば，この二進法の表記を十進法の表記で書きかえると，図Ⅱ－59ができあがるであろう．

そして図Ⅱ－59をもう少し拡張すれば図Ⅱ－60ができあがるであろう．

これは1924年にドイツの古典学者シュテンツェルが『プラトンとアリストテレスにおける数とイデア』という著書で，プラトンの主張したイデア数の生成理論を復元したものとおなじ結果になる．つまりシュテンツェルはイデア数の生成を，図Ⅱ－60において示されたように，まず1が2と3に二分され，2と3が，それぞれ4と5，6と7というふうに二分されるというふうに考えたのである.

3. 1からの出発と0からの出発

しかしながらシュテンツェルのこうした考え方は正しくない. というのもこの図Ⅱ-59, 図Ⅱ-60は実は図Ⅱ-58の半分だけを切り取ったものにすぎないといわねばならないからである. そこで図Ⅱ-58の全部を, 二進法から十進法になおすと図Ⅱ-61のとおりとなるであろう.

これを図Ⅱ-60とくらべると, その違いは図Ⅱ-61においては最も右の列において, 数の列が上から順次に出現すること, そして, 図Ⅱ-61では図Ⅱ-60とちがって数の列が0から出発するという点にある. さて図Ⅱ-61の特色の第1

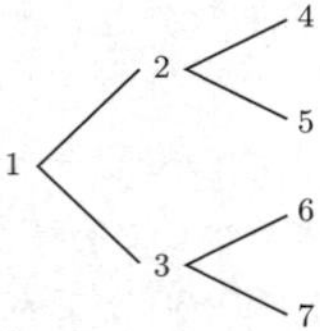

図Ⅱ-59

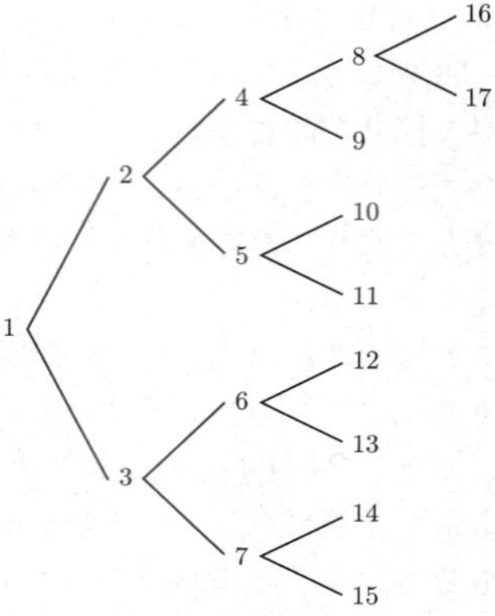

図Ⅱ-60

点についていえば，このことは図Ⅱ-58に引きもどして考えればもっと明らかになる．ところで図Ⅱ-58は実は，図Ⅱ-62から構成されたものである．つまり図Ⅱ-62の第1列は二進法の記法の3位の価を，第2列は2位の価を，第3列は1位つまり最下位の価をあらわしているのである．図Ⅱ-62は3桁であり，したがってそのコンビネーションの数は2×2×2であり，合成される数は000から111まで，つまり十進法では0から7までとなるが，これを4桁にす

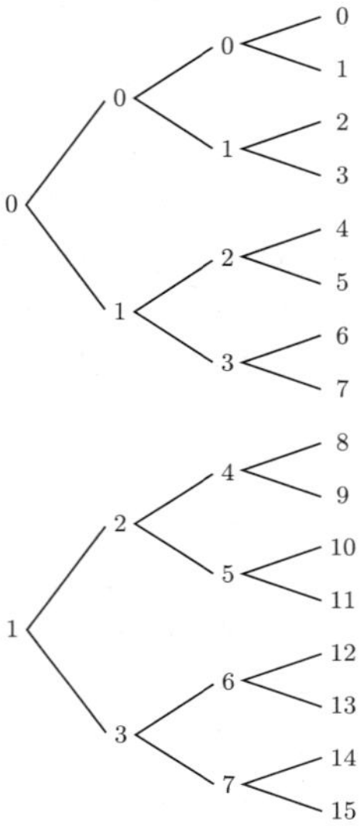

図Ⅱ－61

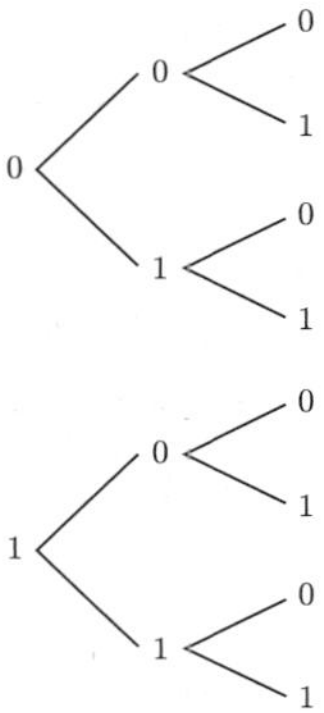

図Ⅱ－62

れば，コンビネーションの数は $2\times2\times2\times2$ となり，合成される数は 0000 から 1111 まで，つまり十進法にすれば，0 から 15 までとなる．そしてこうした数の増加は桁数を増すことによっていくらでも続けることができるのである．

つぎに図II-61 が図II-60 と異る第 2 点に関してであるが，それは図II-61 では，数の生成が 0 から始まるという点にある．ところで 0 の発見は，数学史上もっとも著名なできごとである．しかしこの 0 の発見はヨーロッパにおいておこったのではなく，インドあるいはアラビアにおいておこったのであり，古代のギリシア人やヨーロッパ人は 0 の存在を知らないのであり，さらには，0 を使う位取り法をも知らなかったのである．それゆえプラトンはもちろん，いかなる古代ギリシア人も，数の生成を 0 から出発させはしなかったし，二進法，十進法を問わず，0 を位取りに利用するような記数法を知らなかった．それゆえ位取り原理による 0,1，あるいは 0,1,…,9 の合成体と考える思想は，まだ古代ギリシアには存在しなかったと断言できる．

ところで確かに，古代ギリシア文化圏および古代中国文化圏には 0 は存在しなかったが，古代中国文化圏に関する限り，0,1 に代るものとして陰陽というものが存在していた．そして陰爻《こう》と陽爻の組み合わせで，例えば 2^3 の場合は八卦《はっけ》が生じ，2^6 の場合は六十四卦《ろくじゅうしけ》がつくられ，それらには，例えば八卦の場合は乾《けん》,坤《こん》,震《しん》,巽《そん》,坎《かん》,離《り》,艮《ごん》,兌《だ》が，六十四卦の場合は乾,坤,屯《ちゅん》,蒙《もう》,…未済《びせい》が対応させられた．とはいえ乾から兌は確かに 8 個であるが，乾，坤等のおのおのは，別に１とか２といった数ではない．しかも例えば☰に乾を対応させるのは，別に大した必然性が存在するわけではなくて，いわばこじつけ的に配当されたに過ぎず，ここに中国式のいわゆる配当の論理の弱さが存在するといわねばならない．

ところで０と１に対するギリシア的対応物は，おそらく陰と陽ならぬ，小と大という２つの質的対立物であるといえよう．０と１に対する論理的対応物が a と $\overline{a}$ つまり肯定項と否定項であり，こうした a と $\overline{a}$ の利用は，すでにプラトンが愛用したイデアの二分割法であることは，前述のとおりである．そしてこのイデアの二分割法をこんどは数，それもイデア数の生成に適用したときに使用されたのが，小と大という一対の概念だったということができよう．

さてこうした想定のもとに図Ⅱ-62を書きかえると図Ⅱ-63ができあがるであろう．そしてそこでの組み合わせを書き上げると図Ⅱ-64のとおりとなる．もちろんここで例えば小小小といった場合，実はこれら３つの《小》にはいわゆる《位置価》(Stellenwert) というものがあるのであって，小小小はより正確には小$_3$小$_2$小$_1$の省略形なのである．そしてそれは999において最初の９は900を，２番目の９は90を，最後の９が単なる９を意味しているのとおなじなのである．

4．イデア数の体系

さてつぎには図Ⅱ-64の８個の複合体に対して数をどの

ように割り振るかが問題となる．ところでプラトンの場合，もちろん数の生成の出発点は0ではなくて，1である．したがって図Ⅱ-64の8個の複合体は上から順番に1から8までの数を割り当てざるをえない．とはいえこの割り当ては，いささか便宜主義的であり，中国でいう配当的対応づけにすぎないといわねばならない．というのも，図Ⅱ-64は実は図Ⅱ-58を下敷きにしているのであり，そこからみれば，小小小は1でなしに0から出発するのが当然だといえるからである．とはいえギリシア人の数概念には0は存在しない．したがって対応は，図Ⅱ-65のような二進法的アラビア数字式の対応をとることはできずに，図Ⅱ-66のようにならざるをえない．しかし図Ⅱ-66は図Ⅱ-65とく

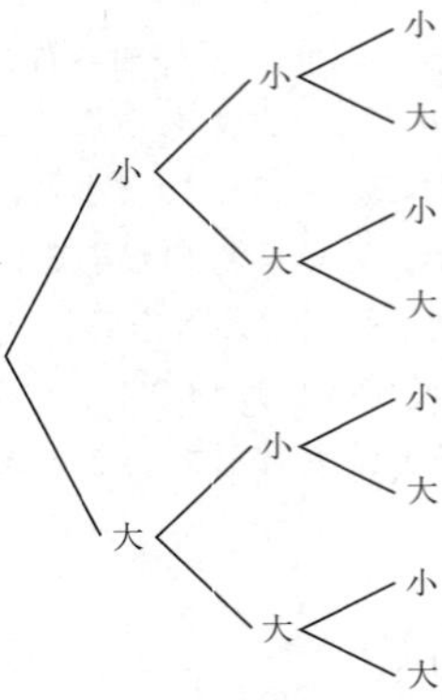

図Ⅱ-63

小 小 小
小 小 大
小 大 小
小 大 大
大 小 小
大 小 大
大 大 小
大 大 大

図Ⅱ-64

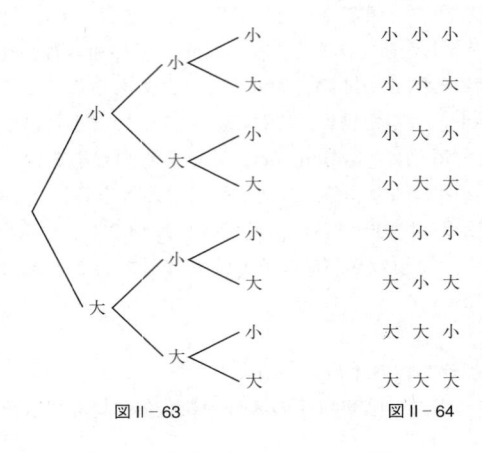

00	小小	0
01	小大	1
10	大小	2
11	大大	3

図Ⅱ-65

01	小小	1
10	小大	2
11	大小	3
100	大大	4

図Ⅱ-66

らべればただちにわかるように，第3列だけが，1段分下にずれた形になっている．それゆえ，図Ⅱ-65では3つの列の間の対応，つまり例えば00——小小——0には必然的な対応があるのに，図Ⅱ-66では例えば01——小小——1は，01——1の間には必然的な対応があるが，01——小小および小小——1の間には必然的対応がなくなってしまう．そこでそれら3つの列の間に新しい必然的対応を与えようとすれば，小大のほかに新しく中というものを導入し，図Ⅱ-67のようにせざるをえないであろう．ここで01, 10, 11といった第1桁つまり最下位の桁と第2桁のペアは，いつも最下位の桁の小，中，大に対応させることができる．そしてそれを拡張すれば，結局，図Ⅱ-68のような対応づけが可能となるであろう．

ここで2, 4, 8, 16, … には二進法の10, 100, 1000, 10000が対応する．そしてそれらは十進法では2^nであり，二進法では桁が1つずつ上がった状態を示している．そしてそれらはまた，小小小中, 小小中, 小中, 中，であらわされるが，それらの表現における中は，1桁目の中，2桁目の中，3桁

01	小小小	1
10	小小中	2
11	小小大	3
100	小中	4
101	小大小	5
110	小大中	6
111	小大大	7
1000	中	8

図Ⅱ-67

目の中，4桁目の中という形で区別されるのである．とはいえ，図Ⅱ-68でみられるように，中というものを新しく導入することによって図Ⅱ-66とは違って完全に必然的な対応づけが可能となるのである．

5. 太玄経の三進法

さてプラトンのイデア数論の復元のために，小,大だけでなく，中といったものを加えた3つの要素を導入したにもかかわらず，イデア数の形成の場合は残念ながら，図Ⅱ-68で見られるように，三進法の形をとらなかった．ところが実は，中国文化圏には，まえに述べた陰陽二元論の二進法とは別に，三元論にもとづく純然たる三進法がみられるのである．

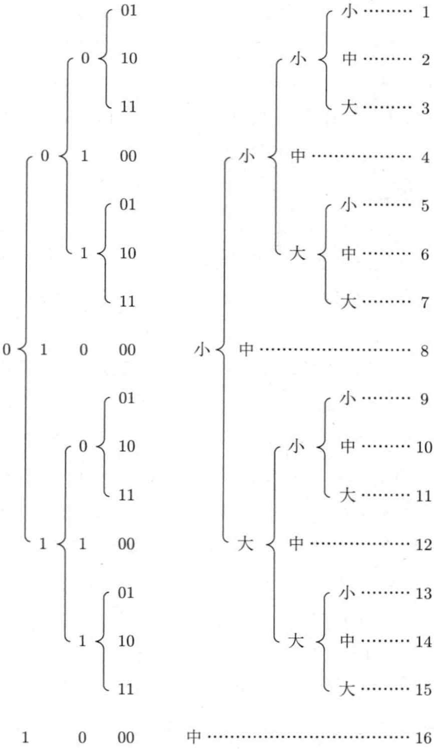
01
0 10
11
0 1 00
01
1 10
11
0 1 0 00
01
0 10
11
1 1 00
01
1 10
11
1 0 00
小 1
小 中 2
大 3
小 中 4
小 5
大 中 6
大 7
小 中 8
小 9
小 中 10
大 11
大 中 12
小 13
大 中 14
大 15
中 16

図II－68

ところで中国の二進法とはもちろん易経に初めて登場するものである．そしてこの易経は周末（紀元前 8 世紀）に完成されたものといわれている．そしてこの易経の中には六十四の卦があり，これを二進法になおしさらにそれを十進法になおせば，0 から 63 の数ができあがる．ただし易経にあらわれてくる六十四卦の順序はさきに述べたように，乾, 坤, 屯, 蒙, …未済であって，これを十進法になおせば，63, 0, 34, 17, …, 21 となって，0, 1, 2 のような順に並んではいない．しかしそれら六十四卦を適当な順序に並べかえれば，0 から 63 までの数に 1 対 1 に対応させうることはもちろんである．

つぎに三進法の方であるが，これは前漢末の学者揚雄《ようゆう》（53 BC–18 AD）が，易経になぞらえてつくった「太玄経」の中で初めてあらわれるものである．ここでは易経の陰陽つまり ⚋，⚊ の二元に対して，天地人つまり ⚊，⚋，𝌀 の三元が使用される．つぎに易経では，下から順に 6 段に積み上げられるのに対して，太玄経では上から順に 4 段に重ねられる．それゆえ易経の場合のコンビネーションの数は $2^6 = 64$ であるのに対して太玄経では $3^4 = 81$ である．

ところでこの太玄経の 81 首（この首ということばは易の六十四卦の卦に相当する）は，易の六十四卦が先にも述べたようにその順序が恣意的であったのに反して，極めて整然としているといえる．さて太玄経の 81 首は，中, 周, …, 養の順に並べられる．そして中は 𝌆，周は 𝌇，最後つまり 81 番目は 𝍖 で表現される．ところでそうした表現を三進法であらわすために，いちおう — を 0 に，- - を 1 に，--- を 2 に対応させよう．すると太玄経の中，周，…，養は，三進法によって，0000, 0001, 0002, 0010, 0011, 0012, 0020, …, 2222 と表現できる（易経では卦は下から読むが，太玄経では首は上から読むことになっている）．そしてそれらを十進法になおせば，0, 1, 2, 3, 4, 5, 6, …, 80 となる．こうして太玄経にみられる 81 首の順序は，0 から出発して 80 に終る整数の数列に始めからぴったりと対応しているといえるのである．

このように中国の太玄経では完全な三進法システムが展開されているのであるが，プラトンのイデア数論では，大中小といった三元を導入しながら純粋の三進法でなく，図 II－68 にみられるようにその本質において 0, 1 を使った二進法的体系を下敷きにしているのは，ギリシア人一般が 0 というものを数と考えずに，数は 0 からではなく，1 から出発するものであるといういわゆる自然数的観念に縛られていたことに由来するということができよう．

6. イデア数についてのアリストテレスの証言

さて図 II－68 にみられるような対応づけは，現代的な立場からみてもきわめて妥当なものといえるが，果してプラトンがそうした対応づけを行っていたのかということの文献上の根拠はどうであろうか．プラトンによるいわゆるイデア数の「生成」についてのアリストテレスの証言は『形而上学』の中のいたるところにみられるが，いまはそれらのうちで最も重要な 3 つの証言を以下に掲げることにしよう．

Ⅰ「プラトンが《一》以外になおもう一つの原理として,《二》を措定したのは,初めの数を除くすべての数を巧妙に,この《二》から,あたかも受容性に富む柔らかい素材からのように,生成させるためなのである」.(『形而上学』987_{b33}-988_{a1})

Ⅱ「最初に生成された2のうちにある2つの単位は,このイデア数の説の創始者であるプラトンが述べたように,2つの不等なものから生成する.(というのもそれらは2つの不等なものが均等化されることによって生成したからである)」.(同書,$1081_{a23\text{-}25}$)

Ⅲ「彼らは奇数には(均等化による)生成はないと語っている.しかし偶然には(均等化による)生成があるということは明らかだといえる.そしてあるひとびとは最初に生成された偶数は2つの不等なものから,すなわち大と小が均等化されることによって生成すると主張している」.(同書,$1091_{a23\text{-}25}$)

以上Ⅰ,Ⅱ,Ⅲのテキストのうち,ⅡとⅢはほぼ同じ内容を述べたものである.ところでまずⅡとⅢについて考えると,これらはともにイデア数2の生成について述べたものである.そしてそれはⅡでは「最初に生成された2における2つの単位」と表現され,Ⅲでは「最初に生成された偶数」と表現されている.そしてこうしたイデア数2は「2つの不等なるもの」つまり《小》と《大》の均等化によって生成されると述べられている.そしてこのことは,図Ⅱ-68において,2が,1と3の均等化,つまり $\dfrac{1+3}{2}$ といった平均化によって生成されることを意味し，それは同時にまた中が，小と大の均等化によって生じるということを意味するのである．2というものは，最初の偶数であるが，4以降の偶数については，図Ⅱ-68をみれば，すべて小と大の均等化であるところの中ときちんと対応していることは明らかである．

そこでこんどはテキストⅠに移ろう．そこで第2の原理である《二》といわれているものは，《小》と《大》の2つであることは明らかである．またⅡ,Ⅲとから《小》と《大》の均等化である《中》もそこからでてくることは明らかである．ところでこうした《小》,《中》,《大》が《受容に富む柔らかな素材》といわれているのであるが，それは《小》,《中》,《大》が蠟のような素材であって，それが，1,2,3,… といったイデアとしての数を受容するということを意味する．そしてそれは，《小》,《中》,《大》といった順序系列と，1,2,3といった数の系列との間に1対1の対応が与えられるということにほかならないのである．

こうしてテキストⅠは第1の原理1と第2の原理である《小》,《中》,《大》とから1の他に新たに2,3が出現し，さらに第1の原理1と第2の原理である《小小》,《小中》,《小大》,《中》,《大小》,《大中》,《大大》から，1から3の他に新たに4,5,6,7が出現するといったことを述べていると解釈できる．そしてテキストⅠの「初めの数を除くすべての数」という句における初めの数字とは，2,3の生成の場合には1のことを意味し，4,5,6,7の生成の場合には1,2,3のことを意味しているのである．

ここでアリストテレスのもう一つの証言をもちだそう．

Ⅳ「彼らのいうところによると，《不定の二》は，《確定された二》を受容することによって，2個の《二》を作った．というのも《不定の二》は自らが受容した《確定された二》を倍化する働きをもつものだったからである」．(『形而上学』$1082_{a12\text{-}15}$)

ここで《不定の二》とは《大》と《小》のことである．ところでこの《不定の二》は一方では，受容する働き，つまり受動的な性質をもつ．しかし他方では倍化する働きをもつもの，原典により忠実には，2つのものをつくる働きをもつもの（dyopoios）であるから，文字どおり能動的な性質をもつものということができる．ところで《二》というもの，《大》と《小》というものの受容的，受動的な性格の方は，Ⅰ, Ⅱ, Ⅲですでにおなじみのものである．つまりテキストⅠはまえにも述べたように，第1の原理《一》と第2の原理《二》から，2, 3が出現し，つぎにはさらに新しく4, 5, 6, 7が出現し，さらにそのつぎには，8, 9, …, 14, 15が出現すると解釈できる．ところでそのように新しい数がつぎつぎとつくり出されるという現象は，最初の中としての2が出現し，さらにこの2を文字どおり中として，1に対称的に大である3がつくられ，そしてこんどはまた2位の中である4が出現し，この4を中としていままでの数と対称的に2位の大である5, 6, 7が出現し，さらに3位の中である8が出現し，うんぬんといったふうに進行すると記述できる．だとすると，数の生成の際のかなめとなるのは，単なる小，単なる大といったものでなく，小と大の均等化からなる中であるといえる．そしてこの中は，1位の中，2位の中，3位の中等々であるが，これらはそれぞれ，2, 4, 8, …といったものに対応する．そしてテキストⅣにおける《二》つまり《大》と《小》の2倍化という積極的な作用は，そうしたことを意味しているということができるのである．

7. アリストテレスにおけるペアノの数論の先駆形態

イデア数の実態は以上のとおりであるが，このイデア数と，ふつうの数との違いはどこにあるのだろうか．この点に関するアリストテレスの証言をつぎに掲げよう．

Ⅴ 「それゆえ数学的数の方の数え方は，1のつぎには，この先行する1にもう1つの1を加えてつくられるところの2がやって来，この2のつぎには2にもう1つの1を加えてつくられる3がやって来，この3のつぎの数もまた同様の仕方でつくられてやって来るというふうにおこなわれる．しかしイデア的数の方の数え方は，1のつぎには，最初の1を含まない完全に独立した2がやって来，2のつぎには，この2を含まない3がやって来，これ以外の他の数も同じような仕方でやって来るというふうにしておこなわれる」．(同書，$1080_{a30\text{-}35}$)

Ⅵ 「しかしもし1が始原であるならば，数についての真実はプラトンが語ったとおりでなければならないのであり，最初に2，ついで3が存在しなければならず，そうした数は相互の加算が不可能でなければならない」.（同書，$1083_{a31\text{-}35}$）

Ⅶ「あるひとびと（プラトン学派）が主張するところによると，数には2種類が存在し，そのうちの一方の種類はより先とより後という性質をもつ数，すなわちイデア数であり，もう一方の種類は，イデア数からも感覚物からも区別される第3のもの，つまり数学的数であり，双方の種類のどちらも，感覚物から超越した存在である」.（同書，$1080_{b11\text{-}14}$）

以上でイデア数と，普通の数つまり数学的数との違いが3点にわたって述べられた．それはつまり，(1) イデア数の独立性（Ⅴ），(2) イデア数の加算不能性（Ⅵ），(3) イデア数の先後性（Ⅶ）の3つである．

ところで他方（Ⅴ）の前半において述べられているように，普通の数は $1+1=2, 2+1=3, 3+1=4, \cdots$ というふうに作られる．これは19世紀の末にイタリアの数学者ペアノがおこなった自然数の公理論的生成を先どりしたものといえる．つぎにⅥでは，イデア数の加算不能性が述べられているが，普通の数ではもちろん加算可能性が成立する．例えば $3+2=5$ であり，$3+3=6$ である．しかしこの加算可能性は，1から出発して順次に《後続の数》を生みだすという方法から導出できる．例えば，$3+2=5$ は，$3+(1+1)=4+1=5$ であり，$3+3=3+(2+1)=3+((1+1)+1)=4+1+1=5+1=6$ である．

こうしてイデア数には一方では独立性つまり，後続の数が先行の数からつくられるのではないという性質と非可算性という 2 つのネガティブな性格をもつとともに他方，先後性というポジティブな性質をもつということがわかった．そしてこれは小，中，大というものを使用してつくられた数，つまりイデア数といったものの性格ときちんと対応する．というのも小に 1 を加えて中ができるわけでもなく，中に 1 を加えて大ができるわけではないからであり，また小と中を加えて大ができるといったものでもないからである．このようにして，小，中，大を使用して生成されたイデア数は，独立的であり，非可算的であるが，他方，小，中，大は先行性と後続性をもつという意味で，確かに先後性つまり順序性をもつということができるのである．

8. プラトンの『ピレボス』における順序付けの理論

ところで順序性といえば，普通の数つまり自然数も，もちろん順序性をもつ．そしてイデア数もこの順序性をもつ．つまり両者はともに順序集合，しかも半順序集合（partially ordered set）ではなくて，全順序集合あるいは線状順序集合なのである．したがって結局自然数とイデア数のちがいは，自然数にはすべての数に共通な 1 という単位があるのに対して，イデア数にはそうした単位がないということになる．そして共通の単位がなくても，全順序集合をなす集合はいくらも存在するのであり，イデア数はそうした存在の一つであるということができるのである．そして実際プラトンはまた，線，面，立体に，2，3，4 という数を配当した（『形而上学』$1090_{b21\text{-}24}$）．そしてさらに理性，知識，臆断，感覚に対しても 1，2，3，4 という数を配当しているのである（『霊魂論』$404_{b18\text{-}27}$）．

ところでいま配当といったが，実は 2，3，4 といったイデア数を文字どおりイデア的要素とし，これと質料的要素とから，線，面，立体といった幾何学的諸量（空間的諸量）がつくり出されるとされているのである．そしてここでは単なる配当とか対応といったものでなしに，世界の事物はイデア的数（形相的数）となんらかの質料との合成からなると主張されているのである．そしてこのことはアリストテレスのつぎの証言から明らかである．

「かれら（イデアを措定するひとびと）は幾何学的諸量を質料と数から構成する．つまり線の場合は 2 から，面の場合は 3 から，立体の場合は 4 から構成するのである」．（『形而上学』$1090_{b21\text{-}24}$）

そしてここから一般に幾何学的諸量，つまり空間的諸量は一定の数（形相的要素）と質料的要素とからなり，そうした空間的諸量のうち一次元のものつまり線は，2 という形相的要素と長短からなり，二次元のものつまり面は，3 と広狭（面積の多少）からなり，三次元のものつまり立体は，4 と嵩の高低（体積の多少）とからなるというのがプラトンをはじめ，イデアの説を主張するひとびとの見解だといえるのである．

ところで数と質料から，いくつかのものがつくられ，これらのものは順序集合をなすという考えは，いま述べたアリストテレスの証言からも明らかであるが，実はそれはまた，プラトンの対話篇『ピレボス』の中で述べられている考え方とも対応する．

さて『ピレボス』篇では，すべてのものはつぎの4種の存在によって構成されると述べられる．そしてそれは（1）限定，（2）不定，（3）それら両者の混合，（4）混合の原因である．ところで不定の例は「より暑いとより冷たい」，「より乾いているとより湿っている」，「より多いとより少ない」，「より速いとより遅い」，「音程がより高いとより低い」等々である．そして限定の例は1:1とか2:1つまり1とか2等々である．そして混合の例は「健康」，「音楽」，「季節」等々である．そして混合の原因の例は万有の原因である理性つまりいわゆる世界理性である．

ここで混合の原因（4）はさておき，アリストテレス流のことばを使うことにして，限定（1）を形相的要素とし，不定（2）を質料的要素とすれば，混合（3）は，（1）と（2）から合成されたものということができる．そしてこのことを例について説明すれば，いま「音程がより高いとより低い」という直線的な連なり（一次元的な延長）があるとし，これを質料的要素としよう．そして他方，例えば7音音階の場合だとして，1から7までの数列があるとする．そしてそのうちのどれか特定の数を形相的要素としよう．そして，この特定の数，例えば4なら4に対し，それに対応する高さの音を選び出すことによって音階4の音が生じるのである．そしてそうした操作の連続が音楽にほかならないのである．つまり音符が形相的要素であり，ピアノの音とか笛の音が質料的要素であり，それら両者の結合が音楽の演奏ということになるわけである．

また −30℃ から +50℃ までの「冷暑」の目盛り，つまり −30 から +50 までの数列があるとし，こうした数列の中から一定の数，例えば 15 なら 15 を決め，この 15 という数に対応する「冷暑」をみつけ出して両者を結合させ，さらに 0% から 100% までの「乾湿」の目盛り，つまり 0 から 100 までの数列のうちの例えば 50 を決め，この 50 に対応する「乾湿」をみつけ出して両者を結合させることによって気候や季節が生じる．そして一般に，目盛りあるいは度盛りを構成する数列のうちのある特定の数があり，それを形相的要素とし，それとは別に存在する直線状の連なりつまり一次元的延長を質料的要素とし，ある特定の数に対応する対象をこの一次元的延長の中から探し出して結合させることによって事物が生じるといえるのである．

ところで目盛りは『ピレボス』篇の例にもでてくるように，1:1, 2:1, … というふうに刻みつけられる．つまりある単位の 1 倍, 2 倍, 3 倍, …といったふうにつけられ，そこに 1, 2, 3, … という目盛りが刻まれるわけであり，したがって物指し上に 1, 2, 3, … という数列が並ぶわけである．

ところでふつう目盛り，つまり物差し（scale）は，なんらかの対象のところに物指しをもっていき，その対象を測定する場合が多い，しかしそれとは逆に，物指しの中の一定の価がまず指定され，その価に適合するような対象を探し出したり，作成したりするという場合もある．前者は自然現象を測定するというような場合であるが，後者は標準となる数値をまず与えておいて，この数値を模範として，材料に手を加えるという場合である．そしてプラトンやアリストテレスの哲学，つまりイデアの説，形相と質料の説はむしろ後者の方によくなじむものである．そして，『ピレボス』の場合もまさにこの後者の方であるということができるのである．

9. 快楽論に対する順序付けの理論の応用

ところで『ピレボス』において，限定，不定，混合，混合の原因という4つのカテゴリーが導入されたのは，快楽というものを最高の善とする快楽主義者に対して反撃を加え，善の序列からいえば快といったものは，ずいぶん下の方であるということを証明するためのものであった．このように快の価値序列つまり等級（scale）は下の方であるとして，それではそうした価値序列の1番目，2番目はどんなものであるかという問題が生じる．そしてこの問いに答えるための道具立てがいまの4つのカテゴリーだったのである．

さて『ピレボス』ではまず1, 2, 3, … という価が，限定というカテゴリーとして措定される．ただし，この数列は，6で終る．それは神話的な音楽の名手オルフェウスが，「歌の順位づけは6番目で終りにせよ」といったのにちなんだものである．

こうして順位を意味する数として1，つまり第1位がまず限定的なものとして措定されたとして，この第1位つまり優勝者の位置に相当するものはどれかという問題になる．そしてその答えは，快楽主義者が推奨してやまぬ快楽ではなく，さらに理性でもなくて，適度なるものであるとされる．そして第2位に相当するものは，やはり快楽でも理性でもなくて，美なるものであるとされ，第3位に当るものがやっと理性であり，第4位が知識であり，第5位になってやっと快楽が，しかも純粋の快楽が，そして第6位つまり最下位に健全な快楽が来ることになる．

ところでこのような順位決定の操作つまり1から6までのうちで1なら1という数をまず限定し，これに対するものを選びだすという操作は，いくつかの可能な未決定の候補から，1なら1に対応するものを見つけだすことなのであるから，そうして選び出されたものは，限定と不定との混合だというふうに表現できる．そしてこの不定とは「より大とより少」，「大と小」というふうにいわれるが，それはそうした表現が大でもありうるし小でもありうるもの，大か小か決まらないもの，したがって一般に未決定，不定の状態を意味するからなのである．

こうして『ピレボス』の場合，1から6までの数のそれぞれを限定とし，それに不定を混合することによって適度なるものから，健全な快楽にいたる6個の種が生まれたといえるのであり，それら6個の種は，数の1から6までに対応し，その数の順序で，価値的な序列がつくりあげられるのであり，したがって数5や数6に対応する快楽というものは，快楽至上主義者の主張に反して，1位の座つまりもっともよきものの座からは程遠いところに位置するということになるのである．

10．クロネッカーのデルタ記号によるプラトン理論の表示

さてプラトンが『ピレボス』で述べ，さらにアリストテレスが『形而上学』の $1090_{b21\text{-}24}$ や『霊魂論』の $404_{b18\text{-}27}$ で述べたこと（8節参照）を現代風な方法で形式化してみよう．そのためにまずクロネッカーのデルタ記号というものを導入してみよう．そしてその記号とはつぎのようなものである．

$$\delta_{ik} = \begin{cases} 0 & (i \neq k) \\ 1 & (i = k) \end{cases}$$

このデルタ記号において仮に $i=1,2,3,4$, $k=1,2,3,4$ としたときつぎのようなマトリックス（行列）ができあがるであろう．そしてそこでは例えば図Ⅱ-69の部分をなす図Ⅱ-70は，$i=1, k=1$ のとき $\delta_{11}=1$ を，$i=1, k=2$ のとき $\delta_{12}=0$ を，$i=1, k=3$ のとき $\delta_{13}=0$ を，$i=1, k=4$ のとき $\delta_{14}=0$ を意味する．

さて図Ⅱ-70の例についていえば δ_{11} から δ_{14} を通じて，$i=1$ であった．つまり i の方は，i の値域である1から4までのうちから1だけがとりだされ固定された．しかし他方，k の方は固定されずにあらわれた．つまり k の方は，1

i＼k	1	2	3	4
1	1	0	0	0
2	0	1	0	0
3	0	0	1	0
4	0	0	0	1

図Ⅱ-69

から4までのあらゆる可能な値がみんな出現している．それゆえ図Ⅱ-70において，iの欄の1は『ピレボス』の場合の限定に当り，kの欄の1, 2, 3, 4は不定に当るといえる．そしてこの限定と不定との混合に相当するものが，δ記号によってつくりだされた1000であるといえよう．同様にして，数2という限定的要素と1, 2, 3, 4といった不限定的要素とからできあがった混合が0100であり，数3に対応する混合は0010，数4に対応する混合は0001だということになる．そしてこれらすべてをまとめたのが図Ⅱ-69で示されたマトリックスであるということができよう．ところでいま0と1からなる4種類の配列1000, 0100, 0010, 0001をつくったが，これらは別に二進法や十進法の数を意味するものではない．いまの場合の1000はむしろ（1, 0, 0, 0）と表現したり，場合によっては1, 0といった記号を使わずに，

i＼k	1	2	3	4
1	1	0	0	0

図Ⅱ-70

（同, 異, 異, 異）と表現したりした方が数とまぎれなくていいかもしれない．ここで同, 異とはもちろん，$i=k, i\neq k$ のことを意味する．

このようにいまの場合の 1000 等は数ではなく，一種のコード（符号）であるが，いまの 1000 から 0001 の 4 個はそれぞれ互いに区別されることはもちろん，そのうえそれらは相互に排除的（exclusive）なのである．ところでいまそれら 4 個は一種のコード（符号）であるといったが，それはいまの場合，実は 1000 という混合は，数 1 に対応し，0100 は数 2 に，0010 は 3 に，0001 は 4 に，それぞれ対応しているからである．

∩	1	0
1	1	0
0	0	0

∪	1	0
1	1	1
0	1	0

図 II－71

ところでいま述べた排除性に関してであるが，これは 2 つの符号 (a, b, c, d) と (e, f, g, h) の連言 $(a, b, c, d) \cap (e, f, g, h)$ を $(a\cap e, b\cap f, c\cap g, d\cap h)$ と定義し，選言 $(a, b, c, d) \cup (e, f, g, h)$ を $(a\cup e, b\cup f, c\cup g, d\cup h)$ と定義し，選言と連言は図 II－71 の表によって計算できるとすれば，例えば，1000 と 0100 の連言は 0000 となって，重なる部分なし，つまり完全に排他的ということになる．また 1000 と 0100 の選言は 1100 となる．つまり $i=1, 2$ と

いった限定と，不定との混合は 1100 となる．そして $i=3,4$ と不定との混合は 0011 となるわけである．そして 1000 から 0001 までの 4 個の間の上述のような関係は，図Ⅱ-72 によって明らかとなるであろう．

さて，1000, 0100, 0010, 0001 といった 4 つの符号によって，4 つの混合体が形成されたのであるが，このことによって，4 つの混合体がそれぞれ，1 個の種，しかも最下位の種であることを示すことができ，しかもそれらの種は互いに排他的であるとともに，それぞれがみな違った内部構造，ちがったパターンをもつものであることを示すことができ，さらに，それら最下位の種のいくつかを統一する類というものをも例えば 1100 といった形で示すことができるといえるのである．

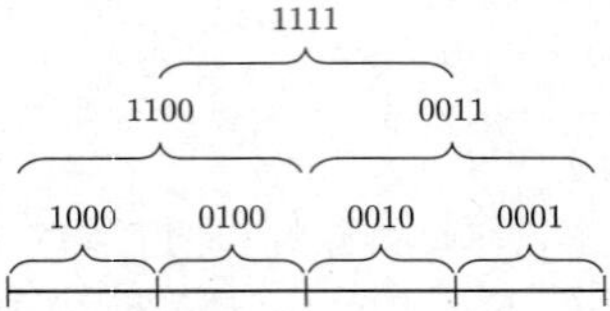

図Ⅱ-72

11．イデア論とブール束

さてここまでくれば，そうした符号間の相互関係はいわゆるブール束を形成することに気づくであろう．そしてこのブール束をハッセの図によって示せば図Ⅱ-73 のとおりとなるであろう．

だとすると図Ⅱ－74は図Ⅱ－73のうえにきちんと乗り，したがって図Ⅱ－74の構造は図Ⅱ－75の構造と1対1に対応するであろう．ところで図Ⅱ－74はまさしくIつまり最高類から分割法を重ねて，$ab, a\bar{b}, \bar{a}b, \bar{a}\bar{b}$という4個のアトモン・エイドス（分割不能の種）をつくる過程であった．しかし図Ⅱ－73のブール束の図からみてもわかるように，そうした分割つまり分析の道から，逆に総合の道をたどるときは，図Ⅱ－74つまり図Ⅱ－75とおなじ構造をたどらずに，図Ⅱ－73のような構造となるのである．したがって論理学における分割という意味では図Ⅱ－74は確かにアトモン・エイドスを見いだすという意味で分析ではあるが，それはただアトモン・エイドスを見いだすための一つの手段にすぎないのであって，図Ⅱ－73の構造のうちのほんの一部分を利用したものにすぎないといわねばならないのである．

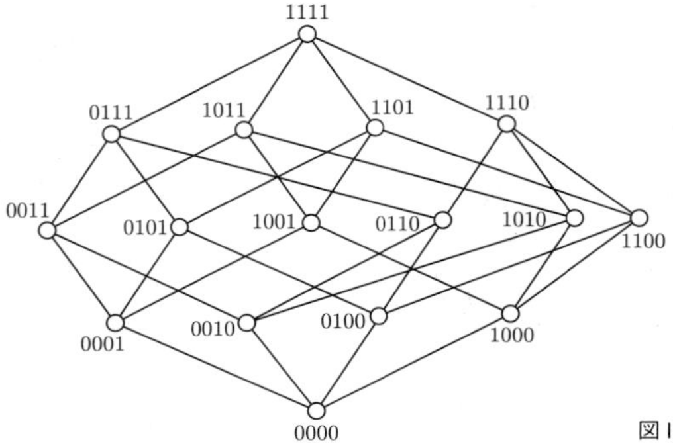

図Ⅱ－73

さてアトモン・エイドスをつくることは，確かに図II-74におけるように$ab, a\overline{b}, \overline{a}b, \overline{a}\,\overline{b}$をつくることである．そしてこの4つに0001, 0010, 0100, 1000といった符号を対応させるというのも一つの方法であるが，$ab, a\overline{b}, \overline{a}b, \overline{a}\,\overline{b}$に対し，二進法の4個の数11, 10, 01, 00を対応させるということも可能であり，さらには大大，大小，小大，小小を対応させることも可能なのである．そしてさらには陽陽，陽陰，陰陽，陰陰を対応させることすら可能なのである．

とはいえ論理学的見地，つまりブール束的見地からすれば，$ab, a\overline{b}, \overline{a}b, \overline{a}\,\overline{b}$に対応するものは，やはり0001, 0010, 0100, 1000といった符号の方が，連言，選言，否定などの関係を完全に表現できるという意味で，もっとも適切な記法であるといえる．しかし図II-73のような網の目，つまりブール束を全面的に表現するのではなしに，ただ，アトモン・エイドスとしての$ab, a\overline{b}, \overline{a}b, \overline{a}\,\overline{b}$だけを表現するのなら，11, 10, 01, 00でもいいし，大大，大小，小大，小小でもいいのである．そしてこのことは，図II-76，図II-77の対応

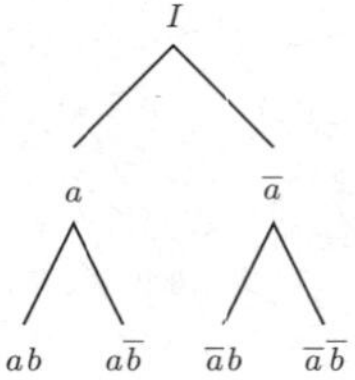

図II-74

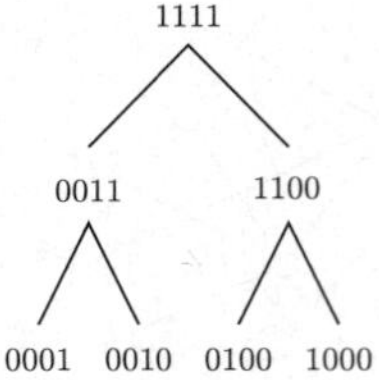

図II-75

	a	$\overline{a}$
b	ab	$\overline{a}b$
$\overline{b}$	$a\overline{b}$	$\overline{a}\,\overline{b}$

図 II－76

	1	0
1	11	01
0	10	00

図 II－77

関係からも理解できることがらなのである．そしてそうした対応で二進法の1桁目の1は b に，0は $\overline{b}$ に，2桁目の1は a に，0は $\overline{a}$ に対応するものとする．したがって例えば $a\overline{b}$ も $\overline{b}a$ もともに10に対応するものとする．なぜなら論理学では $a\overline{b}=\overline{b}a$ だからである．

ところで00, 01, 10, 11という4個の数の出現は，結局，同一物を繰り返し取ることを許す場合の順列の計算，つまり n 個のもののうちから同一物の繰り返しを許して r 個を取る場合の順列の計算である ${}_n\Pi_r = n^r$ にもとづいて，0と1という2個のものから繰り返しを許して2個だけ取った場合の順列の数，つまり ${}_2\Pi_2 = 2^2 = 4$ ということにほかならない．そしてそれは3桁の場合には $2^3 = 8$, 4桁の場合には $2^4 = 16$ となる．そしてこれが二進法ということにほかならないのであり，十進法の場合は，${}_{10}\Pi_1 = 10$, ${}_{10}\Pi_2 = 10^2 = 100$, ${}_{10}\Pi_3 = 10^3 = 1000$ となるのである．

ところでこんどは $\overline{a}\overline{b}, \overline{a}b, a\overline{b}, ab$ といったアトムの場合の個数4は

$$I=(a\cup\bar{a})\cap(b\cup\bar{b})=ab\cup a\bar{b}\cup\bar{a}b\cup\bar{a}\bar{b}$$

の最右辺の項の数であり，それは 2×2 つまり 2^2 のことである．また $abc, ab\bar{c}$ といったアトムの場合の個数 8 は

$$\begin{aligned}I&=(a\cup\bar{a})\cap(b\cup\bar{b})\cap(c\cup\bar{c})\\&=abc\cup ab\bar{c}\cup a\bar{b}c\cup a\bar{b}\bar{c}\cup\bar{a}bc\cup\bar{a}b\bar{c}\cup\bar{a}\bar{b}c\cup\bar{a}\bar{b}\bar{c}\end{aligned}$$

の最右辺の項の数 8 であり，これは $2\times2\times2$ つまり 2^3 にほかならないのである．ところで大と小はもちろん 1 と 0 に正確に対応するのであり，大と小だけを使って $\bar{a}\bar{b}, \bar{a}b, a\bar{b}, ab$ をいいかえてもいい．しかしながら前述のとおり，ギリシアの数は 0 から始まるのでなく，1 から始まるのであるから，大，小の他に中というものを加えて，図Ⅱ-68 にみられるような一種独特のシステムがつくりあげられた．つまり対応関係あるいは配当関係は図Ⅱ-78 のようにならずに図Ⅱ-79 のようになるのである．そして現代的な感覚から

アトモン・エイドス		二進法		大小による記法		十進法
$\bar{a}\bar{b}$	——	00	——	小小	——	0
$\bar{a}b$	——	01	——	小大	——	1
$a\bar{b}$	——	10	——	大小	——	2
ab	——	11	——	大大	——	3

図Ⅱ-78

アトモン・エイドス	二進法	大中小による記法	十進法	δ記号による符号
$\overline{a}\,\overline{b}$	01	小小	1	1000
$\overline{a}b$	10	小中	2	0100
$a\overline{b}$	11	小大	3	0010
ab	100	中	4	0001

図Ⅱ－79

いえば，確かに図Ⅱ－78の対応関係の方が親しみやすいのであるが，図Ⅱ－79の対応もギリシア人の通念の上では自然であったのであり，それは現代的見地から眺めてもけっして合理性を欠いたものとはいえないのである．

確かに数というものは，アラビア式記数法によって，十進法，三進法，二進法を問わず，もっとも優れた形で表記されるといえるであろう．しかしそれ以前に，中国文化圏においては易という形で，二進法的数や，三進法的数に対応するような記号法がみられるのであり，それより遅れて古代ギリシアの文化圏においても，プラトンの主張するイデア数といった非数学的数も存在するのである．そして易もイデア数も，もちろん数学でいう数そのものではないとしても，それらがそれぞれ鮮やかな数学的構造をもっているということだけは確実なのである．

Ⅲ

数学的構造と社会イメージ

1. 比の思想の社会的背景

1. ロゴスという語の二義性

《$a:b$》といった比の考えがいつごろから芽生えてきたかは明らかでない．しかしそうした比の考えが確立されるためには，その時代の社会的状況が介在したということはほぼ断定してよいであろう．

比の概念は古代ギリシアでは logos という語によってあらわされた．そしてこれはラテン語では ratio と訳された．ratio はその後，英語の中にそのままの形でとり入れられ，意味ももとのままで使われるようになった．実際，英和辞典で ratio を引くと，比,比率,割合となっている．しかしながらラテン語の辞書で ratio を引くと，比の意味とともに，理,理性つまり reason という意味があげられている．そしてこの reason という英語は，実は ratio というラテン語のくずれた形なのである．

ギリシア語の logos という語にもラテン語の ratio とおなじように，比の意味と理,理性の意味がある．そこでなぜ《比》と《理》が一語のなかで結びつくようになったのかという問題を解かなければならない．とはいえそのまえにまず，日本語の有理数,無理数という語に注目することにしよう．これら

2つの語は英語の rational number と irrational number の訳語であるが，ここにでてくる rationality, irrationality という概念はギリシア語の logos, alogos に対応する．そしてギリシア語の alogos の a- は，irrationality の ir- と同様，否定を意味する接頭辞なのである．

ところで rational number, irrational number は，文字どおりには，ratio つまり比をもつ数，比をもたぬ数という意味である．しかし，この ratio にはまた，理という意味もあったために，有理数, 無理数といったふうに翻訳されてしまったのである．

2. ピュタゴラスにおける比と理

さて，始めの問題，つまりギリシア語のロゴス，ラテン語のラチオの中に，《比》と《理》という2つの意味があるのはどうしてかという問題にもどろう．そのためにはギリシアの数学者であり同時に哲学者であったピュタゴラスにまで遡らなければならない．

ピュタゴラスは比の考えによってつぎのような音楽理論をつくりあげた．彼は弦楽器において協和しあう2音を発する2本の弦の長さの比に注目した．例えばある1本の弦 a とそれに対してよく協和する3本の弦 b, c, d の長さが図III-1のとおりであったとしよう．ただし δ. は古代ギリシアの長さの単位ダクチュロスのことであり，1δ. ＝1.85 cm である．とはいえ，いま挙げた数値は，実は絶対的な意味をもつものではなく，ただそのような比でありさえすればよかったのである．そしてここで比の考えが登場するのである．ところで現代風ないい方なら，a を 1 とすれば，b, c, d は 3/4, 2/3, 1/2 の割合だということになるであろう．しかしながらギリシア人は分数を好まなかったから，$a:b=4:3$, $a:c=3:2$, $a:d=2:1$ といった整数比であらわさざるをえなかった．とはいえ，たまたまそうしたことの結果として，4:3, 3:2, 2:1 といった美しい比を見出すことができたのである．

このようにしてピュタゴラスは，協和音の間にみごとな整数比が存在することを発見した．しかしこれだけの発見では，ピュタゴラスは一個の数学者あるいは数理科学者以外のなにものでもなかったであろう．ところが彼はそこにふみとどまらずに，そこから大きく飛躍した．すなわち彼は宇宙の森羅万象はすべて互いに調和を保つものであり，しかもその調和は厳密な数学的比によって表現できると主張した．そしてまさしくここにピュタゴラスの哲学者とし

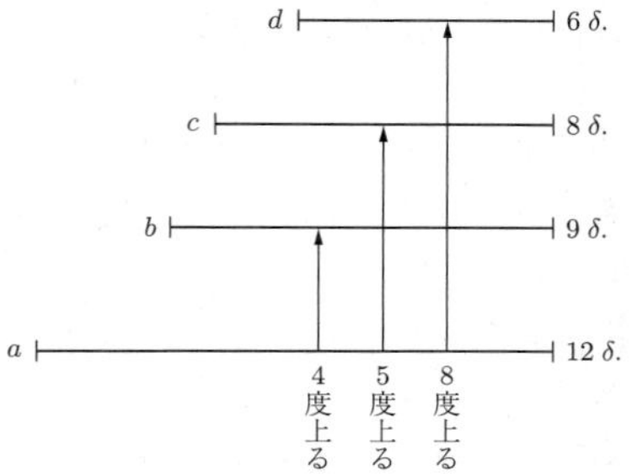

図 III－1

ての面目が存在するのである．そしてまた，ロゴスということばの中に比という意味と理という意味が含まれているといった事態もそこから発したといえるのである．というのもピュタゴラスにとって全宇宙を貫徹するところの理は，すなわち比にほかならなかったからである．

3．ピュタゴラス学派における宇宙説と政治説

ところでピュタゴラスの場合，理といってもその実質は《調和》である．つまり宇宙に一つの理つまり原理が存在するということは，宇宙のいたるところに調和が支配し，その調和は比であらわせるということである．とはいえ理は，必ずしも調和でなければならぬということはない．現にギリシアではピュタゴラスと同時代の哲学者ヘラクレイトスが，宇宙を支配する原理は調和どころか闘争だと主張していたのである．

しかしそれではピュタゴラスはなぜ宇宙の原理として調和の方を選んだのだろうか．それはピュタゴラスにおいて，彼のそうした哲学説が彼の政治的見解と密接な連関があったからだといえるであろう．すなわちピュタゴラスは貴族と平民が相争うべきではなく，両者ははっきりした区別を保ちながらも互いに調和を図るべきだと考えた．しかしながらヘラクレイトスはピュタゴラスのそうした考えを批判し，むしろ階級間の闘争をよしとしたのである．

さてピュタゴラスの弟子アルクマイオンは師の調和説を発展させ，それを医学説,政治学説に適用した．すなわち彼

は人体の健康は，温と冷，湿と乾といった対立する諸性質の間の均斉のとれた混合の上に成り立つとした．したがって病気とは，そうした対立するものの一方が均衡を失するような仕方で過剰となるということになる．ところでアルクマイオンのこうした医学説は，実は彼の政治学説を下敷きにしているのであって，彼は相対立する階級のどちらか一方が独裁権を握ることを嫌い，2つの勢力の釣り合った状態をよしと考えていたのである．

こうしたピュタゴラスおよびピュタゴラス学派の考え方はそれ以後のヨーロッパのものの考え方のひとつの強大な伝統をつくりあげる．英語に temper という動詞がある．これには，① 楽器の調律をする，② 寒暑を混ぜあわす，③ 4つの体液を適当に混ぜる，④ 和らげる，穏和にするといった意味がある．① はまさにピュタゴラスの音楽論にかかわる．② は名詞形にすれば temperature つまり温度となる．温度とは寒と暖の混合だからである．つぎに ③ を名詞形にすれば temperament となる．これは気質という意味であるが，実は人の体質，気質を決定すると考えられた四体液の混合度のことである．そしてこれら4つのうちのどれかが多すぎると多血質（好色），粘液質（遅鈍），胆汁質（過激），黒胆汁質（憂うつ）となる．したがって健全な肉体的，精神的状態はそれら4つが適切な割合で釣りあっていなければならないのである．そして最後に ④ を名詞化すれば temperance となるが，これは節度，中庸，穏健といった倫理的徳目なのである．

ところでラテン語に temperamentum ということばがある．これは適切な割合で混合するという意味であり，tempero（混ぜる）という動詞からつくられたものである．そしてこの temperamentum は，ローマ時代では，貧者と富者，平民と貴族が仲よくするといったいわゆる階級調和の意味にしばしば使用されたことばなのである．

4．中国における比の概念

以上によって，ヨーロッパでは，比の概念は理そのものであること，そして比の概念と理というものをつなぐ協和あるいは調和の概念が，社会的政治的な背景をもつことがわかった．そこでこんどは中国において比の概念がどのようなものであったかをみることにしよう．

まず音楽論，より詳しくは協和音の理論からはじめよう．ギリシアの音楽論は，弦の長さについておこなわれたが，中国では笛の長さについておこなわれた．中国では基音を発する笛の長さを9寸に固定する．ところでその長さの2分の1である4寸5分の笛が，基音より1オクターブ高い音を発するものであるということはギリシアの場合とおなじである．しかし4度と5度の音程をもつ笛の長さの決め方はギリシアの場合と少し異なる．そしてそれがいわゆる《三分損益》の法といわれるものである．

さて三分損益とは三分損と三分益からなる．まず三分損とは笛の長さを3分の1だけ損すること，つまり減らすことである．ということはもとの笛の長さの2/3の長さの笛をつくることである．そしてその結果その笛はもとのものより5度高い音を出すことができるのである．つぎに三分益とは，笛の長さを3分の1だけ益すること，つまり増すことである．ということはもとの笛の長さの4/3の長さの笛をつくることである．そしてその結果その笛はもとのものより4度低い音を出すことができるのである．

以上のような方針のもとで実際に図Ⅲ-2のような仕方で長さの異なる笛が順々につくられる．すなわち，まず9寸の笛を基音を発する笛とし，これの2/3である6寸の笛をつくる．そしてこんどはその6寸の4/3である8寸の笛をつくるのである．

さてギリシアでは図Ⅲ-1でみられるように，4度差，5度差，8度差といった協和音がつくられた．ところで中国でもおなじ3種の音程をもつ協和音がみられる．というのもこの場合，《4度上る》も《4度下る》も2音間の差つまり音程という点ではなんら異ならないからである．

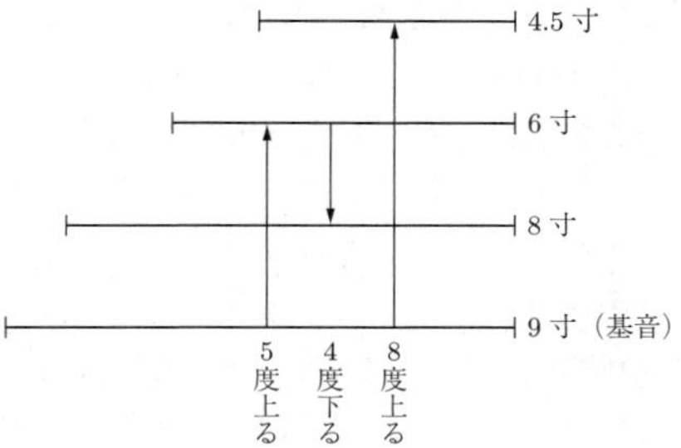

図Ⅲ-2

5. 音階としての律と法律としての律

ところで古代中国では互いに協和しあう笛の配列のことを《律》と呼んだ．したがって律とは現代風にいえば《音階》のことである．また，そうした音階が竹管の長さの間の一定の比からなりたっているという意味で「律は率なり」ともいわれた．そしてこの場合の率とはもちろん比率，割合のことである．

律という文字を構成する聿という文字はまた筆という字をも構成する．ところで筆は《字を書くもの》ではあるが，しかしまた竹管であるという意味で笛と類似性をもつ．ここから考えても律という字は，もともと竹管つまり笛の意味であり，さらには一定の手続きでつくりあげられた大小何本かの笛が構成する音階という意味であったということがわかるのである．しかしながら律という字はさらにそこからもっと一般化されて，秩序ある配列という意味になる．そしてそれが特に人間社会の現象に適用された場合，律は法律という意味になるのである．

こうしてギリシアと同様，中国でも音楽理論，すなわち協和音どうしの間に成り立つ比の理論がつくりあげられ，そうした理論の拡張として律つまり法律あるいは規則の概念がつくりあげられるのである．

ところでギリシアのピュタゴラスは，単に音楽理論だけでなく音楽の演奏そのものにも重大な意味を認めた．そして医術が身体の《浄化》となるのとおなじように，音楽は魂の《浄化》となると考えた．他方，中国でも音楽の演奏は大きな意味をもった．中国では士たるものの学ぶべき6種の技芸すなわち礼・楽・射・御・書・数の6つが六芸と呼ばれた．そして楽はこの六芸の第2番目に位置していたのである．ところで六芸といえばヨーロッパでそれに似たものに自由七科（artes liberales）と呼ばれるものがある．これはピュタゴラス学派の伝統のもとに構成されたものであるが，この中にもちろん音楽という学科も含まれている．とはいえ自由七科のうちの一つとしての音楽は音楽の演奏というよりも，音楽の理論の方であり，とりわけそれの数学的側面がその核心をなすものだったのである．

6. 中国における比の理論と政治思想

さてピュタゴラスにおいて，彼の比の理論，調和の理論の背後に政治思想が存在していたということは上述のとおりであるが，中国でもそれに似たことがみられるのである．

中国の古典『礼記』の楽記篇につぎのようなことばがみられる．「聖人はまず父子君臣の秩序をつくりあげた．そしてその結果天下が治まった．天下が治まった後に聖人はこんどは六律を正し，五声を和し，歌謡や舞曲をその楽器でかなでた」．ここで人間の秩序づけと音声の秩序づけがアナロジカルにとらえられているのがわかる．そして『礼記』よりはだいぶ後の時代の書物においてではあるが，実際にいま述べた五声のそれぞれに，君,臣,民,事,物を対応させることによって，両者間のアナロジーを貫徹させたものもみられるのである．

このように古代中国人は天地における万物の和合を音律の調整と類比させたが，他方調理つまり味の調合とも類比させた．『春秋左氏伝』の昭公20年につぎのような記述がみられる．「和と同は異なる．和というものを肉の煮炊きの場合に例をとって説明しよう．料理人は肉を煮る場合，水と火，酢としおから，塩と梅酢をうまくととのえようとし，それらのうちの一方が少なすぎればふやし，多すぎればへらすのである．君臣の関係もそれと同様である．君の意見が正しいように思えても，十分納得できなければ，臣はあえて反対の意を表し，君の方が正しいとわかればそれに服す．反対に，君の意見が正しくなければ，臣は正しい意見を具申して，君の誤りを正す．このようにすると政治はうまくおこなわれ，民衆は反抗心を抱かない．……むかしの偉い天子は五味を調合し，五声を調和させるような仕方で政治をなされた．したがって音声についても味についてとおなじことがいえるのである．……もし君の正しい意見に臣が直ちに同じ，君のまちがった意見に臣が直ちに同じたならば，それは水に水を加えるのとおなじことであり，そんな料理は食べられたものではない．また琴と瑟とがまったく同じ構造のものなら，その両方をいっしょに鳴らしてもなんの面白味も生まれない．以上によって，同というもののよくないことが明らかになったであろう」．

こうして君臣間の「和して同ぜず」の関係というものが，一方では調理術の比喩で，他方では音楽の比喩で語られる．そしていまあげられたことばから取り出せば，「琴瑟相和す」というのが後者の例であり，「塩梅をととのえる」というのが前者の例である．そしてこの塩梅ということばはいまでも「いい塩梅」といったふうな仕方で使われているのであり，これはもちろん「加減がいい」とか「過不足がない」といった意味なのである．

7. 合金における調合と政治における調合

さていま味の調合の比喩が出てきたが，調合といえば古代中国では，銅と錫の合金である青銅の調合が思い出される．そしてそこにも比の概念がみられるのである．

『周礼』巻十，冬官考工記につぎのような文章がみられる．「銅と錫の合金には6種類ある．6分の5の銅と6分の1の錫から合成される金属は鐘や鼎をつくるためのものである．5分の4の銅と5分の1の錫から合成される金属はおのやまさかりをつくるためのものである．4分の3の銅と4分の1の錫から合成される合金はほこをつくるためのものである．3分の2の銅と3分の1の錫から合成された金属は刀剣をつくるためのものである．5分の3の銅と5分の2の錫から合成された金属は，矢をつくるためのものである．銅と錫が半々からなる金属は鑑燧という器をつくるためのものである」．

ここで銅と錫の比率が5:1, 4:1, 3:1, 2:1, 3:2, 1:1の6種類にわたってあげられているが，この場合，割合を整数比の形でしか表現できないギリシア人とちがって，中国の場合分数で使用されており，$a:b$ のかわりにわざわざ

$\frac{a}{a+b}:\frac{b}{a+b}$ といったふうに表現されているのである．とはいえ後者の表現をとる場合は比を構成する2つの項を足せば1になるということは確かである．

さて『周礼』のいまの箇所では異種の金属の調合，つまり合金のことが《齊》という語で表現されている．しかし齊（斉）という語は和という字とおなじく適切に混ぜあわせることを意味し，したがってまた飲物や食物の味を加減することをも意味する．実際，齊という字は薬剤などという場合に使われる《剤》という字に通じるのであり，いわゆる調合という意味をもつのである．ところでこの調合ということばは『論衡』定賢篇において「君につかえて調合し，過すくなきを以て賢となす」とあるように，士たるものの賢明なる行動の意味にも使用される．また塩梅という語も塩と梅酢で食物の味をほどよくするという意味から国の政治を補佐し，ほどよく処理することの意味に使われるのである．

8．階級間の分配比

さて比あるいは比率の概念の社会的な場面における顕著な使用例は，日本の徳川期の《五公五民》とか《七公三民》といった表現である．これは租税と農民収得分の割合を表示するものであり，$a:b$ の2つの項 a と b を足すと10となるような形で表現された．これは実は中国ではもっと正確な表現がとられたのであり，《公七分私三分》とか，《官六分百姓四分》といわれ，また略して《七分三分》《六分四分》などといわれた．そして折半の場合は《中分》といわれた．

田租の場合にはまた分数も用いられた．もっとも有名なものは《什一》という表現であって，10分の1つまり1割を意味した．そしてもちろん10分の2を意味する《什二》という表現もとられた，また田租が《二十而一》つまり20分の1だという表現もとられた．さらに《大半小半》という表現も使われたが，大半は2/3のことであり，小半は1/3のことであった．

ところで《公七分私三分》，《官六分百姓四分》といった表現は，一定の財を支配者と被支配者の間で分配する場合の割合を示すものである．したがってこの場合の比というものはもちろん上下の2階級間の対立というものを背景にもつものといえる．さて『管子』権修篇につぎのような文章がみられる．

「君主の欲望はきわまるところがない．……むやみに民衆に税金や賦役を課し，君民の間に適当な配分の度合いというものがないならば，上下は互いに憎みあうことになる．……それゆえ，もし民から税金をとりたてるのに適切な度合いを保ち，民に賦役を課するのに一定の限度を守れば，その国はたとい弱小だったとしてもきっと安泰であろう」．

ここで上下の間の配分の「度」というものが強調されている．おなじく『管子』の七臣七主篇に「律とは分を定め，争いを止めさせるゆえんのものである」といったことばがみられるが，ここにはからずも律というものの本質が露呈しているといえよう．さらに『荀子』のある箇所では，「礼とは度量分界のことである」と述べられ，他の箇所ではもっと露骨に「各人の分際が等しかったら，天下にいくら多くの財貨があったとしても足りないであろう．各人の力が等しかったら各人はかえって仲が悪くなって協力しあわない．人間の間に差別がなければ一方が他方を使役することは不可能となる」と述べられている．こうして中国の古代社会における調和は，平等な個人の間の調和ではなく，不平等の中での調和だったのである．

9．中国における医の術と政治の術

さてまえにピュタゴラス派が医術と政治の術をアナロジカルに考えたと述べたが，中国ではどうだろうか．

『春秋左氏伝』昭公元年の項にこうある．「六気というものがある．これは陰陽，風雨，晦明である．……これらの対のどちらの一方が多過ぎても身体に災が生じる．すなわち陰気が多すぎると感冒になり，陽気が多すぎると熱病になる．風気が多すぎると足のやまいとなり，雨気が多すぎると腹のやまいとなる．夜寝ずに快楽にふけると淫乱のやまいになり，昼休まずに仕事をしすぎると心配ごとで胸を痛めるやまいになる」．ここでもピュタゴリアンとおなじように病気というものは，相対立する要素のうちの一方が度はずれて強くなる場合に生じるとされている．

ところで中国には「病を論じて国に及ぼす」ということ

ばがある．これは人体の病気の研究によって得られた理論を国家に応用して政治を論じるという意味である．こうして中国においても医術と政治の術はアナロジカルにとらえられているのであり，この点でピュタゴラス派と軌を一にするのである．

さていまあげた中国の医学思想は3組の対についてその平衡を保つことが健康の基礎だとする考えであるが，それをもっと一般化すると陰と陽の2つが和合し，調和することがすべてのものごとのうまくいくことの基礎であるという考え方になる．そしてこれが政治の場面に適用されれば宰相たるものの道は，天地間の陰陽二気を調和させることにあるといったことになるのである．

10. 比における和の概念

このように政治の道は陰気と陽気を調和させ和合させることにあるが，ここで改めて《和》という概念を考察してみよう．和の本来の意味はこの字の中に口という字が含まれていることからわかるように，一方が唱し，他方がそれに和するといった音楽的意味が含まれている．このように最初は《和》ということばは音声を合わせるという意味であったが，やがて人と人とが心を合わせてやわらぐという意味になる．そしてまた数学の方では2つの数を加えた値といった意味になる．

さていま陰気の量を x，陽気の量を y とすれば，陰陽の和は数学的には $x+y=k$ となる．ここでもちろん x と y

は変量であり，k は一定量である．とはいえ陰陽の調和は，単なる和ではなく，x と y のどちらもが過不足でない状態のことである．ところでこうした過不足のない状態を数量であらわせば，どの場合でも x と y が等量であるとは必ずしもいえない．場合によれば等量でない場合もある．とはいえすべての場合にわたってそうした過不足のない調和点は，x と y の比の形であらわすことができる．例えば力関係のうえでたまたま四公六民がそうした調和点あるいは均衡点であったとすれば，$x:y=4:6$ である．ところで $x+y=k$ であるから，いまの場合，$k=4+6=10$ である．しかし $x:y$ はまた $\dfrac{x}{x+y}:\dfrac{y}{x+y}$ に等しい．するとその場合 $\dfrac{x}{x+y}+\dfrac{y}{x+y}=1$ となるであろう．

さて比率というものをそういったふうに表現するやり方はヨーロッパにおいても例えば fifty-fifty といわれる場合に見受けられる．この場合，日本語の五分五分に相当する表現をとらないのは明らかにそれが percent によるものだからである．そしてその場合，先の式でいえば k は 10 ではなく 100 なのである．そして実際，percent とはラテン語の per centum の略であり，それは《100 に対して》とか《100 を全体として考えれば》といった意味なのである．

さて比率のさきほどから述べているような表現の仕方には，単に 2 つの項の間の比だけでなく，2 つの項の間の和という要素もとり入れられているのである．そして調和点はまた過不足のない点，つまり過多（plus=more）でもないし，過少（minus=less）でもない点，加減のいい点としてもとらえられているのである．さらにまた比を構成する両項は，それぞれ全体のうちの何分の一であるかといった観点からもとらえられているのである．

ところでいま述べたパーセンテージ，つまり百分率といった考え方はヨーロッパでは比較的後の時代になって登場したものである．古代ギリシア人はほとんどといっていいくらい分数というものを使わなかった．したがってまた百分のいくらといった表現もありえなかった．古代ギリシア人は，fifty-fifty とか五分五分とか半半といった表現をとるかわりに，むしろ 1:1 といったもっとも簡単な整数比による表現をとったのである．こうした点で中国人はギリシア人が比率の概念を $a:b$ といった整数比だけで処理したのとは違って早くから分数の概念をも大いに利用したといえる．しかしそれはとにかくとして比ないし比率といった数学的概念が，社会的政治的概念と密接に結びついて展開してきたといった主張は，洋の東西を問わずになりたちうると考えられるのである．

2. 比例の思想と階級の思想

1. 比例論と正義論

比例の数学が完成したのは，ヨーロッパでは古代ギリシアの時代である．ところでこうした比例の思想は，それが数学的技術であるがゆえに，当然のこととして学問のさまざまな分野に適用された．しかしいまは特に哲学に対する比例の思想の適用を考えてみることにしよう．ところで一般に古代・中世の正統的な哲学は社会的な階級差の存在を承認するものであった．したがって古代・中世の哲学に対する比例の思想の適用は，結局階級の思想に対する比例の思想の適用にほかならないということができるであろう．

さて，哲学における比例論の利用の最も顕著な例は，アリストテレスの『ニコマコス倫理学』においてみられるものである．アリストテレスはそこで，比例とは2つの比の同等性だと定義している．さてアリストテレスはそうした比例を，彼の正義論とくに配分の正義の理論に援用する．配分の正義とは，平等の正義に対立する概念である．アリストテレスによれば単なる平等はむしろ悪平等であってすべての事物は，各人の値打ちに応じて配分されるべきだというのである．すなわち2人の人物に配分されるべき事物の間の比は，彼らの値打ちの間の比に等しくなければならぬというのである．そしてこのことは A,B を人物の値打ち，a,b を配分されるべき事物とすれば，$a:b=A:B$ というふうに表現できるであろう．

このように比例論はギリシアでは正義論とくに配分の正義の理論に適用されたが，似たような現象は中国においてもみられる．漢代に書かれた中国の数学書である『九章算術』はその題名が示すとおり9章から構成される．そしてその第3章で扱われたテーマが衰分《さぶん》である．これはまた差分とも書かれ，貴賤の差に応じて，事物を割当てることを意味したのである．

さて『九章算術』という書物は全章を通じて具体的な問題とその解答からなるものであるが，衰分法に関してそうした問と答の例をあげるとつぎのとおりである．

問．いま1人の大夫《たいふ》（A)，1人の不更《ふこう》（B)，1人の簪裹《しんじょう》(C)，1人の上造《じょうぞう》（D)，1人の公士《こうし》（E）がいたとしよう．あるとき彼ら5人はいっしょに猟をし，5匹の鹿を得た．爵位にしたがって獲物を分けると，各人はどれだけの鹿を得るであろうか．答．A は1匹と2/3，B は1匹と1/3，C は1匹，D は2/3，E は1/3．解法．まず爵位に応じた数値を並べよう．すなわち A は5，B は4，C は3，D は2，E は1だとしよう．これらの数列は配分の比率にほかならない．いま鹿の数5が与えられると，これが全体の量である．するとそれによって各人の分けまえの量が得られる．すなわち，まず，5,4,3,2,1の和である15を除数としよう．次に5に，5,4,3,2,1を乗じたものをそれぞれ被除数としよう．すると5人のそれぞれのとり分が得られるであろう．

以上の計算は普通，按分比例あるいは比例配分と呼ばれるものである．《按》は按配（＝塩梅）などと熟して使われるところからもわかるように，《配》とおなじ意味であり，したがって按分は配分とおなじである．ところでこうした比例配分が，爵位に比例して物品を配分することに利用されたという事実は，古代中国の階級社会の存在を鮮やかに反映したものということができるのである．

さてこうした階級の思想は，近代になって厳しく攻撃されるようになる．配分の正義に反対し平等の正義を主張した19世紀のフランスの思想家プルードンについてそのことをみよう．まずプルードンは自らの攻撃対象である配分の正義の思想についてこう述べる．『イリアス』に登場するアキレスとアジャックスが，敵から奪った12個の分捕り品を分配することになったとする．ところでこの両人は力において優劣があり，かりにアキレスの力がアジャックスの力の2倍だとする．するとアキレスが6個，アジャックスが6個という算術的平等による分配は不正であり，むしろアキレス8個，アジャックス4個という比例的平等こそが正義である．そしてこれがアリストテレスのいう配分の正義である．

しかしながらプルードンは以上のような古い思想を厳しく批判する．プルードンはいう．アキレスとアジャックスがアガメムノンに仕え，隷属しているならば能力に応じた分配が正義であろう．奴隷の主人は倍の仕事をした奴隷に対しては倍の報酬を与えるだろう．しかしもしアキレスとアジャックスが平等の立場で協力しあって事をなしていたのなら，比例的平等でなく，算術的平等こそが正義である．実際，たとえば２人の人間が魚とりのために力をあわせたような場合，かりにそのうちの１人が実際に１匹の魚をも捕らえ得なかったとしても，彼はもう１人のつかまえた魚に対し自分の権利を主張できるのは当然であろう．

プルードンはふつうアナーキストと呼ばれる．ところで anarchy とはもとはギリシア語の anarkhia であって，これは an と arche からなる．an は否定を意味し，arche は権力，支配という意味である．したがってアナーキズムとは，結局権力者，支配者の存在を否定するといった思想である．ところで権力者はまた配分者でもある．アナーキスト・プルードンは，そうした配分者のとりおこなう配分の正義，比例の正義を否定し，平等こそが真の正義だと主張したのである．

2. 比例論と階層の思想

以上で比例配分と階級の思想の結びつきをみた．比例配分とは一定の量の事物を２人の人物 A, B の値打ちの比つまり $A:B$ に応じて分割することである．そしてそのように分割された２つの事物を a,b とすれば，$a:b=A:B$ となるわけである．そしてその場合，A と B は等しくない，つまり人間は均等でないという認識があり，階層，能力，地位などによって違いが生じるという考えが基本に存するのである．ところで，一般にいまの比例式は必ずしも2項間の比の同等に限らず，連比間の同等であってもよい，つまり，$a:b:c:\cdots=A:B:C:\cdots$ であってもよい．さてこの $A,B,C,\cdots$ といった数列は等比級数（幾何級数），等差級数（算術級数），調和級数その他いろいろのものが考えられる．しかし等比級数だとすれば，$A,B,C,\cdots$ の間に，$A:B=B:C=C:D=\cdots$ といった比例式がなりたつ．そしてこうした等比級数的な比例の概念を哲学に利用したのがプラトンであった．

プラトンは彼の自然哲学あるいは宇宙論を展開した対話篇『ティマイオス』において，地，水，火，風の四元素説を展開し，しかもそれら4種の元素の間に，等比級数的な関係があると主張した．すなわち土，水，空気，火を $A^3,A^2B,AB^2,$

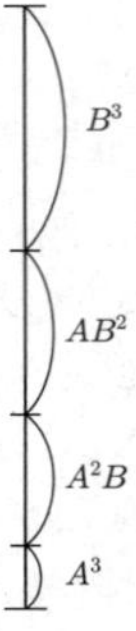

図 III－3

B^3 であらわすと，$A^3 : A^2B = A^2B : AB^2 = AB^2 : B^3$ という式が成立するというのである（図Ⅲ-3）．このことはもちろん，A^3, A^2B, AB^2, B^3 という数列が B/A という公比をもつ等比級数であることを意味する．こうして土,水,空気,火は等比級数をなすが，これらの数は実は，これら4つの元素の間のヒエラルキーを示すものなのである．ギリシア哲学ではタレスが水こそが万物の始原だとし，ついでアナクシメネスは空気こそが万物の始原だとし，さらにヘラクレイトスは火こそが万物の始原だとした．しかしギリシアの哲学者のうちのだれひとりとして土を万物の始原とは考えなかった．それは土が，他の元素にくらべて卑しいという通念がギリシア人の間にはあったからである．しかしその後エンペドクレスが以上4つの元素をともに万物の始原とする多元論（四元論）の立場をとったのであってプラトンはその説に従ったのである．とはいえそうした4つの元素にはおのずから尊卑の序列があり，土が最下級でありついで水,空気,火の順であったが，これはまた重さの順だったのであり，重いものは下にあって卑しく，軽いものは上にあって尊いとされたのである．

プラトンはこのように4つの元素を尊卑の順に並べたが，中世の錬金術においては金属もまた尊卑の順に並べられたのであり，金,白金,銀などは貴金属とされ，銅,鉄,鉛などは卑金属とされた．そしてこれらの事実は，なにごとをも上下の階層で考えようとした古代・中世のひとびとの思想傾向からきたものといえるであろう．

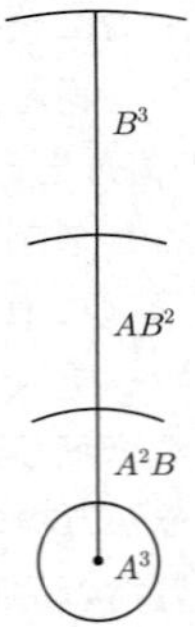

図 III－4

古代・中世ではいま述べたように世界のあらゆるものが上下に，つまり卑賤によって並べられた．そしてこれは明らかに，社会における階級の存在を，世界のあらゆるものに投影したことの結果といえるであろう．ところでこのように，古代・中世では人間の社会，そして広くは宇宙のすべてのものは上下のいくつかの階層からなりたつと考えたのであるが，こうした諸階層は，単に上下に積み重ねられるだけではなんとしても不安定である．それらは互いにしっかり結び合わされていなければ，社会というもの，宇宙というものはなりたたない．そこで，ほうっておけば分離しかねないいくつかの層をしっかり結びつけるための羈絆の役をつとめたのが比例の概念，ギリシア語でいうアナロギアの概念であった．すなわち $A:B=B:C=\cdots$ といった比例式によって，A は B に，B は C にというように順々に結びつけられ，そして結局，A はそうした $B, C, \cdots$ を介して他のあらゆるものと結びつけられることが可能となるのである（図Ⅲ-4）．

1世紀のユダヤ人の哲学者ピロンはプラトン『ティマイオス』篇の比例論的宇宙論を継承したが，彼は神がロゴスを生み，このロゴスが宇宙のきずなの働きをなすと主張した．すなわちこのロゴスは一方において地水火風を互いに分離させ隔離させるとともに，他方においてはそれらを結合させ秩序づけるとした．とはいえピロンのいうこのロゴスとは，まぎれもなくプラトンのいうアナロギアにほかならないといえるのである．

こうして古代から中世にかけては，世界におけるあらゆるものが階層をなすという意味で宇宙は Scale of Nature（自然の階段）を構成するとされた．またそうした階層は互いにしっかりつなぎ合わされているという意味で，宇宙には Bond of Being，Chain of Being（存在の紐，存在の鎖）が存在すると考えられた．そしてそれらはアナロギアつまり比例といった数学的表現で説明されたのである．

プラトンのアナロギアの思想は，一方ではさきに述べたようにユダヤ教徒ピロンによって継承された．しかしプラトンのそうした思想はまた5世紀頃の氏名不詳のキリスト教徒の著作『ディオニシオスの偽書』の中にも見いだされる．このキリスト教的著作の中では，神はもちろん最も善なるものとして宇宙で最高の位置を占める．他方，神以外のすべての存在者に対しては，おのおのが被造物としてそれなりに持っている善性の多少に応じて，高低の序列が与えられる．そしてそれらが持っている善性の多少はアナロギアの規則によって等比級数的な数列をなしているのである．

このようにしてキリスト教的世界においては宇宙の全存在は，単なる自然的存在ではなく，道徳的存在いや宗教的存在だったのであり，神を頂点とするピラミッド的階層制，いわゆる hierarchy をなしたのである．この hierarchy という語はギリシア語であり，もとは聖なる秩序という意味であった．というのもこの秩序の頂点には神が存在し，その下にあるいくつかの層はそれぞれいく分かでも神的性質を具えたものであり，その神的性質の度合はアナロギア的つまり等比級数的数列に従っていたからである．

このようにヒエラルキーという語は全宇宙を貫く神的秩序を指したのであるが，それはまた神—天使—法王—大司教—司教—司祭といったキリスト教的秩序を表現するものでもあった．しかしこうしたピラミッド的社会構成は中世においては聖職者の世界だけではなく，俗権の世界においても存在していた．そしてそれは皇帝—王—諸侯—騎士—農民といった諸階層であった．現在ヒエラルキーということばはむしろそうした現世的な階級組織の意味で使われているのであるが，本来は聖職者の階級組織，そしてそれの宇宙論的投影としての聖なる神的秩序を意味する語だったのである．

3. 比例論とキリスト教神学

以上述べたように存在の上下の階層の間にアナロギアの関係があるとすれば，各階層に対し，低い方から順に番号をつけそれを n とすれば，各階層は a^n であらわされるであろう．ここで a は1より大きい任意の正数であり，n は任意の整数である．するとそうした等比数列つまり $a, a^2, a^3, \cdots$ の最高の位置を占めるのが神となるであろう．というのもキリスト教では神は最高存在（Supreme Being）とされているからである．

さて a と a^n の間にいかに大きい隔たりがあったとしても，そこになん個かの中間項を与えれば，一つ一つの隔りを縮めることができる．例えば人間と神の間が遠いとしても，その間に天使を入れればその隔たりはいく分か縮まるであろう．さてそのような級数では，2つの階層の間の差は n が大きくなるほど大きくなる．とはいえ，2つの階層の間の比はどこでも一定なのである．

ところでしかしここに重大な問題が生じる．神を最高存在つまり Supreme Being としよう．supreme ということばはラテン語の supremus からきたことばであって，この語は super（高い）という形容詞の最上級である．さて神をそういった意味にとらえれば，神という存在は存在の階層の最高の位置に存するわけであって，それはさきの数列の最後に位置するということになる．そしてその場合，神は神より下の諸存在つまり天使や人間といった被造的存在と一定の比をもつことになる．しかしながら造物主と被造物の間の比が一定だとすれば，造物主の善性と被造物の善性の比もそれに等しく，造物主の知性と被造物の知性の比もそれと等しくなる．そしてつぎのような式が成立する．

$$\frac{\text{創造者（creator）}}{\text{被造物（creature）}}=\frac{\text{創造者の善性}}{\text{被造物の善性}}=\frac{\text{創造者の知性}}{\text{被造物の知性}}$$

しかしこうした量的比例式には重大な反論が生じる．造物主と被造物の間の比は有限なのであるから，造物主の善性，知性と被造物の善性，知性との間の比も有限でなければならない．ところが被造物の善性,知性は有限である．したがって造物主の善性,知性も有限となってしまう．こうして造物主は確かに被造物よりすべての点で優越するけれども，しかしそれはあくまで優越するだけであって，超越し，超絶するわけではない．神というものは確かにSupreme Beingつまり最高の存在である．神はhighestでありbestでありwisestである．つまり最上級である．そしてそれに対し，神より下の存在はgoodあるいはbetterである．またwiseあるいはwiserである．そして形容詞のそのような原級,比較級は量的に最上級につながるのであって，その間に絶対的な断絶はない．しかしそのように神と神より下の存在を量的に繋らせることは，神を相対化することであり，神を擬人化することである．神は最高存在であるだけでなく，同時にまた超越的,絶対的存在でなければならない．しかしながら神が被造物に対して絶対的だということは，造物主と被造物との間の量的比の存在を否定することである．

以上のように量的比の存在を拒否することによって，神の擬人化，神の相対化を拒否し，神の絶対性を保持することができるのであるが，問題はそれで終るわけではない．さきの比例式をなす4項のうち，被造物の存在と被造物の性質はわれわれ人間には既知である．また創造者の存在は，神の存在証明によって獲得される．ただし神の存在証明の論理的妥当性を信じないひともいるが，証明といった手段による神の存在の理性的承認でなくても，キリスト教信者による信仰的な承認であってもいい．とにかくいずれかの方法によって4つの項のうちの3つまでが既知となれば，第4項は rule of three（Regeldetri，regula de tribus，三率法あるいは比例法）によって計算可能となる．ところで神学（theology）とは神（theos）についての学である．つまり神学とはまず神の存在を認めたうえでさらにその神の諸属性を探究する学問である．ところが創造者と被造物との間に比が成立しなければ，第4項は引きだしようがないのである．したがってまた，神の存在は認めるとしても，神についていかなる性質をも述べえないといういわゆる不可知論に陥らざるをえない．しかしそうだとすれば，神学の仕事の大半はなりたたなくなってしまう．そしてこれが神の絶対性を保とうとした結果招いたところの重大な帰結なのである．こうして中世の神学では，量的比例と rule of three を使って神の性質を探究する試みは不成功だということになってしまったのである．そしてまさしくここに，ギリシア的思考法とキリスト教的思考法の違いが浮きぼりにされる．つまりギリシアでは，有限者どうしの有限的比および有限的比例の存在といった有限性の立場がとられたのに対し，キリスト教神学では，神という無限者の存在が中心となるのであり，ギリシア的な有限性の立場はもはや成り立たなくなったといわなければならないのである．

こうしてギリシア時代に連続比の形で表現されてきた階層制は，キリスト教中世においてさらに徹底され，超越者，絶対者としての神の存在をも含みこむことになったが，その結果は皮肉にも量的比例の関係が成立しなくなり，神学に対する数学的比例論によるアプローチの道は閉ざされてしまうのである．もちろん神学自体は，数学的比例とは違った意味でのアナロギアの理論をつくりあげるが，それはもはや数学的比例とは区別された非数学的なものとしかいいようのないものなのである．

4．プラトンの線分の比喩における比例論

さてギリシア以来比例は2つの種類に区分された．1つは，$A:B=B:C$ といったもので連続的比例といわれ，もう1つは $A:B=C:D$ といったもので分離的比例といわれる．比例によって存在の階層を表現する方法として，プラトンの『ティマイオス』篇以来使われてきたのは連続比例の方であった．しかしプラトンはまた存在の階層を分離的比例によっても表現しようとした．そしてそれがプラトンの有名な「線分の比喩」である．

プラトンは『国制』という対話篇の第6巻において，全

世界（ab）を視覚の対象となる世界（ac）と知性の対象となる世界（cb）に二分した．そしてさらに視覚の対象界を影像の世界（ad）と実物の世界（dc）に二分し，知性の対象界を，数学が対象とする世界（ce）と，哲学が対象とする世界（eb）に二分した．こうしてプラトンは全世界を四分したのであり，その区分の仕方を，彼は線分の分割の仕方で説明したのである．ところでプラトンはこのように世界を四分したがさらにこれら4つの世界に，それらのそれぞれを認識する人間の能力を対応させた．すなわち ad に臆測（conjecture）を，dc には信念（belief）を，ce には悟性（Verstand, understanding）を，eb には理性（Vernunft, reason）を対応させた．

ところで問題は線分の分割の仕方であるが，これは二分割を繰り返して，四分割するという方法である．そして，第一次分割の際の比である $A+B:C+D$ がそのまま第二次の際の分割比である $A:B$ と $C:D$ に持ち込まれるという仕方でおこなわれる．こうして結局つぎのような比例式が成立することになる（図Ⅲ-5）．

$$A+B : C+D = A : B = C : D$$

この式のうち $A:B=C:D$ をみると，A, B, C, D という4つの階層は連続的比例をなすのではなく，分離的比例をなすということがわかる．とはいえそれは単なる分離的比例ではなく，両方の比がともにまた $A+B:C+D$ の比に等しいという条件が付加されているのである．

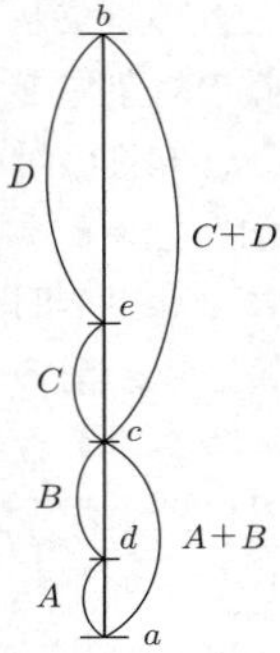

図 III−5

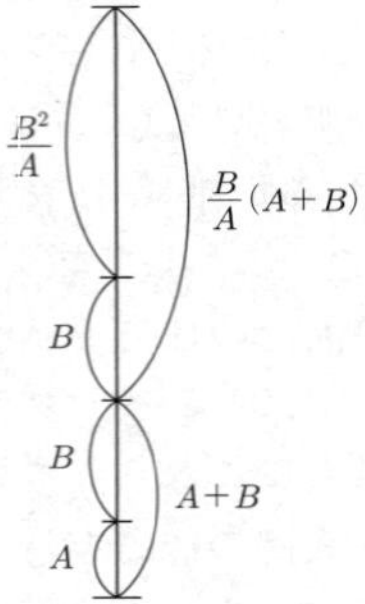

図 III−6

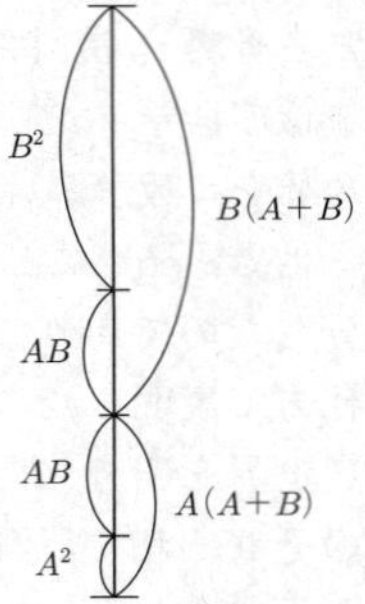

図 III−7

そこでこうした条件を加味してみると，結局プラトンの考えた世界の4つの層，そしてそれらを把握する人間の4つの能力は，図Ⅲ-6のように表現できることが簡単な計算によってわかるであろう．また図Ⅲ-6は図Ⅲ-7のように書きかえることも可能である．

さて図Ⅲ-7は確かに A^2, AB, B^2 とか，A^3, A^2B, AB^2, B^3 のような連続比例あるいは等比級数とは異る．しかしながら図Ⅲ-6をみてもわかるように，2つの量 A, B がわかれば，それらより上の2つの層もまた A, B 2つの量で構成できるという仕掛けになっている．それゆえこのような構成可能性，計算可能性という点では，等比級数において，初項と公比がわかれば，他の項もまた得られるのと事情はおなじなのである．

ところで比例の計算といえば，ユークリッドの『幾何学原論』第6巻の第11命題は，$A:B=B:X$ となるような X をみつける作図である．また第12命題は $A:B=C:X$ となるような X をみつける作図である．そして，第13命題は $A:X=X:C$ となるような X をみつける作図である．つまり第11命題は第3の比例項をみつけること，つまり外挿をおこなうことであり，第12命題は第4の比例項をみつけることつまり rule of three であり，第13命題は比例中項をみつけること，つまり内挿をおこなうことであり，missing link をみつけることである．もちろんユークリッドはプラトンよりもかなり後代の人物であるが，しかし『幾何学原論』のかなりの部分はユークリッド以前に存在していた諸定理を，とり込んだと考えられるのであり，いまの比例計算も古くから知られていたものといえるのである．

さてプラトンは線分の比喩において，世界を尊卑の順に一定比で並べ，したがってまたそうした各階層を把握する能力をも尊卑の順に並べた．それゆえ，感覚的な対象を扱う俗世間的人間よりは，数学的対象を扱う数学者の方が高貴であり，さらにはイデアといったものを扱う，哲学者の方がもっと高貴だということになる．ちなみにカントの哲学において人間の知的能力を感覚能力よりもすぐれたものとし，さらに知的能力を2つに分けて理性と悟性にし，理性を悟性よりも高貴なものとするのも，プラトン以来の伝統に従ったものといえるのである．

このようにプラトンにおいては世界とそれを認識する能

力は階層制をなすのであるが，プラトンは人間の努力によって，そうした階層あるいは階段を登ることが可能だと考えた．つまり各階層の間には乗り越え難い断層があるのではなく，下方から上方へ登攀することが可能だというのである．そしてそうしたことを可能にするのが比例関係なのである．ところでこの比例関係は，最下層と最上層の間にいくつものリンクをいれて鎖をつくり，その鎖で最下層と最上層をつなぐという働きをなすものである．そしてこの鎖は古来「黄金の鎖」といわれ，イデアの世界によじ登るための助けとなるものと考えられた．しかしそうした比喩によって述べられた登攀可能性も，実は比例法による計算可能性によって裏づけられたものだったといえるのである．

5．フーリエとプルードンにおける階層否定の思想

19 世紀の初めに活躍した空想的社会主義者フーリエは，近代的資本制のもとでの所得の配分法を嘆いた．いま社会を貧困者から裕福者にいたる 5 つの階級にわけ，それらの階級に対する所得の配分の仕方が 0, 1, 2, 4, 8 だったとしよう．社会の発展にともなってそれが 8, 16, 32, 64, 128 になったとすれば，階級の差はなお残るとしても，貧困者の生活にも一応の向上がみられる．しかしながら現実はなんと 0, 2, 8, 32, 128 となっているのであり，貧困者と裕福者の差は開くばかりだというのである．

フーリエはそうした資本主義社会に反対し，社会主義社会の創設を力説する．彼は社会主義社会の単位としてファ

ランジュというものを考えた．これは約1,800名からなる社会主義的共同生活団のことである．ここで団員は当然のこととしていろいろな農作業や手工業的作業や土木作業に従事しなければならない．とはいえファランジュではそうした各種の仕事に従事する仕方にきわだった特色がみうけられる．ファランジュの各種の作業はすべて系列（series）と呼ばれる組織によっておこなわれる．そして1つのファランジュにはおよそ100個の系列がある．ところで各系列はいくつかの班にわかれる．たとえば梨の栽培をおこなう系列を考えてみよう．この系列は梨の栽培を好む人間が集ることによって形成される．しかしそうした梨栽培の好きなひとびとの間にも，どんな品種の梨を栽培するかについて好みの違いが存在する．そこでその系列はその土地で栽培可能な梨のすべての種類と同数だけの班をもっていなければならない．ところでそうした班はどの班もおなじ人数からなるとは限らない．どの品種の梨を栽培したいかという希望にはかたよりがあるからである．そしてその分布状況をフーリエは数列で考える．例えばある系列が5班からなるときは，1, 2, 3, 2, 1の割合の分布をなし，7班からなるときは2, 4, 6, 8, 6, 4, 2の割合の分布をなすと考える（図Ⅲ－8）．

さて人間は一生どころか一日中だって同一種類の仕事を続けることに耐えられない．そこで1日におこなう仕事の種類をつぎつぎと変えることを許す．つまり各人は1日にいくつかの系列の仕事をおこなう．しかも日によってそう

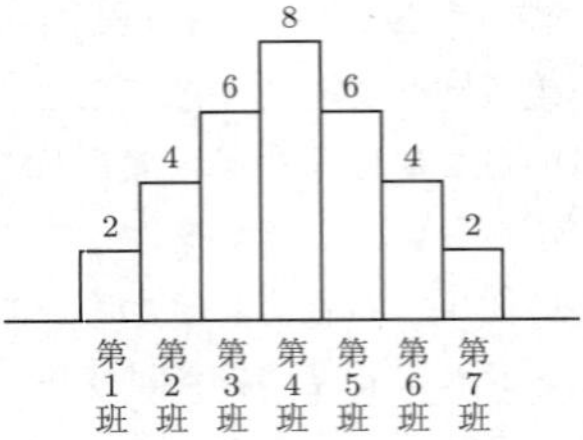

図III－8

した選択を変えてもよい．こうして各人は一生の間に100系列全部は経験し尽くさなくても，30系列ぐらいは経験できる．このようにファランジュに属する各メンバーがさまざまの系列に入って仕事をしていくうちに，階級的あるいは階層的な区別立てはだんだんと解消されていくのである．

こうして，フーリエは人間を貧困から裕福へと等比級数的に階層づける悪しき所得配分（distribution）に反対し，あらゆる階層の人間を，さまざまの種類の作業の系列の中へと配分することを主張した．そしてあとの方の配分，いやむしろ分布（distribution）と呼ばれるべきところのものは，さきに例示したように，いったん上昇し次いで下降をおこなう階段状の系列であり，1つの数列として数学的に表現されるものだったのである．とはいえフーリエのこうした考えは空想的なもの，馬鹿げたものとして葬り去られ，彼の夢は実現されずに消滅してしまったのである．

フーリエは確かに，所得配分といった考えの代りに系列内における分布といった考えを提案したが，所得の格差そのものを正面切っては否定しなかった．しかしフーリエより 37 歳年少のプルードンは所得の比例的配分の思想を全面的に否定した．そしてそれについては，さきに触れたとおりである．とはいえフーリエとプルードンはともにマルクスとエンゲルスによって空想的社会主義者として断罪された．しかしながらフーリエとプルードンの両人は古代・中世において支配的であった階層的比例の考えを激しくゆさぶったという意味で，まぎれもなく，近代的な思想家だということができるのである．

3. 関数概念の原初的形態

1. 古代中国の関数概念

ヨーロッパの数学史のうえで functio（ラテン語．はたらき，機能という意味）ということばを関数という意味で最初に使ったのはライプニッツだといえる．確かに，関数ということばでなくて関数概念それ自体についていえば，その萌芽を中世末期頃までさかのぼらせることが可能である．しかしながら，ギリシア数学の中にまで関数概念を見いだすことは不可能だといわねばならない．そして実際，ヨーロッパでは近世数学とギリシア数学との最大の違いは，関数概念の有無であるとみなすことができるのである．

ヨーロッパにおける関数概念の確立を詳しく見ることはあとまわしにして，まずはじめに，古代中国における関数概念の原初形態を眺めることにしよう．

中国は古来，礼を重んじる国という点で有名である．しかもそうした礼は，古くからきわめて数学的に処理されていたのである．まず簡単な例から始めよう．先秦時代につくられたと考えられる歴史書『国語』第１巻に「王の耕すこと一撥，つぎにはこれを三たびす」という記述がある．これは王およびその家臣たちがおこなった農耕儀礼のことを述べているのであり，そこではシンボリカルに田を耕す所作がなされるのである．つまりまず王が耜《すき》で田の土を1回だけはねあげる．つぎに公が3回はねあげる．そして卿は9回はねあげ，最後に大夫が27回はねあげる．これをみるとはねあげる回数は，1を初項とし，3を公比とする等比級数となっていることは明らかである．そしてこれが「つぎにはこれを三たびす」という文の意味である．つまり前の項を3倍して順次後の項を得るというわけである．

階級社会には一般に格式というものがきまっている．いかなる儀式のやり方も，階級によって差がつけられている．そしてそうした差は，数的に規定すればいちばん正確となる．さて一般に数には序数と基数の区別がある．序数とは第1,第2といった順序をあらわす数である．中国では古くは階級の上下をあらわすために，下から上へ第1,第2,第3というふうに番号をつけた．したがっていまの王,公,卿,大夫の4階級の場合の序数は4,3,2,1となる．ところでいまの場合，各階級には，すきをはねる回数が決まっていて，その数は1,3,9,27である．そしてこちらはもちろん基数である．さてこうした序数の系列と基数の系列の間には，明らかに一定の関係が存する．そしてその関係は，序数の系列上の任意の数をnとし，それに対応する基数の系列上の数をmとすれば，$m=3^{4-n}$となることは明らかである．

ところで階級の上下を示す序数を中国では古くから《命数》といった．この命数は周代では一命から始まって九命まであった．命という字が使われているのは，天子が諸侯に与えるものだからであり，公には九命が与えられ，侯と伯には七命が，子と男には五命が与えられた．ところでこうした諸侯もそれぞれ自分の城をもつことができるが，その城の大きさもはっきり決められている．すなわち天子の城は 9 里四方，公の城は 7 里四方，侯と伯は 5 里四方，子と男は 3 里四方である．こうして城の大きさもまた礼数に従って決められるのであり，仮に天子の礼数を 11 と置けば，11, 9, 7, 5 という礼数の系列に対応し，$9^2, 7^2, 5^2, 3^2$ の系列がつくられる．そしてそれら 2 つの系列の間の関係は，礼数の系列上の任意の数を n とし，それに対応する城の大きさを示す数の系列上の任意の数を m とすれば $m=(n-2)^2$ となることは明らかである．

こうして各諸侯はその命数によって，自分の国の都城の大きさが決められるだけでなく，宮室，車旗，忌服，礼儀等のすべてもまた数的に決定されるのである．こうしてそれぞれの国に関するすべての数量は，その国の主である諸侯の礼数，つまり 7, 5, 3 といった序数の関数となるのである．しかも，この礼数は，階級が降るにつれて，小さくなっていく．そしてこのことは，古来《降殺《こうさい》》と呼ばれた．つまり礼数が《くだり，そがれる》という意味である．そしてまさにこの降殺ということが中国の礼というものの本質であったといえよう．『孔子家語』は孔子の言行や門人との問答を録したものであるが，この第 27 章「観郷射」で孔子は，正しい礼のことを「貴賤の義，別たる」といい，また「降殺の義，弁ぜらる」と語っている．これは貴い者の礼数は大きく，賤い者の礼数は小さいという仕方で両者の区別がはっきりなされていることを指しているのであり，孔子はこれが礼の本来の姿だと考えていたのである．

もう一例だけ挙げてみよう．『孟子』「万章篇」で孟子は彼の理想国家と考えた周王朝の爵禄階級制を説明している．孟子は天子,公,侯,伯,子･男を五等と呼び，君(諸侯),卿,大夫,上士,中士,下士を六等と呼んだ．周の時代は封建制の時代であって，天子のもとに，公侯伯子男の諸侯がおり，その諸侯のおのおのの下に卿,大夫,上士,中士,下士がいたのである．さていま後者の方，つまり六等について，その封禄をみてみよう．諸侯といっても公・侯といった上位の諸侯と，子・男といった下位の諸侯では領地の大きさがちがう．しかしいまは大国たる公・侯の領地を考えることにしよう．するとこの領地は100里四方の大きさである．そしてこうした国では，君すなわち諸侯は卿の禄の10倍であり，卿の禄は大夫の4倍であり，大夫は上士の2倍，上士は中士の2倍，中士は下士の2倍である．

ところでそうした禄の，下士から君にいたる昇りぐあいをみると下士から上士までは2を公比とする等比級数に従って上昇するが，それから後は上昇率が大となる．つまり大夫から卿へは4倍，卿から君へは10倍の率で上昇する．そこで例によって，君に6，卿に5，…，下士に1というふうに序数を与えればそれに対する禄は$2^3\times4\times10$, $2^3\times4$, 2^3, 2^2, 2^1, 2^0 となるであろう．そしていまそうした序数の系列の中の任意の数をnとし，六等に属するそれぞれの者の禄を m とすれば，$n \leqq 4$ の場合は $m=2^{n-1}$, $n=5$ の場合は $m=2^{n-2}\times 4$, $n=6$ の場合は $m=2^{n-3}\times 4\times 10$ とあらわすことができるのである．

2.『九章算術』の中の関数概念

中国漢代の数学書である『九章算術』の第3章において衰《さ》分《ぶん》あるいは差分と呼ばれる計算法が扱われている．これは貴賤の差に応じて，事物を割り当てるための計算であり，現代のことばでいえば比例配分の計算である．ところでここで問題にしたいのは比例配分の計算の方ではなく，むしろ爵数および，それにもとづく列衰と返衰の概念である．

さてここで次の問題をみよう．問．いま1人の大夫，1人の不更，1人の 簪裊《しんじょう》，1人の上造，1人の公士がいたとしよう．あるとき彼ら5人はいっしょに猟をし，5匹の鹿を得た．爵位に従って獲物を分けると，各人はどれだけの鹿を得るであろうか．この問題を解くに当って，爵数（爵位をあらわす数）という概念が導入される．この爵数はまえにあげた礼数と似た概念であって，序数といえる．そしていまの場合の爵数は，大夫5，不更4，簪裊3，上造2，公士1である．つぎにこの爵数の数列に従って列衰（減衰していく数列）が得られる．それはいまの場合，5, 4, 3, 2, 1である．そしてこの列衰は基数である．いまの場合，たまたま爵数と列衰は同じ数値となった．したがって爵数の系列の中の任意の数を n とし，列衰のうちの任意の数を m とすれば $m=f(n)=n$ となる．以上のような準備をすれば，その後は，$f(n)/\sum_{l=1}^{5} f(l)$ つまり $n/\sum_{l=1}^{5} l$ を鹿の数 5 匹に順次掛けあわせればよい．ここで列衰が爵数によって規定されていることがわかるが，そのような例をもう一題あげよう．

《いま政府から大夫，不更，簪裹，上造，公士の 5 人に 15 斗の穀物が禄として下給されたとしよう．そしてそれを爵位に従って分配したとしよう．ところが分配後に，もう 1 人の大夫がやってきて自分のとり分 5 斗を要求した．しかしもはや分配が終って倉には穀物が 1 粒もない．その場合さきの 5 人から適当に拠出させて，後からきた大夫に与えるにはどうすればよいか．答．大夫は$1\dfrac{1}{4}$斗を出し，不更は 1 斗を出し，簪裹は$\dfrac{3}{4}$斗出し，上造は$\dfrac{2}{4}$斗出し，公士は$\dfrac{1}{4}$斗出す．解法．各人の初めに得た斗数すなわち 5 斗, 4 斗, 3 斗, 2 斗, 1 斗を並べると，これは爵位に従って配分されたものであるから，列衰をなす．この数列の各項を足そう．そして後からやってきた大夫の分 5 を更に加えよう．すると 20 となる．20 を除数としよう．そして 5 斗に 5, 4, 3, 2, 1 を乗じたものを被除数としよう．すると答えがえられる》．

ここでも 15 斗の穀物が爵数 5, 4, 3, 2, 1 に応じて，5 斗, 4 斗, 3 斗, 2 斗, 1 斗に分けられる．また拠出分は$1\dfrac{1}{4}$斗, 1 斗, $\dfrac{3}{4}$斗, $\dfrac{2}{4}$ 斗, $\dfrac{1}{4}$ 斗であるが，これは，最初のとり分に対応したものではあるが，結局のところは，爵数 5, 4, 3, 2, 1

に対応するものであるといえる．

以上２例は，爵数に応じて下降的等差級数をなす場合であった．実際，爵数は上位の階級から下位の階級へと減少していく数列をなし，こうした爵数をもとにして得られる数列 $f(n)=kn$（n は任意の爵数つまり $5,4,3,2,1$．$k>0$）もやはり減衰していくものである．そしてそれゆえにまた列衰と呼ばれたのである．しかしそれとは逆に，$f(n)=\dfrac{1}{kn}$ という数列も考えられた．すると $5,4,3,2,1$ という爵数に対応してこんどは，$\dfrac{1}{5k},\dfrac{1}{4k},\dfrac{1}{3k},\dfrac{1}{2k},\dfrac{1}{k}$ という数列がつくられる．この新しい数列は返衰と呼ばれたが，これは $5k,4k,\cdots$ の逆数からなる数列であり，したがって増加していく数列であるから《返衰》といわれたのである．

そこでこんどはこうした返衰がでてくる例題を挙げよう．まず返衰ではこう述べられている．

《爵数を $5,4,3,2,1$ とする．爵位の高い者ほど多くをもらうようにすれば，大夫１人が５人分だけ受け，不更１人が４人分だけ受け，……ということになる．いま人数（つまり１）を分母としよう．そして受けた量を分子としよう．どの場合も分母が同じであるから，分子によって各人の持ち分があらわせる．そしてその場合列衰をなす．そしてそれは $5,4,\cdots$ である．しかしながらこんどは爵位の高いものほど少ししか出さなくてもよいようにすれば，大夫は５人がいっしょになって１人分出し，不更は４人がいっしょになって１人分出し，……ということになる．そしてこれは返衰をなす．こんどの場合分母となる人数がどれも同じでないから，1人当りの負担分も同じではない．ところでこうした返衰は 5, 4, 3, 2, 1 の逆数であるといえる．そしてここでは，分子が同じ（つまり1）であり，分母の方が列衰となるであろう》．これはつまり爵数を n とすればそれに対応する列衰の項は $\dfrac{n}{1}$ となり，返衰の項は $\dfrac{1}{n}$ となることを述べているのである．さて返衰を使う例題はこうである．

《いま大夫，不更，簪裹，上造，公士の5人がみんなで100銭を出す場合，爵位の高い者は少なく出し，爵位の低くなるに従って多く出すようにさせるとすれば，各人はいくら出せばよいか．答．8銭と104/137，10銭と130/137，14銭と82/137，21銭と123/137，43銭と109/137．解法．爵数は 5, 4, 3, 2, 1 であって，減衰する数列である．これを返衰に変え，1/5，1/4，1/3，1/2，1/1 としよう．これを通分すると 12/60，15/60，20/60，30/60，60/60 となる．ついでこれらの分数を加えあわせたものを除数としよう．そして100銭と個々の分数を掛けたものを被除数としよう．すると求める金額が得られるであろう》．

つまり $\dfrac{1}{n}\Big/\sum\limits_{l=1}^{5}\dfrac{1}{l}\,(n=5,4,3,2,1)$ を100銭に順次掛けあわせていけばよいのである．

3．体用の概念と関数概念

さて以上の例はすべて，ディスクリートでスタティックな場合であった．すなわち礼数あるいは序数がディスクリートであり恒常的であるのは当然として，その序数によって決定される各種の数もまたディスクリートであり，スタティックであった．しかしこんどは序数によって決定される数が時間とともに連続的に変化するいわゆる変数である場合，つまりダイナミックな場合を考えよう．そしてそれが実は，中国で古くから発生した陰陽の思想なのである．

陰陽の思想とはすべてのことがらを陰と陽の2つからみるという思想である．ところで陰陽はいろいろのものに配当される．例えば天は陽，地は陰とされる．また君は陽に，臣は陰に配当される．さらに父は陽，子は陰に，男は陽，女は陰に，夫は陽，妻は陰に配当される．そして価値的にいえば一般に陽は上，陰は下だといえる．

さてそうした陰陽のうち，陽に序数2を，陰に序数1を与えるとしよう．そして次に陰陽の量をそれぞれ p と q であらわすことにしよう．ところで $f(2)=p$，$f(1)=q$ となるような関数 $f(n)$ は $\left(\dfrac{p}{q}\right)^{n-1}\times q$，つまり $\dfrac{p^{n-1}}{q^{n-2}}$ である．そして実際 $f(2)=\dfrac{p}{q^0}=p$，$f(1)=\dfrac{p^0}{q^{-1}}=q$ である．ここまではこれまでの例と変りはない．しかもこの例における新しさは，p と q がともに連続的変量だということである．

陰陽は昔から対峙と流行という2つの観点から考えられた．対峙とは陰陽が相対立することである．そしていまの場合，陰は序数1であって卑しく，陽は序数2であって尊いということである．つぎに流行とは，陰と陽が絶えず消長し変化することであり，いまの場合，p と q が連続的変量だということである．ところで p と q はともに連続的変量であるが，相互に無関係ではない．実は p と q の間に $p+q=k$（k は常数）といった関係が存するのである．この関係はいわゆる消長進退といわれるものであり，陰が増せば陽が減り，逆に陽が増せば陰が減るという関係であり，陰が進めば陽が退き，逆に陽が進めば陰が退くという関係である．こうして陰陽の間に一進一退，押しつ押されつという関係が続くのであるが，それにもかかわらず，陰陽を加えた総量というものは常に一定だとされるのである．こうした $p+q=k$ の関係がもっとも鮮明に出てくるのは易の卦においてであって，八卦においては $k=3$ であり，六十四卦の場合は $k=6$ である．そしてもちろんどちらの場合でも，p と q は変量であるが，この場合は，しかし連続量ではなくて，$1, 2, 3, \cdots$ といった非連続量である．確かにこうした易の場合には，天地間の森羅万象を，八卦あるいは六十四卦といった有限個の型にあてはめて考えざるをえなかった．しかし現実の世界は必ずしもそのようなディスクリートなものからなるとは限らないのであり，現に寒気と暖気の一進一退といった自然現象は，連続量の連続的変化だといわねばならないのである．

さてここで陰陽の説も含めてこれまで述べられたすべてのことがらをまとめてみよう．まず序数 $n, n-1, \cdots, 1$ の数列があって，それによって $f(n), f(n-1), \cdots, f(1)$ といった数列ができあがる．この場合一般に $f(n), f(n-1), \cdots$

は定数であるが，場合によれば $f(n), f(n-1), \cdots$ が変数の場合もある．さてこうした $f(n), f(n-1), \cdots, f(1)$ を加え合わせれば $\sum_{l=1}^{n} f(l)$ となるが，これを S としよう．すると $S=f(n)+f(n-1)+\cdots+f(2)+f(1)$ は，一定の物量 S を，$n, n-1, \cdots, 1$ といった序数をもつものに分割したことを意味する．この場合，S は鹿の数でもよいし，穀物の量でもよい．また分割された量は，とり分でもよいし，出し分でもよい．とはいえそのいずれの場合でも，$n, n-1, \cdots, 1$ は，礼数あるいは爵数として，身分や階級の上下をはっきり示すための大切な指標なのである．

さてここでいまの話を更に抽象化し，一般化しよう．するとそこに中国哲学の基本的な姿を浮かびあがらせることが可能となるのである．ところで $f(n)$ という式において n を変数と考えれば，n は独立変数であり，$f(n)$ は従属変数だといえる．そしてまた $f(n)$ は n の関数だということもできる．ところでこうした独立—従属といった対立概念を中国で求めるならば，それは中国哲学における体と用の概念に相当するといえよう．体用の概念はいろいろな意味に使われるが，その最大公約数的な意味では，体とは primary なもの根本的なものであり，用とは secondary なもの派生的なものであって，そうした意味で両者は一対の相関観念であるといえる．

体と用という概念はふつう英語では，substance（実体，本質）と operation（作用，はたらき，機能）というふうに訳されている．そしていまの場合でいえばnがまさしく本質（substance）であり，$f(n)$つまりfunction（関数，機能）が作用（operation）となるのである．さらにまたnと$f(n)$は中国哲学のもう一つの哲学概念である性と情という対概念で説明することもできよう．性と情はnature（本性）とemotion（情動）と訳されるものであって，《情は性の発するところのもの》，《性は根であり，情は根から発した芽である》といわれる．性と情はおおよそ以上のような意味をもつものであるから，それらは当然，さきに述べた体と用の概念でも説明されうるのであって，実際《性は体であり，情は用である》ともいわれる．それというのも，性は根本的なものであり，情は派生的なものにほかならないからである．また性は本性であり従って本体的なものといえ，情は情動であって従って作用的なものといえるからである．

以上のような体と用，性と情の概念は一応ヨーロッパ哲学における実体と属性という対概念を連想させる．確かにヨーロッパの実体と中国の体や性はよく似た概念であるといえる．しかしヨーロッパにおける属性は実体の1個の所有物，所属物であるのに反し，中国の場合における用や情は，物でなく作用，はたらきであるという点に最大の違いがあるといえる．そしてヨーロッパにおいて，属性の考えとは別に，作用，はたらきの概念が登場してくるのは，近世になってからである．そしてoperatioあるいはfunctioといった概念を哲学的あるいは数学的に確立したのが近世ドイツの哲学者ライプニッツだといえるのである.

さて，ヨーロッパにおける実体,本体,本性,本質といった概念と，中国の性の概念であるが，この両者に関する限り非常に似通った面がみられる．すなわち英語の nature と中国語の性はともにその本来の意味は人間あるいはもっと広く物一般が生まれつきもっているものという意味である.とはいえ生まれつきもっているといってもそれが自然から与えられたものというよりは超自然的存在から与えられたものといった考え方もある．これはヨーロッパでいえば万物の性質は神によって与えられたというキリスト教的考え方である．そして中国でいえば,「天の命ずる，之を性という」ということばからもわかるように，性というものは天から与えられたものだといった儒教的な考え方がある．ところでこう考えてくると，先に述べた礼数,爵数といったものは，天の代理者たる天子が与えたところの命つまり命数,九命であり，ひいては天自身の与えた命であるということができよう．そしてこのようにして決められた階級的地位というものは当然，固定的なものであり，そうした地位が基礎となり，その地位にふさわしいあらゆる行動が，数学的に導出されうるというのが中国の古くからの伝統的な考えなのである．このようにして結局，中国における関数的思考法は，天子のもとにおける官僚的階級体制といった社会体制をモデルにして発生したものということができるのである.

4. ライプニッツの関数概念

以上で中国における関数的考えをみてきたが，こんどはヨーロッパの近世に移ろう．functio ということばを関数という意味で使ったのはライプニッツが最初である．

さてデカルトによって直線あるいは曲線というものは横座標と縦座標の関係を代数的に表現するという仕方で把握された．そしてライプニッツはこうしたデカルトの路線をさらに進めたのである．

さてライプニッツは横座標 OQ（abscissa）と縦座標 PQ（ordinate）以外に接線 PT（tangent），接線影 QT（subtangent），法線 PH（normal），法線影 QH（subnormal）を考えた．そして彼はこれらすべてを functiones（functio の複数形）と呼んだ．functio とは，もともと機能という意味であって，英語の office（役目），action（作用），

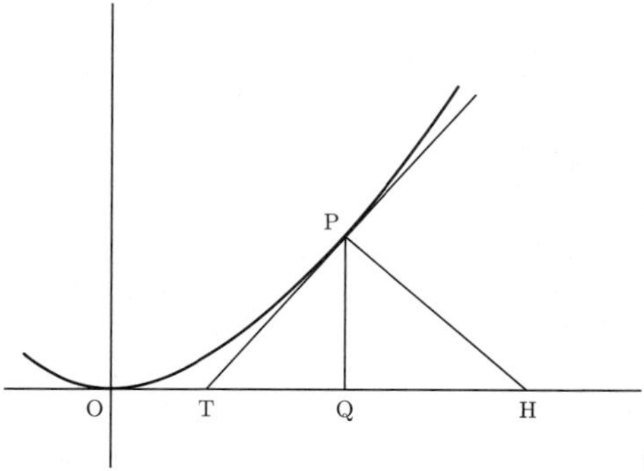

図 III－9

operation（働き）等という語でいいかえられる．ところでライプニッツはいま述べたそれらの線分をより正確には functiones（scilicet tangentis, perpendicularis, etc.）facientes と説明している．つまり，それらの線分は，《一つの曲線に接するという働き，一つの曲線の上に垂直に立つという働き等々をなす線分》と説明しているのである．

こうして関数ということばつまり functio がどうして機能という意味と結びつくかということがわかったが，こんどは逆に機能ということばがどうして関数つまり《関係の数》という意味に結びつくかを説明しなければならない．ところでライプニッツ自身はしばしば ratio inter functiones や relatio inter functiones といった表現を使っている．前者は一つの機能ともう一つの機能の間の有理的関係を意味し，後者はそれらの間の有理以上の関係を意味する．ところで機能とはさきにいったように，接線，接線影等々であるが，これらは実は変量であって，P が連続的に移動するにつれて，それらの量もまた連続的に変るのである．さてここで話をわかりやすくするため具体的な例を出そう．まえに挙げた図Ⅲ-9 において，曲線を $y=x^2$ としよう．するともちろん $\mathrm{OQ}=x, \mathrm{PQ}=x^2$ である．$y=x^2$ の導関数は $y'=2x$ であり，これが勾配をあらわすから，簡単な計算により $\mathrm{TQ}=\dfrac{x}{2}, PT=\sqrt{\dfrac{x^2}{4}+x^4}$ が出せる．そしてそこから $\mathrm{QH}=2x^3, \mathrm{PH}=\sqrt{4x^6+x^4}$ も導ける．

さて以上の結果により OQ から QH にいたる 6 個の線

分，あるいは機能，あるいは変量はすべて互いに相関的であることがわかる．つまりこれら6個のうちからどのペアを選び出しても，それらは有理的あるいは有理以上の数学的な関係を保持していることがわかるのである．こうして，すべての functiones（諸機能）どうしの間にはそうした数学的関係があることがわかったから，そうした関係は relatio inter functiones（機能の間の関係）と呼ぶことができる．そしてこの場合，現在いうところの関数は functiones（機能）の方でなく，むしろ relatio（関係）に相当するのである．

ところでいまの例からわかるように，6つの変量のうちで，OQ＝x がもっとも単純であり，他の変量はそれから導き出されるという仕組みになっている．ここから x が独立変数であり，他の変数は従属変数だということになる．とはいえ，そうした従属変数は実は OQ 以外の変量なのであり，それらはもともと functio（機能）であった．したがってそれはライプニッツでは functio ipsius x（function of x itself，x 自体に従属する機能）と表現された．そしてこの場合の functio ということばは一方では確かに本来の古い意味つまりはたらき，変量という意味をもつのであるが，他方ではまた新しい意味つまり《x と x の従属変数との関係》をも意味する．そしてこうなって初めて functio は現在の関数という意味に近くなってくるのである．

一般に関数を表現するには2通りのやり方がある．たとえば親子関係をあらわす表現に，（1）《a と b の間には親子関係が存する》と，(2)《a は b の親である》あるいは《b は a の子である》がある．そして relatio inter functiones を関数とみなすのは (1) のようなやり方であり，$x^2, \frac{x}{2}$ 等々は functio ipsius x であると考え，そうした functio を関数とみなすのは (2) のようなやり方なのである．

5. モナドロジーと関数概念

関数の概念がライプニッツによって確立されたのはあらまし以上のとおりであるが，ライプニッツは数学者であるとともに哲学者でもあった．そこで彼はそうした関数の考えとパラレルな形の形而上学をつくりあげた．そしてそれが哲学史で有名なモナドロジー（単子論）である．モナドロジーは，世界は一つながりの連続体ではなく無数のモナド（単子）からなりたつと主張する点でアトミズム（原子論）に似ているが，ただアトミズムがアトムは物質的な存在であるという唯物論の立場であるのに反して，モナドロジーはモナドは精神的な存在であるという唯心論的立場なのである．

さて個々のモナドは相互に独立であり，それぞれ個性をもち，自己自身で独特の発展を遂げていく．それはたとえば，シーザーという主語について，《生まれる》，《育てられる》，《教育される》，《ガリアを征服する》，《ルビコン河を渡る》，《ローマの独裁者となる》，《ブルータスによって暗殺される》といった述語がつぎつぎと時間的系列をなして述語づけられていくのと同様である．すなわち一つのモナドはある状態から他の状態へ，つまり過去の状態から現在の状態へ，現在の状態から未来の状態へとつぎつぎとしかも連続的に展開し，発展していく．ライプニッツはこうした事態を series operationum（series of operations つまりもろもろの作用の系列）と呼ぶ．さてモナドロジーによれば，宇宙は無数のモナドからなりたつのであるが，各モナドはそれぞれ独立存在であり，going my way であって，他のモナドと一切交渉をもたない．このように宇宙は，互いに自立自尊的な多くのモナドの寄り集りであるのに，なおそうした宇宙が全体として一定の調和を保っているのは，神が宇宙の創造に際してあらかじめ各モナドの中に，あたかも遺伝子を埋め込むような仕方で，その後のあらゆる行動の軌跡を決定する因子を仕組んだからであり，しかもそうした軌跡は，他のあらゆるモナドの軌跡と調和を保つような配慮の下に決められたからであるとされる．そしてこれが有名なライプニッツの予定調和説なのである．

さて以上のようなモナドロジーが，彼の関数の考え方を下敷きにしたということは明らかであろう．各モナドのもろもろの作用の系列は，$x, y, z, \cdots$といった変数である．そしてモナドとモナドとの間の関係は，そうした変数と変数の間の関係にほかならないのである．

こうして，モナドロジーという形而上学的な体系が数学的な関数の考えとパラレルであることがわかったが，他方において，このモナドロジーはまたライプニッツの時代の社会状態，そしてライプニッツ自身の社会観を反映しているということもできる．ライプニッツは当時のヨーロッパ人の常として神の存在および君主の存在を認めた．とはいえ神もまた一つのモナドである．ところでこの神と神以外の被造物との関係をライプニッツは君主が人民を治める関係に比較している．しかしこの君主関係は，ライプニッツが述べているように父と子に似た関係であり，それは対立関係ではなく，むしろ協同と調和の関係なのである．ライプニッツは絶対主義時代の思想家の常として君主の存在を認めはするが，しかし他方近世の思想家として個人の独立と尊厳を主張する．これがライプニッツと中世の思想家を区別する最大の相違点である．ヨーロッパ中世の封建制の下では，社会有機体説が唱えられ，国家は有機体としての人間になぞらえられた．つまりそこではつぎのようなアナロジーの関係が主張された．魂 : 頭 : 心臓 : 目と耳と舌 : 手 : 脇腹 : 胃袋 : 足＝聖職者 : 王 : 元老院 : 裁判官と知事 : 官吏と軍人 : 王の侍臣 : 会計官 : 農民．ところでこうした諸階層は確かに自己の階層に特有な任務，役割，機能（office，function）をもつ．そしてそれは生物の 1 個体を構成する諸器官（organ）がそれぞれに特有な機能（function）をもつのとおなじである．とはいえこれら諸階層，諸機能はいわゆる有機的連関によって互いに強く結びつけられているのであって，それだけに相互の独立性は弱いといわなければならない．有機体主義（organicism）や機能主義（functionalism）が一見，関数の考えを生みだすかのようにみえて実際はそうでないのは，そうした各部分の独立性の弱さによるのである．実際，個というものが独立なものとしてはっきり析出されなければ，個と個の間の関係というものも問題となりえないのである．そしてまさしくそうした個の出現が，近世ヨーロッパにおいて可能となったのであり，そうした時代を背景にしてライプニッツはモナドロジーと関数の考えをつくりだしたのである．

6. 官僚制と関数概念

さて初めに関数の考えがいちはやく中国であらわれるにいたった事情を述べたが，中国におけるそうした関数の考えの発生もまた，必ずしも有機体的組織をモデルにしたものではなく，むしろよく完備された官僚制，つまり数学的といっていいくらいにきれいに規定されたいくつかの支配層からなる組織をモデルにしたものといえるのである．

ところで，もちろん中国的な関数の考えには大きな限界が存する．そしてそのもっとも重要な点は，中国の場合には個体性の原理が未確立であり，したがって関数の各項をなすものは階層的存在であって個的存在でなかったということである．このことは独立変数が各階層の爵数といったものであることからも明らかである．つぎにもう一つの重要な点は，中国の場合，爵数は封建社会の常として階層的非連続的であり，しかも各個人において時間的に不変だということである．各個人はよほどの手柄でもないかぎりその爵数は一生の間不変であり，したがって爵数にもとづいて決められる一切のなすべき行為も不変なのである．ただし陰陽の関数関係については連続的変量の考えが導入されるのであるが，こうした社会的変動ひいては革命すらも正当化しかねない易の思想は，安定的政権の時期においてはむしろ危険視されるべき存在だったのである．こうして陰陽の思想には2つの連続変数間の関係といった意味で，関数の本来の姿にきわめて近いことは確かであるが，それにもかかわらず陰自体，陽自体は必ずしも個的存在といえるものではないのである．

ところで機能そして関数を意味するラテン語 functio からつくられた functionary という英語，Funktionär というドイツ語は官吏あるいは公吏という意味である．また functio と同義語である officium（英語の office）からつくられた officer という英語も官吏，公吏という意味である．こうしたことからみて，関数概念の成立と官僚制の存在にはなんらかの関係があるものと予想される．そして中国の場合は実際そのとおりであった．とはいえライプニッツの場合はどうであろうか．確かにライプニッツの時代は近世の絶対主義国家の成立期であり，したがって絶対制君主のもとでの官僚制ができつつある時期であった．しかし官僚制といえば中国の方が当時のヨーロッパの大先輩だったわけであり，中国に渡ったジェスイットの宣教師たちは，ヨーロッパの現状とひきくらべて中国の絶対主義的官僚制を大いにうらやんだのである．

ところで絶対制君主はヨーロッパ中世の王が暴君であるのとちがって，法の下での統治，官僚制による統治をおこなうものである．しかもいわゆる啓蒙君主ともなれば，知徳ともに備わった穏健な君主である．ライプニッツが理想としたのはそうした君主制なのであって，そこにおいては統治者といえども法に従わねばならないのである．そしてその意味では統治者もまた国家の一メンバーにすぎず，統治という service（仕事）を果たすという意味で国家に対する servant であり，国民に対する公僕だとさえいえるのである．そういうわけだからすべての国民は，王一人に仕える家来あるいは臣下といったものではなくむしろ自分たちの国のため公のために自分なりに与えられた service や office（公職）を遂行するという意味で，public servant（公に対する奉仕者）であり，functionary すなわち文字どおりの職務担当者と考えられたのである．

このようにしてライプニッツの社会観は，中世的な有機体的社会観，つまり滅私奉公でもなく，そうかといって，近代的な個人主義的社会観つまり滅公奉私でもなく，それら両者の中間に位置する奉私奉公であったといえる．というのもそこにおいて諸個人は自己目的のためにだけ行動しているようにみえるが，それは大きい目からみれば全体のために行動していることにもなっているのである．そしてこうしたことを主張したのがモナドロジーであり，予定調和の説にほかならなかった．そして関数の考えはまさにこうした社会観となじむ形でつくり出されたということができるのである．

4. 数における市民権の拡大運動

1. デデキントによる数の等資格化

人類の歴史は差別の撤廃，市民権の拡大の歴史であるといえる．そしてこれと似たことが，数学の歴史においてもいえる．すなわち数学の歴史は，ある種の数に対して加えられてきたいわれなき差別を撤廃すること，それまで差別されてきた各種のグループの数に対し，新しく市民権（citizenship，Bürgerrecht）を与え，メンバーに加入させる（naturalize，einbürgern）ことであるといってよいであろう．

さて数に対する差別でもっとも有名なものは，ギリシアにおける無理数の排撃であろう．古代ギリシアのピュタゴラス派は自然数しか数だとは認めなかった．実際彼らはそうした数をサイコロの6つの面にみられる碁石並べ的なやり方で表示した．そして例えば0.5や1.5という小数は，1:2や3:2という整数比によって表現していた．ところがこともあろうに，自分たちの学派の祖の名前を冠したピュタゴラスの定理のごく簡単な例である $1^2+1^2=x^2$ において，斜辺の長さ x つまり $\sqrt{2}$ がいかなる整数比によっても表現できないことの証明が発見されたのである．$\sqrt{2}$ といった無理数が存在するという事実は，ピュタゴラス派の数学の根底をゆるがすものであり，彼らはやむなくこの事実を極秘にすることにきめた．しかしながらピュタゴラス派の一員であったヒッパソスは，このことを部外者に洩らしたため，ばちが当ったのであろうか難破して海中に沈んだ．ヒッパソスのこうした死はピュタゴラス派にとって神に感謝すべきことだったのであり，彼らはヒッパソスの死とともに無理数の存在もまた葬り去られたかのように思ったのである．このようにピュタゴラス派によって無理数はいったんは追放されたかにみえたが，その後も二次方程式の根というかたちでひそかに生き続けてきた．そして無理数が完全に名誉を回復し，自然数をはじめとする有理数と完全に平等な扱いを受けるのは，19 世紀の終りのデデキントの切断の概念によってであった．

ところで切断とは，すべての実数を右から左へ大小の順に一直線に並べることによってつくられた集合を，2 つの相補的な集合 M と N に二分することであるとする．こうした切断によってできた 2 本の半直線のうち，左側の半直

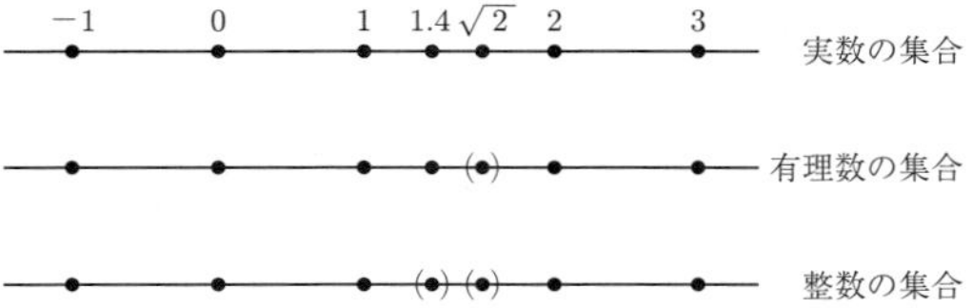

図 III－10

線を M とし，右側の半直線を N としよう．そして m を集合 M の中の最大なる数，n を集合 N の最小なる数としよう．するといかなるところで切断しても，必ず m と n のうちのどちらかが存在し，他方は存在しえないといえる．ところで m,n はもちろん実数に属し，したがって無理数でも，有理数でもいいし，もちろん有理数の中の自然数でもいい．こうして実数の集合における切断という概念によって，無理数も有理数もすべて等資格なものとして平等に扱えることになったのである．ところで平等に扱えるとはいえ，もちろん無理数と有理数は性質を異にする．これら両者を差別（discriminate）することはまちがいだが，区別（distinguish）することは必要である．そしてこの区別もまた切断の概念を使って明らかにすることができる．そのために，こんどは有理数の集合について切断を考えよう．すると例えばそこでは $\sqrt{2}$ といったものは存在しないので，直線を $\sqrt{2}$ において二分すると m も n も存在しないことになる．とはいえ 1 や 1.4 においては前と同様 m と n のどちらかの一方が存在し，他方は存在しない．つぎに整数の集合を考えるとすれば，この場合はいわゆる飛石形になるのであり，1.4 において二分すると m も n も存在しないことになる．とはいえ 1 や 2 においては m と n のどちらかが存在し，他は存在しない．そしてピュタゴラス派が認めたのは，実はこうした整数のうちの 1 から右の系列つまり自然数だけだったのである．

2. ピュタゴラスにおける無理数の排撃

さて，ピュタゴラス派以来ヨーロッパにおいて無理数が長らく差別され続けてきたことは，その名称からもわかることである．すなわち無理数はいまでも surd といわれているが，この語は absurd（ab- は《全くの》という意味）とおなじであって，ばかげた，理屈にあわぬ，不合理なといった意味をもつのである．無理数はまた irrational number ともいわれ，これも《非合理な》という意味である．そしてそれの訳語としての《無理数》ということばも文字どおりには理屈の通らぬ数という意味なのである．ところでこの irrational という語は実はギリシア語の alogos のラテン語訳である irrationalis からきたものである．そして alogos は logos をもたぬという意味であり irrationalis は ratio をもたぬという意味であった．ところでこの logos と ratio はともに二義的な語である．つまりそれらは比という意味と道理という意味をもつ．そして例えば $\sqrt{2}$ といった数は，整数比であらわしえないから，《比をもたぬ数》と名づけられたのであるが，それがその後《道理をもたない数》という意味にとられるようになる．そして結局無理数は absurd とおなじ意味の surd（この語は一義的で《不合理》という意味しかもたない）という語で呼ばれることになってしまったのである．こうして $\sqrt{2}$ といった数を surd つまり不合理な数と呼ぶのは本来誤訳というべきであるが，そうした誤訳を生みだした背景に，$\sqrt{2}$ といった数に対する忌避感，差別感があったということは確かだといえるのである．

ことばの上での差別といえば，integral number（整数）に対立するところの fractional number（分数および小数の意味．この両者を区別するために，分数は common fraction といわれ，小数は decimal fraction といわれる）がそうである．この場合 integral という形容詞が《完全な十分に整った》という意味をもつのに対し，fractional という形容詞は《端数の，はしたの，取るに足らないほどの》という意味をもつのである．そして実際ピュタゴラス学派は，整数，しかもそのうちの自然数だけを数と認め，無理数はおろか，小数や分数さえ，数とは認めなかったのである．

数に対する用語の上での差別の例をもう少し続けよう，ギリシアではもちろん，ゼロは数として認められなかった．そしてゼロに対するそうした差別感は英語の “*He is a mere cipher.*”（彼はつまらない人だ．名前ばかりの人だ）といったいいまわしや，“*He is a man of naught.*”“*He is a zero.*”“*He is nothing.*”（3つとも彼はつまらぬ人物だという意味）といういいまわしにあらわれている．ヨーロッパ圏では無というものはつまらぬものという否定的な意味で使われるのが普通である．しかしインドおよび仏教圏ではむしろ無に対して積極的な価値が与えられた．そこでインドの無あるいは空を意味するシューニヤターがゼロの概念の起源だなどというひともいるが，この説にはあまり信頼はおけない．

ところで cipher および zero ということばについてであ

るが，これらの語はともにアラビア語のṣifr（からっぽ）が2つの違った仕方でなまったものであり，ここからみても，ゼロの観念がアラビアから来たということは断言できよう．ところでこの cipher の方はゼロという意味にも使われるが，アラビア数字およびアラビア的記数法という意味ももっており，実際ゼロという数字はアラビア数字およびアラビア的記数法の本質をシンボライズするものだといえるのである．

3．中国における小数と負数

さてゼロといえば中国におけるゼロの概念はどうであったろうか．漢字には確かに零という字がある．しかしこの零はもともと零細なもの，つまり余った端数という意味なのである．したがって中国人は 101 といったアラビア数字を《一百零一》というふうに読みはするが，この場合の零は 2 桁目の価がゼロという意味なのではなく，百とそれに較べて零細なる一とを加えたものといった意味なのである．

このように中国的記数法では，零という字の使い方に欠陥があり，また例えば二百二十といった場合，位どりを表わす百，十などの記号が使用される．しかし中国的記数法はアルファベットを数字として使用するギリシア的記数法に較べてはるかにアラビア式記数法に近いということができる．さて漢字に桁という字があるが，この語は百の桁，千の桁とか 2 桁，3 桁というふうに使われる．そしてこの字は木偏であることからみてもわかるように，もともとソロバンの玉を通している縦棒のことである．ところでこうしたソロバンの桁というものを思い浮かべれば，それがアラビア式記数法のもっともよいモデルであるということに気づくであろう．というのもアラビア式記数法とは位どり式記数法（place value notation）にほかならないからである．ところでこの位どり式記数法においては，例えば5という同じ数字が百の位に置かれれば500を意味し，千の位に置かれれば，5000を意味するし，割や分の位に置かれれば0.5や0.05を意味するのである．つまりおなじ5という数字が位どりをなされることによって五百と読まれたり，五分と読まれたりする．そしてこれとおなじことはソロバンにおいても行いうるのであり，ソロバンの場合は，その桁の本数を左右に増やすことによって，いかに大きな数もいかに小さな数も置くことができ，このようにして，小数もまた，数の仲間入りができることになるのである．日本では確かに《桁ちがい》とか《桁はずれ》という表現があって，2つのものの大きな隔差をたとえるのに使われる．しかしソロバンではどの桁もそれ相応に意義あるものとして認められ，小数をあらわす低い方の桁も立派に一人前の仲間として認められる．そしてそうした点で，ソロバンのシステムは，整数しか認めないというピュタゴラス主義とは異なり，たいそう寛容の精神に富んでいるといえるであろう．

さていま述べた桁ということばであるが，これはまた位ともいわれ，英語ではplaceといわれる．ところでこの位もplaceも人間について使われる場合は，地位，身分，職分，職務といった意味をもつ．それゆえ位どり式記数法は，人間に対し一応身分的な区別をつけはするが，どんな身分の人間も，自らの職分を遂行する限り，その社会の不可欠なメンバーとしてその存在意義を認めるといった社会観に対応するといってよいであろう．

さてソロバンといえば中国にはもう一つの種類の計算器具である算木というものがある．ところでこの算木には，赤色の算木と黒色の算木があり，赤色の算木は正の数をあらわすのに用いられ，黒色の算木は負の数をあらわすのに用いられた．ところで中国では図Ⅲ－11の陰陽図においてもみられるように，赤色は陽，黒色は陰をあらわした．したがって，赤い算木による正数は陽に，黒い算木による負数は陰に属するといえよう．ところで中国では古来万物は陰陽からなるとされてきた．したがって中国ではヨーロッパより千数百年もまえに負数が使われていたということは，おそらく陰陽の思想がその背後にあったからだと考えられる．とはいえ陰陽に似た相補的二元主義の考えは古代ギリ

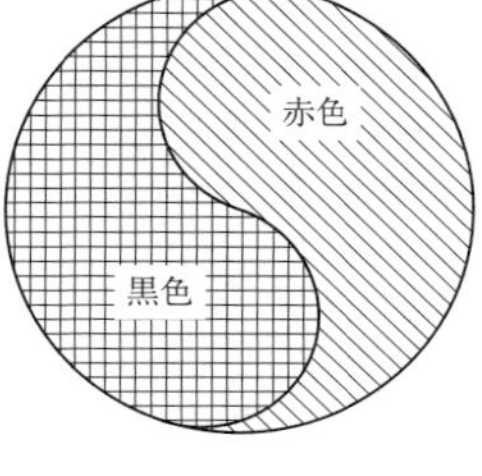

図 III－11

シアのピュタゴラス派にもあった．彼らは自然数が奇数と偶数の2種類からなり人間も男と女の2種類からなると主張した．他方中国においても人間は陽である男と陰である女から成り立つとされたが，数においては正の数と負の数からなると考えられたのであって，この点で中国の数体系の方が，ギリシアの数体系よりはるかに雄大であったといえる．しかしそれはさておき，ピュタゴラス派と古代中国の数学者の数学観が男女を相補的な存在とみ，社会にとって女性をも必要なものとみなす社会観と相似的であるということはきわめて興味ある事実である．とはいえそこにおいてもやはり男性に優位性を与えるという時代的偏見からは免れていないのであって，実際ピュタゴラス派は偶数よりも奇数をよきものとしたのであり，中国においても負と正という名称からもわかるように正数の方に優位性が与えられていたのである．

4．虚数，四元数，マトリックス

舞台をヨーロッパの近世初頭の数学へ移すことにしよう．そこでは確かに方程式の根としての負数と虚数の存在は知られていた．しかしそうしたものは，由緒正しい数とは考えられず，いささか眉唾的存在と考えられ，正式な市民権の付与が拒まれていたのである．実際16世紀のイタリアの数学者カルダーノは，その著『大いなる術』（Ars Magna）の中で，数を真実の数（numerus verus）と，仮構の数（numerus fictus）あるいは虚偽の数（numerus falsus）に二分した．

そして彼は，真実の数の中に自然数や正の分数や無理数を入れ，仮構の数あるいは虚偽の数の中に負数および負数の平方根つまり虚数を入れた．またそれより1世紀ほど後にフランスの哲学者兼数学者であるデカルトはその著『幾何学』(1637) において虚数を nombre imaginaire (仮想的，非現実的数) と呼び，実数を nombre réel (実在的数) と呼んだ．しかしながら両人の使ったそのような名称は，新参者の負数および特に虚数が当初においてどのように差別されていたかということをはっきり物語っているといわざるをえないのである．

虚数に対する差別が完全に撤廃されたのは，19世紀のドイツの数学者ガウスによってであった．彼は実数と虚数を加えたところの複素数を図Ⅲ-12のような仕方で幾何学化することに成功した．こうして虚数は完全に実数と対等な資格を獲得したのであり，しかも虚数は実数に吸収される

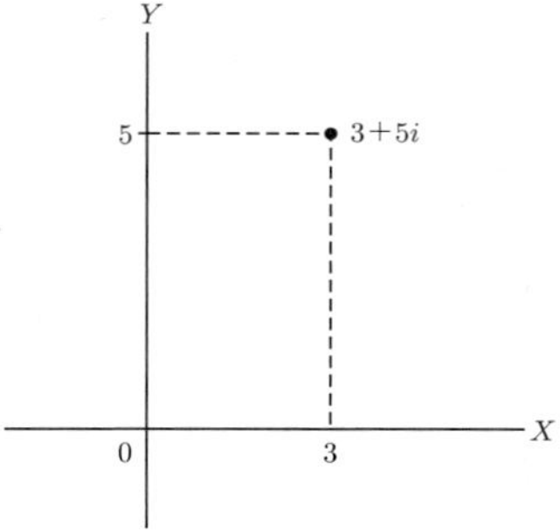

図 III－12

のではなく，実数と立派に対抗しうる存在だということになったのである．

さて複素数をさらに拡張したものとしてこんどは四元数（quaternion）と呼ばれるものが 19 世紀のアイルランドの数学者ハミルトンによって発見された．これは $1, i, j, k$ という 4 つの単位からなるものであって，$1, i$ という 2 つの単位からなる数が complex number と呼ばれるのに対立させる意味で四元数はまた hypercomplex number（多元数）とも呼ばれた．

さてハミルトンは複素数および四元数を実数の順序集合で表現した．彼は $a+bi$ という複素数を (a, b) という実数の順序対であらわした．したがって a だけなら $(a, 0)$ となり，bi だけなら $(0, b)$ となり，1 は $(1, 0)$，i は $(0, 1)$ となるわけである．

さらにこんどはシルヴェスターが考察したマトリックスの表現法を使って複素数を表現しよう．すると $a+bi$ は $\begin{pmatrix} a & b \\ -b & a \end{pmatrix}$ であらわせ，実数 a は $\begin{pmatrix} a & 0 \\ 0 & a \end{pmatrix}$，虚数 bi は $\begin{pmatrix} 0 & b \\ -b & 0 \end{pmatrix}$ であらわせる．こうして虚数はハミルトンの方式でもマトリックスの方式でも表現できるのであるが，マトリックスの方がより大きな一般性をもつといえる．さて 1 つの複素数がハミルトン方式では 2 つの実数の組で表現され，マトリックスの方式では 4 つの実数の組で表現された．それゆえそこにあらわれる数はもはや実数ばかりであるが，実数の相互間にはもちろん差別はありえない．こうして複素数や四元数に出てくる虚数なるものの特殊性は完全にぬぐい去られてしまうのである．

とはいえこうした2つまたは4つの組をあらためて1つの数とみなす考えはきわめて革命的であるといえる．しかしながらこうした考えもまた人間社会の法律においてその対応物がみられる．すなわち法人（fictitious person）の制度がそれであり，これは複数の人間の集合である団体（corporation）を1人の《人間》とみなすところの法律上の擬制（fiction）なのである．

マトリックスというものは，母式などと訳す人もいて，確かに子としての行列式の母であるといった面もある．実際 matrix という語は語源的にみてラテン語の mater（母）という語からきたものである．しかしマトリックスという語はまた行列とも訳されるように，もとは教会の戸籍簿（register）という意味なのである．このことはマトリックスを構成する各要素のことを entry つまり入籍者ということからも明らかである．もちろんこの register と entry は家族とそのメンバーという場合だけではなく，ある団体とそのメンバーという場合に使ってもいい．さらに数の集合とそのメンバーという場合に使ってもいい．こうしてもともとマトリックスとはいく人かの人間あるいはいくつかの数からつくられた1つの社会的存在あるいは1つの数の集合のことを意味するのであり，しかもそうした社会的存在あるいは集合的存在に人格を与えて1個の個人的な存在とみなすという点で，まさに法律上の法人という存在ときわめてよく似ているといえるのである．

5. 数学の法則と人間社会の法律

ところで法律といえば人間社会の法律では，「法の前の平等」という大原則がある．つまり法律とは身分階級を問わずいかなる人間にも平等に適用されるものであって，いかなる差別もおこなわれないという原則である．数学の世界でこうした原則に相当するのは，若くして死んだ19世紀のドイツの数学者ハンケルが提唱した「形式的法則の不易の原理」(Permanenzprinzip) であろう．すなわち例えば，$a\times b=b\times a$ といった公式つまり形式的法則は，自然数でも，小数や分数でも，さらには無理数や複素数でも不変だというわけである．こうして $a\times b=b\times a$ をはじめとする足し算掛け算の公式がどんな種類の数に対しても平等に適用できるという事態は，まさに法の前の平等に相当するということができるのである．

ところで乗法の交換法則と呼ばれる $a\times b=b\times a$ という式であるが，この式は確かに自然数から始まって複素数の段階までは，すべての場合に成立する．しかしハミルトンの四元数をはじめとする多元数についてはこの式は必ずしも成立しないのである．そしてこのことはマトリックスの乗法についてもおなじなのである．すなわち複素数をマトリックスになおしたものについては乗法は可換的であるが，ハミルトンの四元数をマトリックスになおしたものについては可換性は必ずしも成立しないのである.

こうして数の法則というものは必ずしも唯一絶対的でないことがわかった. 実際実数や複素数の集合は体の公理を満足させるが多元数やマトリックスの集合はそうではないのである. そしてこのように数体系が複数個あるということは人間世界において英米法とかドイツ法といった複数個の法体系があるのと事情は同じなのである.

6. 神と無限数

さて差別といえば普通, 差別されたものをいやしむものであるが, 他方, 雲の上に祭り上げてやたらに尊ぶといった差別も存在する. そしてそうした差別の対象は人間社会でいえば神であり, 数学の世界でいえば無限であった. とはいえ無限は古典ギリシアの時代ではむしろ悪しきものであった. 実際ピュタゴラス派は限りあるものと無限なものとを対立させ, 限りあるものを優れたものとしたのである. しかしながらキリスト教的思想がヨーロッパに入ってきてからはその地位は逆転する. そしてキリスト教神学が神を真正面から論じるようになったのと呼応して, 数学者もまた無限を論じるようになる. 例えば15世紀の哲学者であり数学者でもあったニコラウス・クザーヌスは絶対的無限性というものは神のきわめて重要な属性だと考えてそれを探究した. しかし彼は, 無限の中に数々の矛盾を見いだした. たとえば無限大の三角形においては2つの辺の和は残りの1辺より大ということにはならなくなる (カントール風のいい方をすれば $\aleph_0 + \aleph_0 = \aleph_0$)．無限の中にみられるそうした数々のパラドクシカルな性質にたじろがずに，そうしたパラドクシカルな性質こそ無限の本性だと考えて数学的無限論を確立したのが 19 世紀末のドイツの数学者カントールであった．彼もまたクザーヌスと同じように，真の無限（das wahre Unendliche）あるいは絶対的無限（das Absolutunendliche）を神と等値した．そして敢然としてこの無限なるものに対して接近を試みたのである．

このようにして神そのもの，あるいは神の属性と考えられてきた無限というものはカントールによって数学的な市民権を獲得することができた．しかしそうした無限はいわゆる無限大の方の無限である．するともう一つの無限である無限小の方はどうであっただろうか．

ライプニッツは「私は無限大を認めはするが，無限小の方を認めることはできない」といった．そして彼は微積分学における無限小はちょうど代数学における虚根と同じように虚構の想像物だと考えた．

微積分学における infinitesimal（無限小．文字どおりには無限大分の一），little zero（極めて些少なもの）等と呼ばれるものを徹底的に攻撃したのは 18 世紀のイギリスの哲学者バークリーであった．彼はその著『解析学者』（1734）で微分法を攻撃し，無限小の増分（evanescent increments）は亡霊ともいうべき量（ghost of departed quantity）だとこきおろしている．また，同書のもう少し後で，無限小（infinitesimal）は幽霊のような存在（shadowy entity）であって，明晰で正確な学問の対象とはなし難いと述べている．このようにバークリーは無限小を死者の霊と考え，それに市民権を与えるのを断固として拒んだ．実際こうした考えは，ダランベールやラグランジュ等の数学者によって受けいれられ，彼らは無限小といった形而上学的な存在の考察から解放された解析学を再建することに努力した．無限大に対してはその後カントールがあらわれて市民権を与えることに成功したが，そうした成功にあやかって20世紀になってから新カント学派の哲学者たちが，無限小に対しても市民権を与えようと試みた．しかし彼らの試みは成功に至らず，それどころか，無限大の場合とアナロジカルな試みは無限小については成功せず，したがって無限小なるものはやはり幽霊であって数学的な市民権をけっして持ちえないということがイタリアの数学者ペアノによって最終的に示されたのである．

以上で，数における市民権の拡大の歴史を通観した．とはいえ，やはり出発点はピュタゴラス派が大切にした自然数であった．このことは19世紀のドイツの数学者クロネッカーの「神は整数をつくったが，他のすべての数は人間がつくった」ということばからもわかるであろう．彼はこうしたことばによって数概念の拡大に反対した．こうした意味で彼は確かに差別論者だといえる．しかしながら現実には分数も無理数も使用されているのであるから，クロネッカーに対して当然要求された仕事はそうした数を整数に，そしてさらには自然数にまで還元することであった．

こうした還元は人間社会でいえば naturalization つまり帰化というものに相当するといえるかもしれない．すなわち帰化とは外国人に対し生まれながらの市民と全く同じ権利を与えることである．ところで数の場合の生まれながらの（natural-born）市民とは，外ならぬ自然数（natural number）である．さて一旦帰化したからには法律的には帰化人といえどももとからの市民と同等の権利をもつのが当然である．とはいえクロネッカーの考えの中ではやはり自然数に対して特権的な地位が与えられている．そしてそうした態度は実はヒルベルトの有限主義的数学基礎論の中にもブラウアーの直観主義的数学基礎論の中にも潜んでいるといえる．しかしながらラッセルの論理主義的数学基礎論は，自然数の根底になおクラスあるいは集合という概念を置くのであって，そうした点で数に関する差別的偏見からもっとも自由であるということができるのである．

5. 集合論とアトミズム

1. 擬社会観と抽象代数学

sociomorphism ということばがある．この語は辞書を引いてみてもみつからないだろうから，比較的新しい語であることは確かである．ところがこれと似た語に anthropomorphism がある．この方は辞書にあって，擬人観となっている．そして擬人観とはなんらかのものを人間になぞらえるという意味である．だとすると sociomorphism の方は，擬社会観と訳してもよいであろう．そしてその意味は，こんどはなんらかのものを人間社会になぞらえることとなるであろう．

さて抽象代数学に「体論」という分野がある．そしてこの「体」はドイツ語の Körper からきたものである．あるドイツ人の体操教師が，本屋の棚に Körper うんぬんというタイトルの本を見つけて買おうとしたが，数式の羅列している内容をみてびっくりしたという話がある．数学の一つの理論に「体」の理論という名をつけるなどは，擬人観のよい例であるといえる．ところで確かに Körper という語は日本語で体と訳され，例の体操教師も身体と誤解した．しかしこの Körper という語はほんとうは，団体の《体》なのである．だとするとこんどは擬人観ではなしに擬社会観だということになるであろう．

ところで抽象代数学にこうした擬社会観が使われるのは体論に限られるわけではない．Gruppentheorie，theory of group つまり群論がそうである．ここで Gruppe あるいは group は本来人間のグループつまり人間集団のことである．また Ringtheorie，theory of ring つまり環論もそうである．ring には確かに環とか輪という意味があるが，theory of ring の ring には団らん，仲間という意味であって，ちょうどサークルが輪の意味であり同時に仲間の意味であるのとおなじことである．さらに束論の束はドイツ語で Verband というが，これも組合，クラブという意味なのである．

このようにみてくると，群，環，体，束はすべてドイツ語では，人間集団のイメージをもつものであるといえる．このことは日本語の訳語からは余り感じられないし，体を field（場）といい，束を lattice（格子）という英語からも大して感じられない．名称などは符丁にすぎぬ，そしてこのことは数学における名称において特にそうだという人も確かにいる．しかしドイツ語の代数学用語がいっせいに社会学的用語から借用されたという事実は必ずしも偶然とはいえないのである．

ところでいま挙げたいろいろの数学体系の一般的基礎をなすのが集合論である．そしてこの集合論はドイツ語で Mengenlehre といわれる．そしてこの Menge もまた大衆という意味なのである．したがってここまでくれば，抽象代数学の諸体系とその基礎をなす集合論といったものの諸名称が人間の社会といったものをモデルにした擬社会観の立場から付与されたということは疑えなくなってくるであろう.

2. 無組織集団と集合論

いままでのところはもっぱら名称だけについて述べたが, こんどは内容それ自体も擬社会的なものがあることを示すことにしよう.

さて近代の抽象代数学の基礎に集合論があるといわれるのは, 集合論の扱う集合というものが, いちばんゆるやかな集まりであり, このルーズな集団, つまり烏合の衆が公理論的な仕方によっていろいろな制限を受けいれ, それによってさまざまの体系をつくりだすからなのである. こうした意味で集合論はまさに人間社会でいえば, 無組織集団, 未組織集団, 非組織集団などといったものに対応するといえる. ところでこの無組織集団といったものはどんなものであろうか. よく「始めにカオス（混沌）ありき」などといわれて, カオス状態がいちばん原初的な形態であり, そうした無秩序な状態から秩序ある状態が生じると説かれる. ところでカオスというもののイメージはガス（気体）によって与えられる. 実際英語の gas ということばは近世の初めにギリシア語の chaos ということばからその発音をまねてつくりだされたものである.

ところでガスは漢語で気体という. そしてこの気という

字はもとは《氣》であり，この字の中に米という字が含まれていることからわかるように，気とは米をゆでたときの湯気のことである．

ところでこの同一のガス（気体）というものに対し，中国とヨーロッパの双方でその受けとり方が違っていた．漢語でいう気体の気は，中国で「気の哲学」と呼ばれるものによって古くから哲学化されたものであり，宇宙の原質といっていいものである．つまり中国の哲学では気というものが素材となってそこから天地人をはじめとする宇宙のあらゆる存在がつくられると考えられたのである．とはいえ，中国ではこの気は流体であり，連続体であるとみなされた．これに対しヨーロッパではガスというものは，目に見えないきわめて微細な多くの粒子からなっているものだとされた．こうしてカオスあるいはガスというものは中国では連続体として把握されたが，ヨーロッパでは原子論的な立場から非連続体として，把握されたといえるのである．

さて集合論が他の数学の諸体系の基盤をなすということは，集合論とはどんな字をも書き込むことのできる tabula rasa（文字を消した書板）あるいは白紙のようなものであり，どんな絵をも書き込むことのできるカンバスのようなものであるといった比喩によって説明することができる．そしてそれはまた，どんな集団をも組みうるような無組織集団にも喩えられるし，さらにはあらゆるバラエティの諸物をもつくりあげることのできる原質に喩えることもできよう．

ところでいま無組織集団とか原質といったが，これにはまえにもいったように連続体的なものと非連続体的あるいは原子論的なものの2種類がある．そして集合論は明らかに後者の方になじむということができるのである．

3. カントールの数学的原子論

集合論が原子論の立場に立っているということは，集合論の創始者カントールによるつぎのような集合の定義によっても明らかである．「集合とは，わたしたちの直観あるいは思考の，限定され（definite），しかも識別可能な（distinct）諸対象を一個の全体に集めたものである．そしてこの諸対象は集合の成員といわれる」．

ここで集合は個々の成員からなるといわれている．ところでこの成員とは，限定され識別可能な諸対象のことである．ここで限定された対象とは，いかなる対象をもその集合に属するか否かをきめることができるとしたうえで，属すると判定された方の対象のことである．また識別可能な対象とは，その集合に属するいかなる他の成員とも区別できる成員のことである．こうして集合の定義には，個体性あるいは個別性の概念がその基盤をなしていることがわかるのである．もちろん集合の定義の中には全体ということばがでてくる．しかしそれをもって集合論が全体主義的であるとはいえない．なぜならそこでは全体が単なる全体として扱われているのではなく，全体は個体としての成員から成るものとして扱われているからである．こうした意味で集合論は明らかに全体主義的ではなくて個物主義的要素主義的な立場に立つということができるのである.

さてカントールはこの原子論的な立場，つまり一つの全体は多くのツブツブから成るという立場を，線,面,空間といった連続的全体に対して適用する．そしてここでカントールの集合論の破壊力が絶大な威力を発揮する．すなわちカントールは連続的全体をぶちこわして粉々にした．そしてそうした粉砕された原子つまり点から，線,面,立体を改めて構成しようとしたのである．ところでいまの場合，点から構成するといっても，1つの点が運動することによって線が生まれ，その線が動くことによって面が生まれるといったふうなやり方ではけっしてない．あくまでも複数個，いや無限個の点から連続体を構成しようとしたわけである.

ユークリッド幾何学に「全体は部分より大きい」という命題が公理として掲げられている．しかしカントールは全体と部分は，その両方が無限の点から成るとする限り対等であると主張する．すなわち AB は CD より大きく，したがって AB は全体，CD はその部分であるが，しかも AB は CD と対等だという．というのも，AB 上の点 S_1 は CD 上の点 T_1 と対応し，AB 上の点 S_2 は CD 上の点 T_2 と対応し，こうして AB 上のいかなる点も CD 上のどれかの点と対応するからである（図Ⅲ-13)．ここでカントールが使った 1 対 1 対応という手法は彼の原子論的立場をもっとも鮮やかに示すものといえる．なぜなら 1 対 1 対応とは AB, CD という線分をそれぞれ無限個の一に分けておいて，

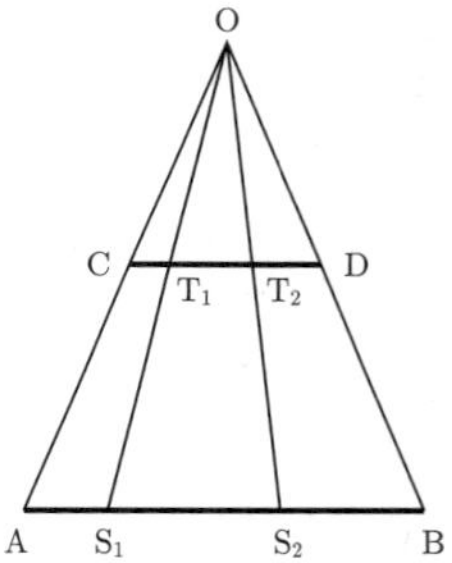

図 III－13

それらを１つずつ１対１という形で対応させることであり，ここでいう一とは点つまり原子にほかならないからである．

4．社会的原子論・宇宙論的原子論・数学的原子論

まとまっていたもの，連続していたものをこわしてバラバラにしてしまうということは原子論哲学の常套手段であり，なにもカントールに始まるものではない．実際古典力学の祖であるニュートンも原子論の立場に立って自己の体系をつくりあげた．ところでニュートンの場合原子論は確かに物理学ないし自然哲学さらには宇宙論における態度であった．しかしこの原子論はまた社会的な思想でもあった．ニュートンにやや先だつ形而上学詩人ジョン・ダンは当時における原子論の隆盛に対し，スコラ的な保守的立場から嘆きの声を放ってこう歌っている．

「新しい学問は一切のものを疑い，火の元素は全く消え，

太陽は見失われ，地球もまた然り，人間の才覚には，これをどこに求めるか当てもつかない．……この地球は，崩壊して再びもとの原子に還ったと知る．全てはばらばらになり，結合力は一切消滅し，正しい補足も関係も悉く消えた」．（佐山栄太郎訳）

人間社会の，そしてひいては宇宙全体の団結と秩序を重んじるスコラ的立場のジョン・ダンには，原子論者はまさに当時の社会の破壊者に見えたにちがいない．しかし封建社会の崩壊とそれに続く個々人の析出という時期を経て，独立した個々人の契約にもとづく市民社会が生まれてきたように，古いアリストテレス－スコラ的な全体観的連続主義的自然学の崩壊とそれに続く原子の析出という時期を経て近世の原子論的自然科学が生まれてきたといえる．もちろんこうした原子論の思想はその後長い間かかってあらゆる分野に貫徹されていくのであり，それがもっとも深化され，その究極の段階に達したものがカントールの集合論であったということができるのである．

カントールは原子論的考えをいち早く線，面，体といった連続体に適用した．つまり解析学というものを点の集合という立場から考察しようとした．ところでこの解析学つまり微積分学はニュートンによってつくられたものであるが，さすがの原子論者ニュートンも解析学に関しては，原子論の立場を貫くことができなかった．そして解析学に対する原子論的扱いは，19 世紀末になってカントールの手により初めてその端緒が開かれるのである．連続体を対象とした解析学に対し原子論的扱いがなされたからには，代数学に対してもおなじ扱いがなされたのは当然のことである．しかもそうした扱いは，構造としては解析学に使われる自然数や実数よりもずっと簡単な群,環,体,束などの代数系に対してなされる方がより容易であることは明白なのである．こうして集合論は数学の全分野の基礎であるといわれるようになるのである．

5. 原子論的哲学と反原子論的哲学

ヨーロッパでは17世紀以来原子論哲学が大きな力を示し始めてきたことは確かである．しかしそれと対立する保守的立場の哲学もまた強力であった．そしてこうした保守的立場の哲学者は全体論的な観点に立って有機体的統一を重んじ，原子論的な集合というものを蔑視した．ところでカントールは集合というものを Menge というドイツ語で表現した．この Menge という語の英訳は現在ではいちおう set に落ちついているものの，一時は aggregate という語も用いられていた．ところでこの aggregate と関連のある aggregation ということばは，state of aggregation（凝集状態）というふうに使われる．凝集状態あるいは集合状態とは，物質の三状態つまり固状,液状,気状を意味する．そしてそれは集合状態といったことばからもわかるように物理的原子論の立場からの用語法なのである．

ところで aggregate という英語に対応する aggregatum というラテン語が，ニュートンと同時代のライプニッツによって使用されている．彼はこの aggregatum を unum per accidens（偶然的統一）と定義し unum per se（本質的な統一）と対応させている．そして彼は本質的統一とは有機体のことであり，偶然的な統一とは石の堆積にみられるような単なるかき集めにすぎないもののことだと述べた．そして有機体の立場に立つライプニッツは，本質的な統一をもつ有機体だけが完全な実体であるとし，偶然的な統一にすぎない aggregatum は完全な実体とはいえないと主張したのである．

ライプニッツの伝統を継承する哲学者カントは，ライプニッツのおこなった実体論的な区別を，知識論的な区別に応用した．すなわちカントは Aggregat つまり単なる偶然的な寄せ集めに対し，System つまり必然的な法則にしたがって脈絡づけられた一つの体系の優位性を主張する．そして彼はそうした Aggregat（集合）と System（体系）の違いを，幾枚かの銀貨を単にかき集めることと，そうした銀貨を年代別に並べることの違いで説明した．

またカントより後に活躍したおなじドイツの哲学者ヘーゲルも，哲学は偶然的で経験的にかき集められた知識の単なる集まりであってはならないと主張した．そして実際ヘーゲルの哲学は弁証法にもとづいて有機的に組み立てられた壮大な体系だったのである．このようにヘーゲルは Aggregat ということばを知識論的な意味で使ったが，また物理学的な意味にも使い，さらには政治学的な意味にも使っている．すなわち彼はその著『小論理学』でこういっている．

「近代においてはアトム論的見地は自然科学においてよりも政治学において一層重要になっている．それによれば，個人の意志そのものが国家の原理であって，牽引的なものはさまざまな要求とか傾向というような特殊性であり，普遍である国家そのものは契約という外的な関係である，とされている」．（松村一人訳）

ここでヘーゲルは物理的なアトミズムと政治的なアトミズムとをパラレルに把握している．すなわちアトムは個人に対応し，アトムの集合は国家に対応し，アトム間の関係は個人間の契約に対応しているのである．ヘーゲルは Aggregat というドイツ語を人間の集合といった意味にも使っているが，こうした用法はイギリスの哲学者ホッブスにまで遡るのであり，原子論者ホッブスは aggregate をアトムの集合の意味にも使ったがまた人間大衆の意味にも使った．そして実際ヘーゲルが述べた個人間の契約にもとづく国家とはホッブスの説いた国家契約説のことを指しているのである．

ところでヘーゲルはもちろんホッブスの原子論的国家観を激しく攻撃するのであり，国家とはばらばらの個人の寄せ集め（Aggregat）ではなく，本質的な統一（substanzielle Einheit）でなければならぬと主張する．そしてこの主張はフランスの共和制国家よりもプロシアの君主制国家をよしとするヘーゲルの反動性にもとづくものであるといえる．そしてヘーゲルのこの反動的な社会観に対応するのが弁証法的な論理学であり，ヘーゲルの弁証法というものは，彼の全体主義的社会観に対応するという意味で，やはり非分析的で全体観的な性格をもつものといわざるをえないのである．

6．ボルツァーノにおける集合の概念

ヘーゲルはこのように全体観的な思想の持ち主であるが，もちろん近代ヨーロッパの人間として，原子論的な立場を熟知していた．ところでヘーゲルは国家や社会は単なる烏合の衆からはなりたちえないのであり，そこには実体的統一性が必要だという．他方原子論者もまた烏合の衆では社会が成り立ちえないこと，つまり万人の万人に対する闘争といった内乱状態では社会が成立しないことを認める．しかし原子論者とヘーゲルの違いは，ヘーゲルがいきなり有機的な実体的統一をもちだすのに対し，原子論者は烏合の衆の状態から契約によって一歩一歩新しい社会を組み立てていこうとする点にある．こうした態度を知識論に適用すると，原子論者がすべての知識をそれ以上分解不能な最小単位にまで分析し，そうした最小単位から全体を再構成するのに対し，ヘーゲルその他の全体論者は，厳密で入念な再構成といった迂遠な方法を嫌い，性急な総合をなしたり，場合によっては，分析を経ないで全体を全体として扱うものだということができる．したがって知的態度に関する限り，集合論の態度はまさに原子論の態度に属することは明らかである．いや集合論こそ，原子論的態度をもっとも厳密にそしてもっとも徹底的に遂行しようとしたものであるということができるのである．

さてそうした性格をもつ集合論は確かにカントールの創始したものではあるが，それよりまえに集合の概念を論理的にはっきり把握したのがボルツァーノである．ボルツァーノはヘーゲルより 10 歳ばかり年少のチェコスロバキアの哲学者兼数学者兼論理学者であった．彼は数学，論理学にもよく精通していた関係上，ヘーゲルの弁証法をこっぴどく批判した．さてボルツァーノの主著は 1837 年に出た 4 巻本の『知識学』である．この本は実質的には論理学，しかもきわめて優れた形式論理学の書物だということができる．ところでこの書物の 84 節で集合（Menge）の概念が定義されている．すなわち彼は「集合とは，要素間の結合の仕方が確定されていないような諸要素の集まりである」と規定する．そしてその例として貨幣の堆積を挙げ，そうした場合，一枚一枚の貨幣がどんな順序で並べられているかといったことはどうでもいいものとして度外視されると述べている．そしてその後でボルツァーノはさらに人間社会の喩えをもちだす．すなわち集合とは人間社会でいえばその成員である個々人がどう並んでいてもよいような社会，つまり各人の間にいかなる階級的上下関係をも認めない社会のようなものだと主張しているのである．こうしてボルツァーノの集合概念は人間社会になぞらえられたもの，つまり擬社会観的なものであるということができよう．ところでボルツァーノは哲学者として，『最良の国家について』という国家論の書物をもあらわした．彼はそこでヘーゲルなどとは違って，民主主義的社会主義の立場に立ち，人間は性,年齢,気質,体質などで区別はつけられるが，財産と出生によって差別されるべきではないと主張した．またボルツァーノはカトリック教徒として，その著『宗教学教本』で,「全人類はアダムとイブの子孫であるかぎり，本質的には平等である」と述べている．こうしてボルツァーノの集合の定義つまり「相互にいかなる順位ももたないメンバーの集まり」は彼の社会学説,神学説,倫理学説における人間平等の思想にはっきり対応しているのである．

7．フレーゲにおける集合の概念

ボルツァーノの集合論的な数学書は『無限に関する種々のパラドックス』であるが，その第４節でも集合の概念をもちだし，それをこわれたコップとこわれていないコップの例で説明する．すなわち彼はこう述べている．

「こわれてこなごなになったコップと，こわれていないコップを比べてみると，確かにこれら２つはともに同じ諸部分からなりたっている．しかしそれらの２つにおいて，諸部分どうしの結びつき方あるいは並べ方は全然違っている．そしてそうした結びつき方あるいは並べ方を無視する観点からみた諸部分の集まりを集合と名づけることにしよう」．

このコップの例でみられるように，一つの完全な一つながりのものと，それをブチこわしてバラバラにしたものとを二重映しにしてみせるということは原子論者が昔から愛用してきた手法である．

古代ローマの原子論者たちはアトムというものが目には

見えないのにどうして存在するのかということを説明するのに，遥かかなたの岡の中腹にみえる1つの白い塊りが，近づいてよくみれば実は多くの羊が集まったものであるといった例を挙げる．そして原子論者はそうしたモデルに従って連続体にみえる塊りはすべてツブツブの集まりだという見方を貫こうとするのである．このようにべったりと一つながりに見える羊群と点の集まりである羊群とを重ね合わせて考えるといった伝統は英語において sheep という語が単複同形であるという事実となんらかのつながりがあるのかもしれない．

それはさておき羊の群のことをラテン語では grex という．そして実際英語の gregarious（群居性の）という形容詞もこの grex から出ているのである．さて原子論者は disgregatio et congregatio atomalium（disgregation and congregation of atoms　アトムの離散と集合）という表現を使う．ところがこの disgregatio と congregatio ということばに grex つまり羊群という語が含まれているのである．

ところで grex といえば，まえに挙げた aggregation, aggregate, Aggregat といったことばもまた grex ということばを含んでいる．集合論における集合の概念をボルツァーノとカントールが Menge ということばで表現したことはまえに述べたとおりである．しかしカントールより3歳年少のドイツの数学者であり，記号論理学者であるフレーゲは集合を Aggregat というドイツ語で表現した．そして彼はこの Aggregat を自らの諸部分にいかなる規定も与えず，もっぱら自らの諸部分に依存するような単なる寄せ集め的総体のことだとした．そしてこのフレーゲの集合概念の中にも，全体より部分を優先させる原子論的態度をはっきり読みとることができるのである．

8. ヨーロッパ的な思想の枠としての集合論

原子論で使われる aggregate という語の中に grex という語が含まれていることから，原子論は羊イメージをまとっているといえるかもしれない．そういえば漢字の群という字も旁《つくり》が羊である．とはいえ原子論はそうしたいわば擬獣観的イメージだけでなく，擬人観的いや擬社会観的な面も多分にもっているのである．

実際ローマ時代の原子論者は，原子の集合を aggregatio の他に concilium ということばでも表現した．そしてこの concilium は，そこから英語の council ということばが生じたことでもわかるように，つどい，集合，会議といった意味なのである．

このようにアトムの集合が多くの人間の集合だとすれば，アトムそのものは当然個々の人間だということになる．ところでアトムはギリシア語で atomos といい，この語は a と tomos からなっている．そして a は否定を意味し，tomos は分割されるものを意味する．したがって本来 atomos はそれ以上分割されえないものという意味である．ところがこの atomos が individuum というラテン語に訳された．そしてこの場合も in は否定を意味し，dividuum は，それが英語の divide と同類の語であることからもわかるように，分割されるものという意味なのである．こうして individuum は確かにアトムつまり原子という意味なのであるが，他方それは英語の individual とおなじく個人という意味をもつものなのである．

このようにして原子論は本来，擬社会観的なものといえるが，このことは自然学的原子論だけではなく，数学的論理学的原子論である集合論にもあてはまるのである．ところでこのように原子論が擬社会的であるとすれば，原子論は個人の析出していない非個人主義的社会では生まれえないといわねばならないのであり，現に中国の長い歴史において原子論といえるものは一つも存在しないのである．こうした意味で原子論，特にそのもっとも尖鋭な形態である集合論というものは，ヨーロッパ的思考法をもっとも鮮やかに代表するものであるということができるのである．

論文初出の掲載誌と掲載年月

かたち，形式，構造	現代数学	1969 年 2 月号
科学思想のキー・ワードとしての外延	現代数学	1974 年 2 月号
人文科学における群論の使用	人文学報	1969 年 3 月
数学と哲学における生成の概念	現代数学	1974 年 6 月号
歴史観の数学的モデル	現代数学	1975 年 9 月号
遠近画法と遠近法主義	現代数学	1977 年 6 月号
数学と哲学における対応の概念	Basic 数学	1978 年 8 月号
解析学とヘーゲル	Basic 数学	1978 年 11 月号
宗教と算術	Basic 数学	1980 年 2 月号
イデア数と易とアラビア式記数法	Basic 数学	1980 年 5 月号
比の思想の社会的背景	現代数学	1975 年 12 月号
比例の思想と階級の思想	現代数学	1976 年 2 月号
関数概念の原初的形態	現代数学	1977 年 3 月号
数における市民権の拡大運動	Basic 数学	1979 年 3 月号
集合論とアトミズム	現代数学	1977 年 12 月号

文庫版あとがき

どのような著作も後から考えれば時代の子だったということに気がつく．時代の子であるというそうした運命は数学書さえも免れないのだから思想の書に至ってはいうまでもない．ところで本書は 1980 年に出版された．そこでこの書の時代背景を見るために次のような年表を書き出そう．

1962 年　レヴィ＝ストロース『野生の思考』を出す．
そしてこれが，構造主義ブームを巻き起こす．

1968 年　フランス五月革命起こる．

1968–69 年　日本の新左翼学生運動起こる．

1970 年　日米新安保自動延長．以後学生運動退潮．

1989 年　ベルリンの壁崩壊．

1991 年　ソ連解体．

以上のような時代の流れの中に位置した 1980 年という年の思想的状況はマルクス主義と構造主義が対立していた時期だといえる．本書はそうした対立する二者のうちの構造主義にすり寄ったかのように思われるかもしれない．しかし事実はちがう．本書は構造主義の意味を認めながらもその不徹底さを厳しく批判したものだからである．

本書が上の年表から読みとれる時代状況に影響されてい

ることは確かである．しかし本書のスタンスはもっと長いスパンにおいて評価されるべきものである．そしてそのことを了解していただくためには人類の思想史をもっと遡ってみる必要がある．

思想史上の人物を二人だけ挙げよう．タレスとデカルトである．両人には共通点がある．それは一身にして哲学者と数学者を兼ねていたという点である．アリストテレスはタレスを最初の哲学者だと呼んだ．しかしタレスの哲学説は奇怪である．万物の始原は水であるというのである．これに関しアリストテレスは万物の始原を種子になぞらえればそうした種子は湿ったものでなければならないといった正当化を試みているが，それにしてもタレスの哲学説はお粗末である．これに反しタレスの定理といわれているものはなかなかのものである．それは（1）円は直径によって二等分される，（2）二等辺三角形の二つの底角は互いに等しい，（3）対頂角は等しい，（4）円の直径を AB とし円周上の点を P とすれば角 APB は直角である等々である．これらの定理はすべてユークリッドの『幾何学原論』に収められ，厳密な証明が与えられた．

ギリシア哲学史はタレス，プラトン，アリストテレスへと発展する．他方ギリシア数学史はタレス，ユークリッド，アルキメデス，アポロニオス，ディオパントスへと発展する．そして二つの流れを比較すれば哲学史の劣勢はだれの目にも明らかである．構造という点に絞れば数学者はいろいろな構造を見いだした．他方哲学者の方は論理的構造は見つけ出したが，それ以外は有意義な仕事をしていない．

ここで一気に近世に跳ぼう．タレスがヨーロッパ哲学の元祖でありヨーロッパ数学の元祖だとすれば，デカルトは近世ヨーロッパ哲学の元祖であり近世ヨーロッパ数学の元祖だといえる．哲学者としてのデカルトは「我思う，我在り」という哲学的公理を掲げていちおう自らの哲学を切り拓きデカルト派を始めほとんどの近世哲学者が彼の公理に従って観念論という厄介なものをつくり出したが，それは義理にもほめられたしろものではない．これに反し数学者としてのデカルトはデカルト座標と呼ばれるアイディアを見つけだし近世の数学はもちろん物理学にまで決定的な影響を及ぼした．したがって近世ヨーロッパも古代ギリシアと同様，哲学の劣勢を認めざるをえない．そしてこのことは近世哲学史と近世数学史を読み較べればよくわかることである．

現代ではもはやヨーロッパ哲学は普遍性を失い見るかげもないありさまになっているのに反し，ヨーロッパ数学はヨーロッパという形容詞を削ぎ落とし人類共通の学としていまなお堅実な発展を遂げつつあるという事実はだれも否定できない．

以上のような展望は拡げ過ぎかもしれない．また職業的哲学者たちからは文句が出るかもしれない．しかし学問的な仕事をするときにはできるだけ大きく開かれた視野を持っている方がよい．そうした視野のもとでの仕事が本書であるが，その出来のよしあしは読者の判定を待つしかない．

附言すれば本書が完全なものだという考えは著者にはない．それ以降の進展については著者のその後の仕事に御注目下されば幸いと考える．

2006 年 7 月 20 日　洛西，晦栖窟にて

山下 正男

本書は、一九八〇年九月二十日、現代数学社より刊行された。

統計学とは何か
C・R・ラオ
藤越康祝／柳井晴夫／田栗正章訳
さまざまな現象に潜んでみえる「不確実性」に立ち向かう新しい学問＝統計学。世界的権威がその歴史・数理・哲学など幅広い話題をやさしく解説。

ラング線形代数学(上)
サージ・ラング
芹沢正三訳
学生向けの教科書を多数執筆している名教師による線形代数入門。他分野への応用を視野に入れつつ、具体的かつ平易に基礎・基本を解説。

ラング線形代数学(下)
サージ・ラング
芹沢正三訳
『解析入門』でも知られる著者はアルティンの高弟だった。下巻では群・環・体の代数的構造を俯瞰する抽象の高みへと学習者を誘う。

数と図形
H・ラーデマッヘル／O・テープリッツ
山崎三郎／鹿野健訳
ピタゴラスの定理、四色問題から素数にまつわる未解決問題まで、身近な「数」と「図形」の織りなす世界へ誘う読み切り22篇。（藤田宏）

幾何学の基礎をなす仮説について
ベルンハルト・リーマン
菅原正巳訳
相対性理論の着想の源泉となった、リーマンの記念碑的講演。ヘルマン・ワイルの格調高い序文・解説とミンコフスキーの論文「空間と時間」を収録。

新 物理の散歩道（全5冊）
ロゲルギスト
7人の物理学者が日常の出来事のふしぎを論じ、実験で確かめていく。ディスカッションの楽しさと物理的思考法のみごとさが伝わる、洒落たエッセイ集。

新 物理の散歩道 第1集
ロゲルギスト
四百メートル水槽の端と中央では3ミリも違うと聞いて、地球の丸さと小ささを実感。科学少年の好奇心と大人のウイットで綴ったエッセイ。（江沢洋）

新 物理の散歩道 第2集
ロゲルギスト
ゴルフのバックスピンは芝の状態に無関係、昆虫の羽ばたき、コマの不思議、流れ模様など意外な展開と多彩な話題の科学エッセイ。（呉智英）

新 物理の散歩道 第3集
ロゲルギスト
高熱水蒸気の威力、魚が銀色に輝くしくみ、コマが起ちあがる力学。身近な現象にひそむ意外な「物理」を探求するエッセイ。（米沢富美子）

熱学思想の史的展開2　山本義隆

熱力学はカルノーの一篇の論文に始まり骨格が完成した。熱素説に立ちつつも、時代に半世紀も先行していた。理論のヒントは水車だったのか？

熱学思想の史的展開3　山本義隆

隠された因子、エントロピーがついにその姿を現わす。そして重要な概念が加速的に連結し熱力学が体系化されていく。格好の入門篇。全3巻完結。

数学がわかるということ　山口昌哉

非線形数学の第一線で活躍した著者が〈数学とは〉をしみじみと、〈私の数学〉を楽しげに語る異色の数学入門書。（野﨑昭弘）

カオスとフラクタル　山口昌哉

ブラジルで蝶が羽ばたけば、テキサスで竜巻が起こる？　カオスやフラクタルの非線形数学の不思議をさぐる本格的入門書。（合原一幸）

数学文章作法 基礎編　結城浩

レポート・論文・プリント・教科書など、数式まじりの文章を正確で読みやすいものにするには？『数学ガール』の著者がそのノウハウを伝授！

数学文章作法 推敲編　結城浩

ただ何となく推敲していませんか？　語句の吟味・全体のバランス・レビューなど、文章をより良くするために効果的な方法を、具体的に学びましょう。

数学序説　吉田洋一／赤攝也

数学は嫌いだ、苦手だという人のために。幅広いトピックを歴史に沿って解説。刊行から半世紀以上にわたり読み継がれてきた数学入門のロングセラー。

力学・場の理論　L・D・ランダウ／E・M・リフシッツ　水戸巌ほか訳

圧倒的に名高い「理論物理学教程」に、ランダウ自身が構想した入門篇があった！　幻の名著「小教程」がいまよみがえる。（山本義隆）

量子力学　L・D・ランダウ／E・M・リフシッツ　好村滋洋／井上健男訳

非相対論的量子力学から相対論的理論までを、簡潔で美しい理論構成で登る入門教科書。大教程2巻をもとに新構想の別版。（江沢洋）

数の現象学　森　毅

4×5と5×4はどう違うの？　きまりごとの算数からその深みへ誘う認識論的数学エッセイ。日常の中の数を歴史文化に探る。（三宅なほみ）

ベクトル解析　森　毅

1次元線形代数学から多次元へ、1変数の微積分から多変数へ。応用面と異なる、教育的重要性を軸に展開するユニークなベクトル解析のココロ。

対談　数学大明神　森　毅／安野光雅

数楽的センスの大饗宴！　読み巧者の数学者と数学ファンの画家が、とめどなく繰り広げる興趣つきぬ数学談義。（河合雅雄・亀井哲治郎）

応用数学夜話　森口繁一

俳句は何兆まで作れるのか？　安売りをしてもっとも効率的に利益を得るには？　世の中の現象と数学をむすぶ読み切り18話。（伊理正夫）

フィールズ賞で見る現代数学　マイケル・モナスティルスキー　眞野　元訳

「数学のノーベル賞」とも称されるフィールズ賞。その誕生の歴史、および第一回から二〇〇六年までの歴代受賞者の業績を概説。

角の三等分　矢野健太郎　一松信解説

コンパスと定規だけで角の三等分は「不可能」！　なぜ？　古代ギリシアの作図問題の核心を平明懇切に解説し「ガロア理論入門」の高みへと誘う。

エレガントな解答　矢野健太郎

ファン参加型のコラムはどのように誕生したか。師アインシュタインと相対性理論、パスカルの定理などやさしい数学入門エッセイ。（一松信）

思想の中の数学的構造　山下正男

レヴィ＝ストロースと群論？　ニーチェやオルテガの遠近法主義、ヘーゲルと解析学、孟子と関数概念……。数学的アプローチによる比較思想史。

熱学思想の史的展開1　山本義隆

熱の正体は？　その物理的特質とは？　『磁力と重力の発見』の著者による壮大な科学史。熱力学入門書としての評価も高い。全面改稿。

新・自然科学としての言語学　福井直樹

気鋭の文法学者によるチョムスキーの生成文法解説書。文庫化にあたり旧著を大幅に増補改訂し、付録として黒田成幸の論考「数学と生成文法」を収録。

電気にかけた生涯　藤宗寛治

実験・観察にすぐれたファラデー、電磁気学にまとめたマクスウェル、ほかにクーロンやオームなど科学者十二人の列伝を通して電気の歴史をひもとく。

π の 歴 史　ペートル・ベックマン　田尾陽一／清水韶光訳

円周率だけでなく意外なところに顔をだすπ。ユークリッドやアルキメデスによる探究の歴史に始まり、オイラーの発見したπの不思議にいたる。

やさしい微積分　L・S・ポントリャーギン　坂本實訳

微積分の基本概念・計算法を全盲の数学者がイメージ豊かに解説。版を重ねて読み継がれる定番の入門教科書。練習問題・解答付きで独習にも最適。

フラクタル幾何学(上)　B・マンデルブロ　広中平祐監訳

「フラクタルの父」マンデルブロの主著。膨大な資料を基に、地理・天文・生物などあらゆる分野から事例を収集・報告したフラクタル研究の金字塔。

フラクタル幾何学(下)　B・マンデルブロ　広中平祐監訳

「自己相似」が織りなす複雑で美しい構造とは。その数理とフラクタル発見までの歴史を豊富な図版とともに紹介。

工 学 の 歴 史　三輪修三

オイラー、モンジュ、フーリエ、コーシーらは数学者であり、同時に工学の課題に方策を授けていた。「ものつくりの科学」の歴史をひもとく。

ユークリッドの窓　レナード・ムロディナウ　青木薫訳

平面、球面、歪んだ空間、そして……。幾何学的世界像は今なお変化し続ける。『スタートレック』の脚本家が誘う三千年のタイムトラベルへようこそ。

現代の古典解析　森毅

おなじみ一刀斎の秘伝公開！ 極限と連続に始まり、指数関数と三角関数を経て、偏微分方程式に至る。見晴らしのきく、読み切り22講義。

和算の歴史　平山諦

関孝和や建部賢弘らのすごさと弱点とは。そして和算がたどった歴史とは。和算研究の第一人者による簡潔にして充実の入門書。（鈴木武雄）

素粒子と物理法則　R・P・ファインマン／S・ワインバーグ　小林澈郎訳

量子論と相対論を結びつけるディラックのテーマを対照的に展開したノーベル賞学者による追悼記念講演。現代物理学の本質を堪能させる三重奏。

ゲームの理論と経済行動Ⅰ（全3巻）　ノイマン／モルゲンシュテルン　銀林／橋本／宮本監訳　阿部／橋本訳

今やさまざまな分野への応用いちじるしい「ゲーム理論」の嚆矢とされる記念碑的著作。第Ⅰ巻はゲームの形式的記述とゼロ和2人ゲームについて。

ゲームの理論と経済行動Ⅱ　ノイマン／モルゲンシュテルン　銀林／橋本／宮本監訳　銀林／下島訳

第Ⅰ巻でのゼロ和2人ゲームの考察を踏まえ、第Ⅱ巻ではプレイヤーが3人以上の場合のゼロ和ゲーム、およびゲームの合成分解について論じる。

ゲームの理論と経済行動Ⅲ　ノイマン／モルゲンシュテルン　銀林／橋本／宮本監訳　銀林／宮本訳

第Ⅲ巻では非ゼロ和ゲームにまで理論を拡張。これまでの数学的結果をもとにいよいよ経済学的解釈を試みる。全3巻完結。（中山幹夫）

計算機と脳　J・フォン・ノイマン　柴田裕之訳

脳の振る舞いを数学で記述することは可能か？ 現代のコンピュータの生みの親でもあるフォン・ノイマン最晩年の考察。新訳。（野﨑昭弘）

数理物理学の方法　J・フォン・ノイマン　伊東恵一編訳

多岐にわたるノイマンの業績を展望するための文庫オリジナル編集。本巻は量子力学・統計力学など物理学の重要論文四篇を収録。全篇新訳。

作用素環の数理　J・フォン・ノイマン　長田まりゑ編訳

終戦直後に行われた講演「数学者」と、「作用素環について」Ⅰ～Ⅳの計五篇を収録。一分野としての作用素環論を確立した記念碑的業績を網羅する。

フンボルト 自然の諸相　アレクサンダー・フォン・フンボルト　木村直司編訳

中南米オリノコ川で見たものとは？ 植生と気候、緯度と地磁気などの関係を初めて認識した、ゲーテ自然学を継ぐ博物・地理学者の探検紀行。

エキゾチックな球面
野口廣

7次元球面には相異なる28通りの微分構造が可能！ フィールズ賞受賞者を輩出したトポロジー最前線を臨場感ゆたかに解説。（竹内薫）

数学の楽しみ
テオニ・パパス
安原和見訳

ここにも数学があった！ 石鹸の泡、くもの巣、雪片曲線、一筆書きパズル、魔方陣、ＤＮＡらせん……。イラストも楽しい数学入門１５０篇。

相対性理論（下）
W・パウリ
内山龍雄訳

アインシュタインが絶賛し、物理学者内山龍雄をして、研究を措いてでも訳したかったと言わしめた、相対論三大名著の一冊。（細谷暁夫）

物理学に生きて
W・ハイゼンベルクほか
青木薫訳

「わたしの物理学は……」ハイゼンベルク、ディラック、ウィグナーら六人の巨人たちが集い、それぞれの歩んだ現代物理学の軌跡や展望を語る。

調査の科学
林知己夫

消費者の嗜好や政治意識を測定するとは？ 集団特性の数量的表現の解析手法を開発した統計学者による社会調査の論理と方法の入門書。（吉野諒三）

ポール・ディラック
アブラハム・パイスほか
藤井昭彦訳

「反物質」なるアイディアはいかに生まれたのか、そしてその存在はいかに発見されたのか。天才の生涯と業績を三人の物理学者が紹介した講演録。

近世の数学
原亨吉

ケプラーの無限小幾何学からニュートン、ライプニッツの微積分学誕生に至る過程を、原典資料を駆使して考証した世界水準の作品。（三浦伸夫）

パスカル　数学論文集
ブレーズ・パスカル
原亨吉訳

「パスカルの三角形」で有名な「数三角形論」ほか、「円錐曲線論」「幾何学的精神について」など十数篇の論考を収録。世界的権威による翻訳。（佐々木力）

幾何学基礎論
D・ヒルベルト
中村幸四郎訳

20世紀数学全般の公理化への出発点となった記念碑的著作。ユークリッド幾何学を根源まで遡り、斬新な観点から厳密に基礎づける。（佐々木力）

現代数学への道　中野茂男

抽象的・論理的な思考法はいかに生まれ、何を生む？ 入門者の疑問やとまどいにも目を配りつつ、数学の基礎を軽妙にレクチャー。（一松信）

生物学の歴史　中村禎里

進化論や遺伝の法則は、どのような論争を経て決着したのだろう。生物学とその歴史を高い水準でまとめあげた壮大な通史。充実した資料を付す。

不完全性定理　野﨑昭弘

事実・推論・証明……。理屈っぽいとケムたがられる話題を、なるほどと納得させながら、ユーモアたっぷりにひもといたゲーデルへの超入門書。

数学的センス　野﨑昭弘

美しい数学とは詩なのです。いまさら数学者にはなれないけれどそれを楽しめたら……。そんな期待に応えてくれる心やさしいエッセイ風数学再入門。

高等学校の確率・統計　黒田孝郎／森毅／小島順／野﨑昭弘ほか

成績の平均や偏差値はおなじみでも、実務の水準とは隔たりが！ 基礎からやり直したい人のために伝説の検定教科書を指導書付きで復活。

高等学校の基礎解析　黒田孝郎／森毅／小島順／野﨑昭弘ほか

わかってしまえば日常感覚に近いものながら、数学挫折のきっかけの微分・積分。その基礎を丁寧にひもといた再入門のための検定教科書第2弾！

高等学校の微分・積分　黒田孝郎／森毅／小島順／野﨑昭弘ほか

高校数学のハイライト「微分・積分」！ その入門コース『基礎解析』に続く本格コース。公式暗記の学習からほど遠い、特色ある教科書の文庫化第3弾。

トポロジー　野口廣

現代数学に必須のトポロジー的な考え方とは？ 集合・写像・関係・位相などの基礎から、ていねいに図説した定評ある入門者向け学習書。

トポロジーの世界　野口廣

ものごとを大づかみに捉える！ その極意を、数式に不慣れな読者との対話形式で、図を多用し平易・直感的に解き明かす入門書。（松本幸夫）

物理学入門　武谷三男

科学とはどんなものか。ギリシャの力学から惑星の運動解明まで、理論変革の跡をひも解いた科学論。三段階論で知られる著者の入門書。（上條隆志）

一般相対性理論　P・A・M・ディラック　江沢洋訳

一般相対性理論の核心に最短距離で到達すべく、卓抜した数学的記述で簡明直截に書かれた天才ディラックによる入門書。詳細な解説を付す。

ディラック現代物理学講義　P・A・M・ディラック　岡村浩訳

永久に膨張し続ける宇宙像とは？ モノポールは実在するのか？ 想像力と予言に満ちたディラック晩年の名講義が新訳で甦る。付録＝荒船次郎

幾何学　ルネ・デカルト　原亨吉訳

哲学のみならず数学においても不朽の功績を遺したデカルト。『方法序説』の本論として発表された『幾何学』、初の文庫化！（佐々木力）

不変量と対称性　今井淳／寺尾宏明／中村博昭

変えても変わらない不変量とは？ そしてその意味や用途とは？ ガロア理論や結び目の現代数学に現われる、上級の数学センスをさぐる7講義。

数とは何かそして何であるべきか　リヒャルト・デデキント　渕野昌訳・解説

「数とは何かそして何であるべきか？」「連続性と無理数」の二論文を収録。現代の視点から数学の基礎付けを試みた充実の訳者解説を付す。新訳。

物理の歴史　朝永振一郎編

湯川秀樹のノーベル賞受賞。その中間子論とは何なのだろう。日本の素粒子論を支えてきた第一線の学者たちによる平明な解説書。（江沢洋）

代数的構造　遠山啓

群・環・体など代数の基本概念の構造を、構造主義の歴史をおりまぜつつ、卓抜な比喩とていねいな計算で確かめていく抽象代数学入門。（銀林浩）

現代数学入門　遠山啓

現代数学、恐るるに足らず！ 学校数学より日常の感覚の中に集合や構造、関数や群、位相の考え方を探る大人のための入門書。（エッセイ 亀井哲治郎）

飛行機物語　鈴木真二

なぜ金属製の重い機体が自由に空を飛べるのか？その工学と技術を、リリエンタール、ライト兄弟などのエピソードをまじえ歴史的にひもとく。

幾何物語　瀬山士郎

作図不能の証明に二千年もかかったとは！　柔らかな発想で大きく飛躍してきた歴史をたどりつつ、現代幾何学の不思議な世界を探る。図版多数。

集合論入門　赤攝也

「ものの集まり」という素朴な概念が生んだ奇妙な世界、集合論。部分集合・空集合などの基礎から、丁寧な叙述で連続体や順序数の深みへと誘う。

確率論入門　赤攝也

ラプラス流の古典確率論とボレル‐コルモゴロフ流の現代確率論。両者の関係性を意識しつつ、確率の基礎概念と数理を多数の例とともに丁寧に解説。

新式算術講義　高木貞治

算術は現代でいう数論。数の自明を疑わない明治の読者にその基礎を当時の最新学説で説く。「解析概論」の著者若き日の意欲作。（高瀬正仁）

数学の自由性　高木貞治

大数学者が軽妙洒脱に学生たちに数学を語る！60年ぶりに復刊された人柄のにじむ幻の同名エッセイ集を含む文庫オリジナル。（高瀬正仁）

ガウスの数論　高瀬正仁

青年ガウスは目覚めとともに正十七角形の作図法を思いついた。初等幾何に露頭した数論の一端！　創造の世界の不思議に迫る原典講読第2弾。

量子論の発展史　高林武彦

世界の研究者と交流した著者による量子理論史。その物理的核心をみごとに射抜き、理論探求の醍醐味を生き生きと伝える。新組。（江沢洋）

高橋秀俊の物理学講義　高橋秀俊　藤村靖

ロゲルギストを主宰した研究者の物理的センスとは。力について、示量変数と示強変数、ルジャンドル変換、変分原理などの汎論四〇講。（田崎晴明）

数学で何が重要か　志村五郎

ピタゴラスの定理とヒルベルトの第三問題、数学オリンピック、ガロア理論のことなど。文庫オリジナル書き下ろし第三弾。

数学をいかに教えるか　志村五郎

日米両国で長年教えてきた著者が日本の教育を斬る！　掛け算の順序問題、悪い証明と間違えやすい公式のことから外国語の教え方まで。

通信の数学的理論　C・E・シャノン／W・ウィーバー　植松友彦訳

IT社会の根幹をなす情報理論はここから始まった。発展いちじるしい最先端の分野に、今なお根源的な洞察をもたらす古典的論文が新訳で復刊。

数学という学問Ⅰ　志賀浩二

ひとつの学問として、広がり、深まりゆく数学。数・微積分・無限など「概念」の誕生と発展を軸にその歩みを辿る。オリジナル書き下ろし。全3巻。

数学という学問Ⅱ　志賀浩二

第2巻では19世紀の数学を展望。数概念の拡張によりもたらされた複素解析のほか、フーリエ解析、非ユークリッド幾何誕生の過程を追う。

数学という学問Ⅲ　志賀浩二

19世紀後半、「無限」概念の登場とともに数学は大転換を迎える。カントルとハウスドルフの集合論、そしてユダヤ人数学者の寄与について。全3巻完結。

現代数学への招待　志賀浩二

「多様体」は今や現代数学必須の概念。「位相」「微分」などの基礎概念を丁寧に解説・図説しながら、多様体のもつ深い意味を探ってゆく。

シュヴァレー　リー群論　クロード・シュヴァレー　齋藤正彦訳

現代的な視点から、リー群を初めて大局的に論じた古典的著作。著者の導いた諸定理はいまなお有用性を失わない。本邦初訳。（平井武）

現代数学の考え方　イアン・スチュアート　芹沢正三訳

現代数学は怖くない！「集合」「関数」「確率」などの基本概念をイメージ豊かに解説。直観で現代数学の全体を見渡せる入門書。図版多数。

物語 数学史 小堀 憲

古代エジプトの数学から二十世紀のヒルベルトまでの数学の歩みを、日本の数学「和算」にも触れつつ一般向けに語った通史。（菊池誠）

確率論の基礎概念 A・N・コルモゴロフ 坂本實訳

確率論の現代化に決定的な影響を与えた『確率論の基礎概念』に加え、有名な論文「確率論における解析的方法について」を併録。全篇新訳。

雪の結晶はなぜ六角形なのか 小林禎作

雪が降るとき、空ではどんなことが起きているのだろう。自然が作りだす美しいミクロの世界を、科学の目でのぞいてみよう。（菊池誠）

数学史入門 佐々木力

古代ギリシャやアラビアに発する微分積分学のダイナミックな形成過程を丹念に跡づけ、数学史の醍醐味をわかりやすく伝える書き下ろし入門書。

ガロワ正伝 佐々木力

最大の謎、決闘の理由がついに明かされる！　難解なガロワの数学思想をひもといた後世の数学者たちにも迫った、文庫版オリジナル書き下ろし。

ブラックホール R・ルフィーニ 佐藤文隆

相対性理論から浮かび上がる宇宙の「穴」。星と時空の謎に挑んだ物理学者たちの奮闘の歴史と今日的課題に迫る。写真・図版多数。

自然とギリシャ人・科学と人間性 エルヴィン・シュレーディンガー 水谷淳訳

量子力学の発展は私たちの自然観・人間観にどのような変革をもたらしたのか。『生命とは何か』に続く晩年の思索。文庫オリジナル訳し下ろし。

数学をいかに使うか 志村五郎

「何でも厳密に」などとは考えてはいけない」――。世界的数学者が教える「使える」数学とは。文庫版オリジナル書き下ろし。

数学の好きな人のために 志村五郎

世界的数学者が教える「使える」数学第二弾。非ユークリッド幾何学、リー群、微分方程式論、ド・ラームの定理など多彩な話題。

ゲーテ形態学論集・動物篇
ゲーテ
木村直司編訳

多様性の原型。それは動物の骨格に潜在的に備わる「生きて発展する刻印されたフォルム」。ゲーテ思想が革新的に甦る。文庫版新訳オリジナル。

ゲーテ地質学論集・鉱物篇
ゲーテ
木村直司編訳

地球の生成と形成を探って岩山をよじ登り洞窟を降りる詩人。鉱物・地質学的な考察や紀行から、新たなゲーテ像が浮かび上がる。文庫オリジナル。

ゲーテ地質学論集・気象篇
ゲーテ
木村直司編訳

雲をつかむような変幻きわまりない気象現象を統べるものは？　上昇を促す熱と下降を促す重力を透視する詩人科学者。ゲーテ自然科学論集、完結。

ゲーテ　スイス紀行
ゲーテ
木村直司編訳

ライン河の泡立つ瀑布、万年雪をいただく峰々。スイス体験のもたらしたものとは？　ゲーテ自然科学の体験的背景をひもといた本邦初の編訳書。

幾何学入門（上）
H・S・M・コクセター
銀林浩訳

著者は「現代のユークリッド」とも称される20世紀最大の幾何学者。古典幾何のあらゆる話題が詰まった、辞典級の充実度を誇る入門書。

幾何学入門（下）
H・S・M・コクセター
銀林浩訳

M・C・エッシャーやB・フラーを虜にした著者が見せる、美しいシンメトリーの世界。練習問題と充実した解答付きで独習用にも便利。

和算書「算法少女」を読む
小寺裕

娘あきが挑戦していた和算とは？　歴史小説『算法少女』のもとになった和算書の全問をていねいに読み解く。（エッセイ　遠藤寛子、解説　土倉保）

解析序説
小林龍一／廣瀬健／佐藤總夫

自然や社会を解析するための、「活きた微積分」のセンスを磨く！　差分・微分方程式までを丁寧にカバーした入門者向け学習書。（笠原晧司）

大数学者
小堀憲

決闘の凶弾に斃れたガロア、革命の動乱で失脚したコーシー……激動の十九世紀に活躍した数学者たちの、あまりに劇的な生涯。（加藤文元）

ちくま学芸文庫

思《し》想《そう》の中《なか》の数学《すうがく》的《てき》構造《こうぞう》

二〇〇六年十一月 十 日 第一刷発行
二〇一五年 六 月二十五日 第三刷発行

著者 山下正男（やました・まさお）
発行者 熊沢敏之
発行所 株式会社 筑摩書房
東京都台東区蔵前二―五―三 〒一一一―八七五五
振替〇〇一六〇―八―四一二三
装幀者 安野光雅
印刷所 大日本法令印刷株式会社
製本所 株式会社積信堂

乱丁・落丁本の場合は、左記宛に御送付下さい。
送料小社負担でお取り替えいたします。
ご注文・お問い合わせも左記へお願いします。
筑摩書房サービスセンター
埼玉県さいたま市北区櫛引町二―六〇四 〒三三一―八五〇七
電話番号 〇四八―六五一―〇〇五三

ISBN4-480-09018-5 C0141